INGLÉS

VOCABULARIO

ESPAÑOL-INGLÉS

Las palabras más útiles
Para expandir su vocabulario y refinar
sus habilidades lingüísticas

9000 palabras

Vocabulario Español-Inglés británico - 9000 palabras más usadas
por Andrey Taranov

Los vocabularios de T&P Books buscan ayudar en el aprendizaje, la memorización y la revisión de palabras de idiomas extranjeros. El diccionario se divide por temas, cubriendo toda la esfera de las actividades cotidianas, de negocios, ciencias, cultura, etc.

El proceso de aprendizaje de palabras utilizando los diccionarios temáticos de T&P Books le proporcionará a usted las siguientes ventajas:

- La información del idioma secundario está organizada claramente y predetermina el éxito para las etapas subsiguientes en la memorización de palabras.
- Las palabras derivadas de la misma raíz se agrupan, lo cual permite la memorización de grupos de palabras en vez de palabras aisladas.
- Las unidades pequeñas de palabras facilitan el proceso de reconocimiento de enlaces de asociación que se necesitan para la cohesión del vocabulario.
- De este modo, se puede estimar el número de palabras aprendidas y así también el nivel de conocimiento del idioma.

T&P Books Publishing
www.tpbooks.com

ISBN: 978-1-78071-378-6

Este libro está disponible en formato electrónico o de E-Book también.
Visite www.tpbooks.com o las librerías electrónicas más destacadas en la Red.

VOCABULARIO INGLÉS BRITÁNICO
palabras más usadas

Los vocabularios de T&P Books buscan ayudar al aprendiz a aprender, memorizar y repasar palabras de idiomas extranjeros. Los vocabularios contienen más de 9000 palabras comúnmente usadas y organizadas de manera temática.

- El vocabulario contiene las palabras corrientes más usadas.
- Se recomienda como ayuda adicional a cualquier curso de idiomas.
- Capta las necesidades de aprendices de nivel principiante y avanzado.
- Es conveniente para uso cotidiano, prácticas de revisión y actividades de auto-evaluación.
- Facilita la evaluación del vocabulario.

Aspectos claves del vocabulario

- Las palabras se organizan según el significado, no según el orden alfabético.
- Las palabras se presentan en tres columnas para facilitar los procesos de repaso y auto-evaluación.
- Los grupos de palabras se dividen en pequeñas secciones para facilitar el proceso de aprendizaje.
- El vocabulario ofrece una transcripción sencilla y conveniente de cada palabra extranjera.

El vocabulario contiene 256 temas que incluyen lo siguiente:

Conceptos básicos, números, colores, meses, estaciones, unidades de medidas, ropa y accesorios, comida y nutrición, restaurantes, familia nuclear, familia extendida, características de personalidad, sentimientos, emociones, enfermedades, la ciudad y el pueblo, exploración del paisaje, compras, finanzas, la casa, el hogar, la oficina, el trabajo en oficina, importación y exportación, promociones, búsqueda de trabajo, deportes, educación, computación, la red, herramientas, la naturaleza, los países, las nacionalidades y más ...

TABLA DE CONTENIDO

GUÍA DE PRONUNCIACIÓN

La letra	Ejemplo inglés británico	T&P alfabeto fonético	Ejemplo español

Las vocales

La letra	Ejemplo inglés británico	T&P alfabeto fonético	Ejemplo español
a	age	[eɪ]	béisbol
a	bag	[æ]	vencer
a	car	[ɑ:]	arado
a	care	[eə]	idea
e	meat	[i:]	destino
e	pen	[e]	verano
e	verb	[ɜ]	suelo
e	here	[ɪə]	Aries
i	life	[aj]	paisaje
i	sick	[ɪ]	abismo
i	girl	[ø]	alemán - Hölle
i	fire	[ajə]	callejón
o	rose	[əʊ]	terapeuta
o	shop	[ɒ]	paralelo
o	sport	[ɔ:]	pollo
o	ore	[ɔ:]	pollo
u	to include	[u:]	jugador
u	sun	[ʌ]	¡Basta!
u	church	[ɜ]	suelo
u	pure	[ʊə]	huerta
y	to cry	[aj]	paisaje
y	system	[ɪ]	abismo
y	Lyre	[ajə]	callejón
y	party	[ɪ]	abismo

Las consonantes

La letra	Ejemplo inglés británico	T&P alfabeto fonético	Ejemplo español
b	bar	[b]	en barco
c	city	[s]	salva
c	clay	[k]	charco
d	day	[d]	desierto
f	face	[f]	golf
g	geography	[dʒ]	jazz
g	glue	[g]	jugada
h	home	[h]	registro
j	joke	[dʒ]	jazz
k	king	[k]	charco

La letra	Ejemplo inglés británico	T&P alfabeto fonético	Ejemplo español
l	love	[l]	lira
m	milk	[m]	nombre
n	nose	[n]	número
p	pencil	[p]	precio
q	queen	[k]	charco
r	rose	[r]	era, alfombra
s	sleep	[s]	salva
s	please	[z]	desde
s	pleasure	[ʒ]	adyacente
t	table	[t]	torre
v	velvet	[v]	travieso
w	winter	[w]	acuerdo
x	ox	[ks]	taxi
x	exam	[gz]	inglés - exam
z	azure	[ʒ]	adyacente
z	zebra	[z]	desde

Las combinaciones de letras

ch	China	[tʃ]	mapache
ch	chemistry	[k]	charco
ch	machine	[ʃ]	shopping
sh	ship	[ʃ]	shopping
th	weather	[ð]	alud
th	tooth	[θ]	pinzas
ph	telephone	[f]	golf
ck	black	[k]	charco
ng	ring	[ŋ]	manga
ng	English	[ŋ]	manga
wh	white	[w]	acuerdo
wh	whole	[h]	registro
wr	wrong	[r]	R francesa (gutural)
gh	enough	[f]	golf
gh	sign	[n]	número
kn	knife	[n]	número
qu	question	[kv]	Kuala Lumpur
tch	catch	[tʃ]	mapache
oo+k	book	[ʊ]	pulpo
oo+r	door	[ɔ:]	pollo
ee	tree	[i:]	destino
ou	house	[aʊ]	autobús
ou+r	our	[aʊə]	cacahuete
ay	today	[eɪ]	béisbol
ey	they	[eɪ]	béisbol

ABREVIATURAS
usadas en el vocabulario

Abreviatura en español

adj	-	adjetivo
adv	-	adverbio
anim.	-	animado
conj	-	conjunción
etc.	-	etcétera
f	-	sustantivo femenino
f pl	-	femenino plural
fam.	-	uso familiar
fem.	-	femenino
form.	-	uso formal
inanim.	-	inanimado
innum.	-	innumerable
m	-	sustantivo masculino
m pl	-	masculino plural
m, f	-	masculino, femenino
masc.	-	masculino
mat	-	matemáticas
mil.	-	militar
num.	-	numerable
p.ej.	-	por ejemplo
pl	-	plural
pron	-	pronombre
sg	-	singular
v aux	-	verbo auxiliar
vi	-	verbo intransitivo
vi, vt	-	verbo intransitivo, verbo transitivo
vr	-	verbo reflexivo
vt	-	verbo transitivo

Abreviatura en inglés británico

sb	-	alguien
sth	-	algo
v aux	-	verbo auxiliar
vi	-	verbo intransitivo
vi, vt	-	verbo intransitivo, verbo transitivo
vt	-	verbo transitivo

CONCEPTOS BÁSICOS

Conceptos básicos. Unidad 1

1. Los pronombres

yo	**I, me**	[aɪ], [mi:]
tú	**you**	[ju:]
él	**he**	[hi:]
ella	**she**	[ʃi:]
ello	**it**	[ɪt]
nosotros, -as	**we**	[wi:]
vosotros, -as	**you**	[ju:]
ellos, ellas	**they**	[ðeɪ]

2. Saludos. Salutaciones. Despedidas

¡Hola! (fam.)	**Hello!**	[hə'ləʊ]
¡Hola! (form.)	**Hello!**	[hə'ləʊ]
¡Buenos días!	**Good morning!**	[gʊd 'mɔ:nɪŋ]
¡Buenas tardes!	**Good afternoon!**	[gʊd ˌɑ:ftə'nu:n]
¡Buenas noches!	**Good evening!**	[gʊd 'i:vnɪŋ]
decir hola	**to say hello**	[tʊ seɪ hə'ləʊ]
¡Hola! (a un amigo)	**Hi!**	[haɪ]
saludo (m)	**greeting**	['gri:tɪŋ]
saludar (vt)	**to greet** (vt)	[tʊ gri:t]
¿Cómo estás?	**How are you?**	[haʊ ə ju:]
¿Qué hay de nuevo?	**What's new?**	[wɒts nju:]
¡Chau! ¡Adiós!	**Bye-Bye! Goodbye!**	[baɪ baɪ], [gʊd'baɪ]
¡Hasta pronto!	**See you soon!**	[si: ju su:n]
¡Adiós!	**Goodbye!**	[gʊd'baɪ]
despedirse (vr)	**to say goodbye**	[tʊ seɪ gʊd'baɪ]
¡Hasta luego!	**Cheers!**	[tʃɪəz]
¡Gracias!	**Thank you!**	['θæŋk ju:]
¡Muchas gracias!	**Thank you very much!**	['θæŋk ju 'verɪ mʌtʃ]
De nada	**My pleasure!**	[maɪ 'pleʒə(r)]
No hay de qué	**Don't mention it!**	[dəʊnt 'menʃən ɪt]
¡Disculpa! ¡Disculpe!	**Excuse me!**	[ɪk'skju:z mi:]
disculpar (vt)	**to excuse** (vt)	[tʊ ɪk'skju:z]
disculparse (vr)	**to apologize** (vi)	[tʊ ə'pɒlədʒaɪz]
Mis disculpas	**My apologies.**	[maɪ ə'pɒlədʒɪz]

¡Perdóneme!	I'm sorry!	[aɪm 'sɒrɪ]
¡No pasa nada!	It's okay!	[ɪts əʊ'keɪ]
por favor	please	[pli:z]

¡No se le olvide!	Don't forget!	[dəʊnt fə'get]
¡Ciertamente!	Certainly!	['sɜ:tənlɪ]
¡Claro que no!	Of course not!	[əv kɔ:s nɒt]
¡De acuerdo!	Okay!	[əʊ'keɪ]
¡Basta!	That's enough!	[ðæts ɪ'nʌf]

3. Como dirigirse a otras personas

señor	mister, sir	['mɪstə], [sɜ:]
señora	madam	['mædəm]
señorita	miss	[mɪs]
joven	young man	[jʌŋ mæn]
niño	young man	[jʌŋ mæn]
niña	miss	[mɪs]

4. Números cardinales. Unidad 1

cero	zero	['zɪərəʊ]
uno	one	[wʌn]
dos	two	[tu:]
tres	three	[θri:]
cuatro	four	[fɔ:(r)]

cinco	five	[faɪv]
seis	six	[sɪks]
siete	seven	['sevən]
ocho	eight	[eɪt]
nueve	nine	[naɪn]

diez	ten	[ten]
once	eleven	[ɪ'levən]
doce	twelve	[twelv]
trece	thirteen	[θɜ:'ti:n]
catorce	fourteen	[fɔ:'ti:n]

quince	fifteen	[fɪf'ti:n]
dieciséis	sixteen	[sɪks'ti:n]
diecisiete	seventeen	[sevən'ti:n]
dieciocho	eighteen	[eɪ'ti:n]
diecinueve	nineteen	[naɪn'ti:n]

veinte	twenty	['twentɪ]
veintiuno	twenty-one	['twentɪ wʌn]
veintidós	twenty-two	['twentɪ tu:]
veintitrés	twenty-three	['twentɪ θri:]

| treinta | thirty | ['θɜ:tɪ] |
| treinta y uno | thirty-one | ['θɜ:tɪ wʌn] |

| treinta y dos | thirty-two | ['θɜːtɪ tuː] |
| treinta y tres | thirty-three | ['θɜːtɪ θriː] |

cuarenta	forty	['fɔːtɪ]
cuarenta y uno	forty-one	['fɔːtɪ wʌn]
cuarenta y dos	forty-two	['fɔːtɪ tuː]
cuarenta y tres	forty-three	['fɔːtɪ θriː]

cincuenta	fifty	['fɪftɪ]
cincuenta y uno	fifty-one	['fɪftɪ wʌn]
cincuenta y dos	fifty-two	['fɪftɪ tuː]
cincuenta y tres	fifty-three	['fɪftɪ θriː]

sesenta	sixty	['sɪkstɪ]
sesenta y uno	sixty-one	['sɪkstɪ wʌn]
sesenta y dos	sixty-two	['sɪkstɪ tuː]
sesenta y tres	sixty-three	['sɪkstɪ θriː]

setenta	seventy	['sevəntɪ]
setenta y uno	seventy-one	['sevəntɪ wʌn]
setenta y dos	seventy-two	['sevəntɪ tuː]
setenta y tres	seventy-three	['sevəntɪ θriː]

ochenta	eighty	['eɪtɪ]
ochenta y uno	eighty-one	['eɪtɪ wʌn]
ochenta y dos	eighty-two	['eɪtɪ tuː]
ochenta y tres	eighty-three	['eɪtɪ θriː]

noventa	ninety	['naɪntɪ]
noventa y uno	ninety-one	['naɪntɪ wʌn]
noventa y dos	ninety-two	['naɪntɪ tuː]
noventa y tres	ninety-three	['naɪntɪ θriː]

5. Números cardinales. Unidad 2

cien	one hundred	[wʌn 'hʌndrəd]
doscientos	two hundred	[tu 'hʌndrəd]
trescientos	three hundred	[θri: 'hʌndrəd]
cuatrocientos	four hundred	[fɔ: 'hʌndrəd]
quinientos	five hundred	[faɪv 'hʌndrəd]

seiscientos	six hundred	[sɪks 'hʌndrəd]
setecientos	seven hundred	['sevən 'hʌndrəd]
ochocientos	eight hundred	[eɪt 'hʌndrəd]
novecientos	nine hundred	[naɪn 'hʌndrəd]

mil	one thousand	[wʌn 'θaʊzənd]
dos mil	two thousand	[tu 'θaʊzənd]
tres mil	three thousand	[θri: 'θaʊzənd]
diez mil	ten thousand	[ten 'θaʊzənd]
cien mil	one hundred thousand	[wʌn 'hʌndrəd 'θaʊzənd]

| millón (m) | million | ['mɪljən] |
| mil millones | billion | ['bɪljən] |

6. Números ordinales

primero (adj)	**first**	[fɜːst]
segundo (adj)	**second**	['sekənd]
tercero (adj)	**third**	[θɜːd]
cuarto (adj)	**fourth**	[fɔːθ]
quinto (adj)	**fifth**	[fɪfθ]
sexto (adj)	**sixth**	[sɪksθ]
séptimo (adj)	**seventh**	['sevənθ]
octavo (adj)	**eighth**	[eɪtθ]
noveno (adj)	**ninth**	[naɪnθ]
décimo (adj)	**tenth**	[tenθ]

7. Números. Fracciones

fracción (f)	**fraction**	['frækʃən]
un medio	**one half**	[wʌn hɑːf]
un tercio	**one third**	[wʌn θɜːd]
un cuarto	**one quarter**	[wʌn 'kwɔːtə(r)]
un octavo	**one eighth**	[wʌn eɪtθ]
un décimo	**one tenth**	[wʌn tenθ]
dos tercios	**two thirds**	[tu θɜːdz]
tres cuartos	**three quarters**	[θriː 'kwɔːtəz]

8. Números. Operaciones básicas

sustracción (f)	**subtraction**	[səb'trækʃən]
sustraer (vt)	**to subtract** (vi, vt)	[tʊ səb'trækt]
división (f)	**division**	[dɪ'vɪʒən]
dividir (vt)	**to divide** (vt)	[tʊ dɪ'vaɪd]
adición (f)	**addition**	[ə'dɪʃən]
sumar (totalizar)	**to add up** (vt)	[tʊ æd ʌp]
adicionar (vt)	**to add** (vi, vt)	[tʊ æd]
multiplicación (f)	**multiplication**	[ˌmʌltɪplɪ'keɪʃən]
multiplicar (vt)	**to multiply** (vt)	[tʊ 'mʌltɪplaɪ]

9. Números. Miscelánea

cifra (f)	**figure**	['fɪgə(r)]
número (m) (~ cardinal)	**number**	['nʌmbə(r)]
numeral (m)	**numeral**	['njuːmərəl]
menos (m)	**minus sign**	['maɪnəs saɪn]
más (m)	**plus sign**	[plʌs saɪn]
fórmula (f)	**formula**	['fɔːmjʊlə]
cálculo (m)	**calculation**	[kælkjʊ'leɪʃən]
contar (vt)	**to count** (vi, vt)	[tʊ kaʊnt]

comparar (vt)	to compare (vt)	[tʊ kəm'peə(r)]
¿Cuánto? (innum.)	How much?	[haʊ mʌtʃ]
¿Cuánto? (num.)	How many?	[haʊ 'menɪ]

suma (f)	sum, total	[sʌm], ['təʊtəl]
resultado (m)	result	[rɪ'zʌlt]
resto (m)	remainder	[rɪ'meɪndə(r)]

algunos, algunas ...	a few ...	[ə fju: ...]
poco (adv)	little	['lɪtəl]
resto (m)	the rest	[ðə rest]
uno y medio	one and a half	[wʌn ənd ə hɑ:f]
docena (f)	dozen	['dʌzən]

en dos	in half	[ɪn 'hɑ:f]
en partes iguales	equally	['i:kwəlɪ]
mitad (f)	half	[hɑ:f]
vez (f)	time	[taɪm]

10. Los verbos más importantes. Unidad 1

abrir (vt)	to open (vt)	[tʊ 'əʊpən]
acabar, terminar (vt)	to finish (vt)	[tʊ 'fɪnɪʃ]
aconsejar (vt)	to advise (vt)	[tʊ əd'vaɪz]
adivinar (vt)	to guess (vt)	[tʊ ges]
advertir (vt)	to warn (vt)	[tʊ wɔ:n]
alabarse, jactarse (vr)	to boast (vi)	[tʊ bəʊst]

almorzar (vi)	to have lunch	[tʊ hæv lʌntʃ]
alquilar (~ una casa)	to rent (vt)	[tʊ rent]
amenazar (vt)	to threaten (vt)	[tʊ 'θretən]
arrepentirse (vr)	to regret (vi)	[tʊ rɪ'gret]
ayudar (vt)	to help (vt)	[tʊ help]
bañarse (vr)	to go for a swim	[tʊ gəʊ fɔrə swɪm]

bromear (vi)	to joke (vi)	[tʊ dʒəʊk]
buscar (vt)	to look for ...	[tʊ lʊk fɔ:(r) ...]
caer (vi)	to fall (vi)	[tʊ fɔ:l]
callarse (vr)	to keep silent	[tʊ ki:p 'saɪlənt]
cambiar (vt)	to change (vt)	[tʊ tʃeɪndʒ]
castigar, punir (vt)	to punish (vt)	[tʊ 'pʌnɪʃ]

cavar (vt)	to dig (vt)	[tʊ dɪg]
cazar (vi, vt)	to hunt (vi, vt)	[tʊ hʌnt]
cenar (vi)	to have dinner	[tʊ hæv 'dɪnə(r)]
cesar (vt)	to stop (vt)	[tʊ stɒp]
coger (vt)	to catch (vt)	[tʊ kætʃ]
comenzar (vt)	to begin (vt)	[tʊ bɪ'gɪn]

comparar (vt)	to compare (vt)	[tʊ kəm'peə(r)]
comprender (vt)	to understand (vt)	[tʊ ʌndə'stænd]
confiar (vt)	to trust (vt)	[tʊ trʌst]
confundir (vt)	to confuse, to mix up (vt)	[tʊ kən'fju:z], [tʊ mɪks ʌp]
conocer (~ a alguien)	to know (vt)	[tʊ nəʊ]

18

contar (vt) (enumerar)	to count (vt)	[tʊ kaʊnt]
contar con …	to count on …	[tʊ kaʊnt ɒn …]
continuar (vt)	to continue (vt)	[tʊ kən'tɪnju:]
controlar (vt)	to control (vt)	[tʊ kən'trəʊl]
correr (vi)	to run (vi)	[tʊ rʌn]
costar (vt)	to cost (vt)	[tʊ kɒst]
crear (vt)	to create (vt)	[tʊ kri:'eɪt]

11. Los verbos más importantes. Unidad 2

dar (vt)	to give (vt)	[tʊ gɪv]
dar una pista	to give a hint	[tʊ gɪv ə hɪnt]
decir (vt)	to say (vt)	[tʊ seɪ]
decorar (para la fiesta)	to decorate (vt)	[tʊ 'dekəreɪt]
defender (vt)	to defend (vt)	[tʊ dɪ'fend]
dejar caer	to drop (vt)	[tʊ drɒp]
desayunar (vi)	to have breakfast	[tʊ hæv 'brekfəst]
descender (vi)	to come down	[tʊ kʌm daʊn]
dirigir (administrar)	to run, to manage	[tʊ rʌn], [tʊ 'mænɪdʒ]
disculpar (vt)	to excuse (vt)	[tʊ ɪk'skju:z]
discutir (vt)	to discuss (vt)	[tʊ dɪs'kʌs]
dudar (vt)	to doubt (vi)	[tʊ daʊt]
encontrar (hallar)	to find (vt)	[tʊ faɪnd]
engañar (vi, vt)	to deceive (vi, vt)	[tʊ dɪ'si:v]
entrar (vi)	to enter (vt)	[tʊ 'entə(r)]
enviar (vt)	to send (vt)	[tʊ send]
equivocarse (vr)	to make a mistake	[tʊ meɪk ə mɪ'steɪk]
escoger (vt)	to choose (vt)	[tʊ tʃu:z]
esconder (vt)	to hide (vt)	[tʊ haɪd]
escribir (vt)	to write (vt)	[tʊ raɪt]
esperar (aguardar)	to wait (vt)	[tʊ weɪt]
esperar (tener esperanza)	to hope (vi, vt)	[tʊ həʊp]
estar de acuerdo	to agree (vi)	[tʊ ə'gri:]
estudiar (vt)	to study (vt)	[tʊ 'stʌdɪ]
exigir (vt)	to demand (vt)	[tʊ dɪ'mɑ:nd]
existir (vi)	to exist (vi)	[tʊ ɪg'zɪst]
explicar (vt)	to explain (vt)	[tʊ ɪk'spleɪn]
faltar (a las clases)	to miss (vt)	[tʊ mɪs]
firmar (~ el contrato)	to sign (vt)	[tʊ saɪn]
girar (~ a la izquierda)	to turn (vi)	[tʊ tɜ:n]
gritar (vi)	to shout (vi)	[tʊ ʃaʊt]
guardar (conservar)	to keep (vt)	[tʊ ki:p]
gustar (vi)	to fancy (vt)	[tʊ 'fænsɪ]
hablar (vi, vt)	to speak (vi, vt)	[tʊ spi:k]
hacer (vt)	to do (vt)	[tʊ du:]
informar (vt)	to inform (vt)	[tʊ ɪn'fɔ:m]

| insistir (vi) | to insist (vi, vt) | [tʊ ɪn'sɪst] |
| insultar (vt) | to insult (vt) | [tʊ ɪn'sʌlt] |

interesarse (vr)	to be interested in ...	[tʊ bi 'ɪntrestɪd ɪn ...]
invitar (vt)	to invite (vt)	[tʊ ɪn'vaɪt]
ir (a pie)	to go (vi)	[tʊ gəʊ]
jugar (divertirse)	to play (vi)	[tʊ pleɪ]

12. Los verbos más importantes. Unidad 3

leer (vi, vt)	to read (vi, vt)	[tʊ riːd]
liberar (ciudad, etc.)	to liberate (vt)	[tʊ 'lɪbəreɪt]
llamar (por ayuda)	to call (vt)	[tʊ kɔːl]
llegar (vi)	to arrive (vi)	[tʊ ə'raɪv]
llorar (vi)	to cry (vi)	[tʊ kraɪ]

matar (vt)	to kill (vt)	[tʊ kɪl]
mencionar (vt)	to mention (vt)	[tʊ 'menʃən]
mostrar (vt)	to show (vt)	[tʊ ʃəʊ]
nadar (vi)	to swim (vi)	[tʊ swɪm]

negarse (vr)	to refuse (vi, vt)	[tʊ rɪ'fjuːz]
objetar (vt)	to object (vi, vt)	[tʊ əb'dʒekt]
observar (vt)	to observe (vt)	[tʊ əb'zɜːv]
oír (vt)	to hear (vt)	[tʊ hɪə(r)]

olvidar (vt)	to forget (vi, vt)	[tʊ fə'get]
orar (vi)	to pray (vi, vt)	[tʊ preɪ]
ordenar (mil.)	to order (vi, vt)	[tʊ 'ɔːdə(r)]
pagar (vi, vt)	to pay (vi, vt)	[tʊ peɪ]
pararse (vr)	to stop (vi)	[tʊ stɒp]

participar (vi)	to participate (vi)	[tʊ pɑː'tɪsɪpeɪt]
pedir (ayuda, etc.)	to ask (vt)	[tʊ ɑːsk]
pedir (en restaurante)	to order (vt)	[tʊ 'ɔːdə(r)]
pensar (vi, vt)	to think (vi, vt)	[tʊ θɪŋk]

percibir (ver)	to notice (vt)	[tʊ 'nəʊtɪs]
perdonar (vt)	to forgive (vt)	[tʊ fə'gɪv]
permitir (vt)	to permit (vt)	[tʊ pə'mɪt]
pertenecer a ...	to belong to ...	[tʊ bɪ'lɒŋ tʊ ...]

planear (vt)	to plan (vt)	[tʊ plæn]
poder (v aux)	can (v aux)	[kæn]
poseer (vt)	to own (vt)	[tʊ əʊn]
preferir (vt)	to prefer (vt)	[tʊ prɪ'fɜː(r)]
preguntar (vt)	to ask (vt)	[tʊ ɑːsk]

preparar (la cena)	to cook (vt)	[tʊ kʊk]
prever (vt)	to expect (vt)	[tʊ ɪk'spekt]
probar, tentar (vt)	to try (vt)	[tʊ traɪ]
prometer (vt)	to promise (vt)	[tʊ 'prɒmɪs]
pronunciar (vt)	to pronounce (vt)	[tʊ prə'naʊns]
proponer (vt)	to propose (vt)	[tʊ prə'pəʊz]

quebrar (vt)	**to break** (vt)	[tʊ breɪk]
quejarse (vr)	**to complain** (vi, vt)	[tʊ kəm'pleɪn]
querer (amar)	**to love** (vt)	[tʊ lʌv]
querer (desear)	**to want** (vt)	[tʊ wɒnt]

13. Los verbos más importantes. Unidad 4

recomendar (vt)	**to recommend** (vt)	[tʊ rekə'mend]
regañar, reprender (vt)	**to scold** (vt)	[tʊ skəʊld]
reírse (vr)	**to laugh** (vi)	[tʊ lɑ:f]
repetir (vt)	**to repeat** (vt)	[tʊ rɪ'pi:t]
reservar (~ una mesa)	**to reserve, to book**	[tʊ rɪ'zɜ:v], [tʊ bʊk]
responder (vi, vt)	**to answer** (vi, vt)	[tʊ 'ɑ:nsə(r)]
robar (vt)	**to steal** (vt)	[tʊ sti:l]
saber (~ algo mas)	**to know** (vt)	[tʊ nəʊ]
salir (vi)	**to go out**	[tʊ gəʊ aʊt]
salvar (vt)	**to save, to rescue**	[tʊ seɪv], [tʊ 'reskju:]
seguir ...	**to follow ...**	[tʊ 'fɒləʊ ...]
sentarse (vr)	**to sit down** (vi)	[tʊ sɪt daʊn]
ser necesario	**to be needed**	[tʊ bi 'ni:dɪd]
ser, estar (vi)	**to be** (vi)	[tʊ bi:]
significar (vt)	**to mean** (vt)	[tʊ mi:n]
sonreír (vi)	**to smile** (vi)	[tʊ smaɪl]
sorprenderse (vr)	**to be surprised**	[tʊ bi sə'praɪzd]
subestimar (vt)	**to underestimate** (vt)	[tʊ ʌndə'restɪmeɪt]
tener (vt)	**to have** (vt)	[tʊ hæv]
tener hambre	**to be hungry**	[tʊ bi 'hʌngrɪ]
tener miedo	**to be afraid**	[tʊ bi ə'freɪd]
tener prisa	**to hurry** (vi)	[tʊ 'hʌrɪ]
tener sed	**to be thirsty**	[tʊ bi 'θɜ:stɪ]
tirar, disparar (vi)	**to shoot** (vi)	[tʊ ʃu:t]
tocar (con las manos)	**to touch** (vt)	[tʊ tʌtʃ]
tomar (vt)	**to take** (vt)	[tʊ teɪk]
tomar nota	**to write down**	[tʊ raɪt daʊn]
trabajar (vi)	**to work** (vi)	[tʊ wɜ:k]
traducir (vt)	**to translate** (vt)	[tʊ træns'leɪt]
unir (vt)	**to unite** (vt)	[tʊ ju:'naɪt]
vender (vt)	**to sell** (vt)	[tʊ sel]
ver (vt)	**to see** (vt)	[tʊ si:]
volar (pájaro, avión)	**to fly** (vi)	[tʊ flaɪ]

14. Los colores

color (m)	**colour**	['kʌlə(r)]
matiz (m)	**shade**	[ʃeɪd]
tono (m)	**hue**	[hju:]
arco (m) iris	**rainbow**	['reɪnbəʊ]

blanco (adj)	white	[waɪt]
negro (adj)	black	[blæk]
gris (adj)	grey	[greɪ]

verde (adj)	green	[griːn]
amarillo (adj)	yellow	['jeləʊ]
rojo (adj)	red	[red]

azul (adj)	blue	[bluː]
azul claro (adj)	light blue	[laɪt bluː]
rosa (adj)	pink	[pɪŋk]
naranja (adj)	orange	['ɒrɪndʒ]
violeta (adj)	violet	['vaɪələt]
marrón (adj)	brown	[braʊn]

| dorado (adj) | golden | ['gəʊldən] |
| argentado (adj) | silvery | ['sɪlvərɪ] |

beige (adj)	beige	[beɪʒ]
crema (adj)	cream	[kriːm]
turquesa (adj)	turquoise	['tɜːkwɔɪz]
rojo cereza (adj)	cherry red	['ʧerɪ red]
lila (adj)	lilac	['laɪlək]
carmesí (adj)	crimson	['krɪmzən]

claro (adj)	light	[laɪt]
oscuro (adj)	dark	[dɑːk]
vivo (adj)	bright	[braɪt]

de color (lápiz ~)	coloured	['kʌləd]
en colores (película ~)	colour	['kʌlə(r)]
blanco y negro (adj)	black-and-white	[blæk ən waɪt]
unicolor (adj)	plain, one-coloured	[pleɪn], [wʌn 'kʌləd]
multicolor (adj)	multicoloured	['mʌltɪˌkʌləd]

15. Las preguntas

¿Quién?	Who?	[huː]
¿Qué?	What?	[wɒt]
¿Dónde?	Where?	[weə]
¿Adónde?	Where?	[weə]
¿De dónde?	From where?	[frɒm 'weə]
¿Cuándo?	When?	[wen]
¿Para qué?	Why?	[waɪ]

¿Por qué razón?	What for?	[wɒt fɔː]
¿Cómo?	How?	[haʊ]
¿Cuál?	Which?	[wɪʧ]

¿A quién?	To whom?	[tʊ huːm]
¿De quién? (~ hablan ...)	About whom?	[ə'baʊt huːm]
¿De qué?	About what?	[ə'baʊt wɒt]
¿Con quién?	With whom?	[wɪð huːm]
¿Cuánto? (innum.)	How much?	[haʊ mʌʧ]

| ¿Cuánto? (num.) | How many? | [haʊ 'menɪ] |
| ¿De quién? | Whose? | [hu:z] |

16. Las preposiciones

con ... (~ algn)	with	[wɪð]
sin ... (~ azúcar)	without	[wɪ'ðaʊt]
a ... (p.ej. voy a México)	to	[tu:]
de ... (hablar ~)	about	[ə'baʊt]
antes de ...	before	[bɪ'fɔ:(r)]
delante de ...	in front of ...	[ɪn 'frʌnt əv ...]

debajo	under	['ʌndə(r)]
sobre ..., encima de ...	above	[ə'bʌv]
en, sobre (~ la mesa)	on	[ɒn]
de (origen)	from	[frɒm]
de (fabricado de)	of	[əv]

| dentro de ... | in | [ɪn] |
| encima de ... | over | ['əʊvə(r)] |

17. Las palabras útiles. Los adverbios. Unidad 1

¿Dónde?	Where?	[weə]
aquí (adv)	here	[hɪə(r)]
allí (adv)	there	[ðeə(r)]

| en alguna parte | somewhere | ['sʌmweə(r)] |
| en ninguna parte | nowhere | ['nəʊweə(r)] |

| junto a ... | by | [baɪ] |
| junto a la ventana | by the window | [baɪ ðə 'wɪndəʊ] |

¿A dónde?	Where?	[weə]
aquí (venga ~)	here	[hɪə(r)]
allí (vendré ~)	there	[ðeə(r)]
de aquí (adv)	from here	[frɒm hɪə(r)]
de allí (adv)	from there	[frɒm ðeə(r)]

| cerca (no lejos) | close | [kləʊs] |
| lejos (adv) | far | [fɑ:(r)] |

no lejos (adv)	not far	[nɒt fɑ:(r)]
izquierdo (adj)	left	[left]
a la izquierda (situado ~)	on the left	[ɒn ðə left]
a la izquierda (girar ~)	to the left	[tʊ ðə left]

derecho (adj)	right	[raɪt]
a la derecha (situado ~)	on the right	[ɒn ðə raɪt]
a la derecha (girar)	to the right	[tʊ ðə raɪt]
delante (yo voy ~)	in front	[ɪn frʌnt]
delantero (adj)	front	[frʌnt]

adelante (movimiento)	ahead	[ə'hed]
detrás de ...	behind	[bɪ'haɪnd]
desde atrás	from behind	[frɒm bɪ'haɪnd]
atrás (da un paso ~)	back	[bæk]

centro (m), medio (m)	middle	['mɪdəl]
en medio (adv)	in the middle	[ɪn ðə 'mɪdəl]

de lado (adv)	at the side	[ət ðə saɪd]
en todas partes	everywhere	['evrɪweə(r)]
alrededor (adv)	around	[ə'raʊnd]

de dentro (adv)	from inside	[frɒm ɪn'saɪd]
a alguna parte	somewhere	['sʌmweə(r)]
todo derecho (adv)	straight	[streɪt]
atrás (muévelo para ~)	back	[bæk]

de alguna parte (adv)	from anywhere	[frɒm 'enɪweə(r)]
no se sabe de dónde	from somewhere	[frɒm 'sʌmweə(r)]

primero (adv)	firstly	['fɜːstlɪ]
segundo (adv)	secondly	['sekəndlɪ]
tercero (adv)	thirdly	['θɜːdlɪ]

de súbito (adv)	suddenly	['sʌdənlɪ]
al principio (adv)	at first	[ət fɜːst]
por primera vez	for the first time	[fɔː ðə fɜːst taɪm]
mucho tiempo antes ...	long before ...	[lɒŋ bɪ'fɔː ...]
para siempre (adv)	for good	[fɔː gʊd]

jamás, nunca (adv)	never	['nevə(r)]
de nuevo (adv)	again	[ə'gen]
ahora (adv)	now	[naʊ]
frecuentemente (adv)	often	['ɒfən]
entonces (adv)	then	[ðen]
urgentemente (adv)	urgently	['ɜːdʒəntlɪ]
usualmente (adv)	usually	['juːʒəlɪ]

a propósito, ...	by the way, ...	[baɪ ðə weɪ ...]
es probable	possibly	['pɒsəblɪ]
probablemente (adv)	probably	['prɒbəblɪ]
tal vez	maybe	['meɪbiː]
además ...	besides ...	[bɪ'saɪdz ...]
por eso ...	that's why ...	[ðæts waɪ ...]
a pesar de ...	in spite of ...	[ɪn 'spaɪt əv ...]
gracias a ...	thanks to ...	['θæŋks tʊ ...]

qué (pron)	what	[wɒt]
que (conj)	that	[ðæt]
algo (~ le ha pasado)	something	['sʌmθɪŋ]
algo (~ así)	anything, something	['enɪθɪŋ], ['sʌmθɪŋ]
nada (f)	nothing	['nʌθɪŋ]

quien	who	[huː]
alguien (viene ~)	someone	['sʌmwʌn]
alguien (¿ha llamado ~?)	somebody	['sʌmbədɪ]

nadie	nobody	['nəʊbədɪ]
a ninguna parte	nowhere	['nəʊweə(r)]
de nadie	nobody's	['nəʊbədɪz]
de alguien	somebody's	['sʌmbədɪz]

tan, tanto (adv)	so	[səʊ]
también (~ habla francés)	also	['ɔːlsəʊ]
también (p.ej. Yo ~)	too	[tu:]

18. Las palabras útiles. Los adverbios. Unidad 2

¿Por qué?	Why?	[waɪ]
no se sabe porqué	for some reason	[fɔ: sʌm 'ri:zən]
porque ...	because ...	[bɪ'kɒz ...]

y (p.ej. uno y medio)	and	[ænd]
o (p.ej. té o café)	or	[ɔ:(r)]
pero (p.ej. me gusta, ~)	but	[bʌt]
para (p.ej. es para ti)	for	[fɔ:r]

demasiado (adv)	too	[tu:]
sólo, solamente (adv)	only	['əʊnlɪ]
exactamente (adv)	exactly	[ɪg'zæktlɪ]
unos ...,	about	[ə'baʊt]
cerca de ... (~ 10 kg)		

aproximadamente	approximately	[ə'prɒksɪmətlɪ]
aproximado (adj)	approximate	[ə'prɒksɪmət]
casi (adv)	almost	['ɔːlməʊst]
resto (m)	the rest	[ðə rest]
el otro (adj)	the other	[ði 'ʌðə(r)]
otro (p.ej. el otro día)	other	['ʌðə(r)]
cada (adj)	each	[i:tʃ]
cualquier (adj)	any	['enɪ]
mucho (innum.)	much	[mʌtʃ]
mucho (num.)	many	['menɪ]
muchos (mucha gente)	many people	[,menɪ 'pi:pəl]
todos	all	[ɔ:l]

a cambio de ...	in return for ...	[ɪn rɪ'tɜːn fɔ: ...]
en cambio (adv)	in exchange	[ɪn ɪks'tʃeɪndʒ]
a mano (hecho ~)	by hand	[baɪ hænd]
poco probable	hardly	['hɑːdlɪ]

probablemente	probably	['prɒbəblɪ]
a propósito (adv)	on purpose	[ɒn 'pɜːpəs]
por accidente (adv)	by accident	[baɪ 'æksɪdənt]

muy (adv)	very	['verɪ]
por ejemplo (adv)	for example	[fɔ:r ɪg'zɑːmpəl]
entre (~ nosotros)	between	[bɪ'twi:n]
entre (~ otras cosas)	among	[ə'mʌŋ]
tanto (~ gente)	so much	[səʊ mʌtʃ]
especialmente (adv)	especially	[ɪ'speʃəlɪ]

Conceptos básicos. Unidad 2

19. Los opuestos

rico (adj)	rich	[rɪtʃ]
pobre (adj)	poor	[pʊə(r)]
enfermo (adj)	ill, sick	[ɪl], [sɪk]
sano (adj)	well	[wel]
grande (adj)	big	[bɪg]
pequeño (adj)	small	[smɔːl]
rápidamente (adv)	quickly	['kwɪklɪ]
lentamente (adv)	slowly	['sləʊlɪ]
rápido (adj)	fast	[fɑːst]
lento (adj)	slow	[sləʊ]
alegre (adj)	glad	[glæd]
triste (adj)	sad	[sæd]
juntos (adv)	together	[tə'geðə(r)]
separadamente	separately	['sepərətlɪ]
en voz alta	aloud	[ə'laʊd]
en silencio	silently	['saɪləntlɪ]
alto (adj)	tall	[tɔːl]
bajo (adj)	low	[ləʊ]
profundo (adj)	deep	[diːp]
poco profundo (adj)	shallow	['ʃæləʊ]
sí	yes	[jes]
no	no	[nəʊ]
lejano (adj)	distant	['dɪstənt]
cercano (adj)	nearby	[ˌnɪə'baɪ]
lejos (adv)	far	[fɑː(r)]
cerco (adv)	nearby	[ˌnɪə'baɪ]
largo (adj)	long	[lɒŋ]
corto (adj)	short	[ʃɔːt]
bueno (de buen corazón)	good	[gʊd]
malvado (adj)	evil	['iːvəl]

| casado (adj) | married | ['mærɪd] |
| soltero (adj) | single | ['sɪŋgəl] |

| prohibir (vt) | to forbid (vt) | [tʊ fə'bɪd] |
| permitir (vt) | to permit (vt) | [tʊ pə'mɪt] |

| fin (m) | end | [end] |
| principio (m) | beginning | [bɪ'gɪnɪŋ] |

| izquierdo (adj) | left | [left] |
| derecho (adj) | right | [raɪt] |

| primero (adj) | first | [fɜ:st] |
| último (adj) | last | [lɑ:st] |

| crimen (m) | crime | [kraɪm] |
| castigo (m) | punishment | ['pʌnɪʃmənt] |

| ordenar (vt) | to order (vt) | [tʊ 'ɔ:də(r)] |
| obedecer (vi, vt) | to obey (vi, vt) | [tʊ ə'beɪ] |

| recto (adj) | straight | [streɪt] |
| curvo (adj) | curved | [kɜ:vd] |

| paraíso (m) | paradise | ['pærədaɪs] |
| infierno (m) | hell | [hel] |

| nacer (vi) | to be born | [tʊ bi bɔ:n] |
| morir (vi) | to die (vi) | [tʊ daɪ] |

| fuerte (adj) | strong | [strɒŋ] |
| débil (adj) | weak | [wi:k] |

| viejo (adj) | old | [əʊld] |
| joven (adj) | young | [jʌŋ] |

| viejo (adj) | old | [əʊld] |
| nuevo (adj) | new | [nju:] |

| duro (adj) | hard | [hɑ:d] |
| blando (adj) | soft | [sɒft] |

| tibio (adj) | warm | [wɔ:m] |
| frío (adj) | cold | [kəʊld] |

| gordo (adj) | fat | [fæt] |
| delgado (adj) | thin | [θɪn] |

| estrecho (adj) | narrow | ['nærəʊ] |
| ancho (adj) | wide | [waɪd] |

| bueno (adj) | good | [gʊd] |
| malo (adj) | bad | [bæd] |

| valiente (adj) | brave | [breɪv] |
| cobarde (adj) | cowardly | ['kaʊədlɪ] |

20. Los días de la semana

lunes (m)	Monday	['mʌndeɪ]
martes (m)	Tuesday	['tjuːzdeɪ]
miércoles (m)	Wednesday	['wenzdeɪ]
jueves (m)	Thursday	['θɜːzdeɪ]
viernes (m)	Friday	['fraɪdeɪ]
sábado (m)	Saturday	['sætədeɪ]
domingo (m)	Sunday	['sʌndeɪ]
hoy (adv)	today	[tə'deɪ]
mañana (adv)	tomorrow	[tə'mɒrəʊ]
pasado mañana	the day after tomorrow	[ðə deɪ 'ɑːftə tə'mɒrəʊ]
ayer (adv)	yesterday	['jestədeɪ]
anteayer (adv)	the day before yesterday	[ðə deɪ bɪ'fɔː 'jestədeɪ]
día (m)	day	[deɪ]
día (m) de trabajo	working day	['wɜːkɪŋ deɪ]
día (m) de fiesta	public holiday	['pʌblɪk 'hɒlɪdeɪ]
día (m) de descanso	day off	[deɪ ɒf]
fin (m) de semana	weekend	[wiːk'end]
todo el día	all day long	[ɔːl deɪ lɒŋ]
al día siguiente	the next day	[ðə nekst deɪ]
dos días atrás	two days ago	[tu deɪz ə'gəʊ]
en vísperas (adv)	the day before	[ðə deɪ bɪ'fɔː(r)]
diario (adj)	daily	['deɪlɪ]
cada día (adv)	every day	['evrɪ deɪ]
semana (f)	week	[wiːk]
semana (f) pasada	last week	[lɑːst wiːk]
semana (f) que viene	next week	[nekst wiːk]
semanal (adj)	weekly	['wiːklɪ]
cada semana (adv)	every week	['evrɪ wiːk]
2 veces por semana	twice a week	[ˌtwaɪs ə 'wiːk]
todos los martes	every Tuesday	['evrɪ 'tjuːzdɪ]

21. Las horas. El día y la noche

mañana (f)	morning	['mɔːnɪŋ]
por la mañana	in the morning	[ɪn ðə 'mɔːnɪŋ]
mediodía (m)	noon, midday	[nuːn], ['mɪddeɪ]
por la tarde	in the afternoon	[ɪn ði ɑːftə'nuːn]
noche (f)	evening	['iːvnɪŋ]
por la noche	in the evening	[ɪn ði 'iːvnɪŋ]
noche (f) (p.ej. 2:00 a.m.)	night	[naɪt]
por la noche	at night	[ət naɪt]
medianoche (f)	midnight	['mɪdnaɪt]
segundo (m)	second	['sekənd]
minuto (m)	minute	['mɪnɪt]
hora (f)	hour	['aʊə(r)]

media hora (f)	half an hour	[hɑːf ən ˈaʊə(r)]
cuarto (m) de hora	a quarter-hour	[ə ˈkwɔːtər ˈaʊə(r)]
quince minutos	fifteen minutes	[fɪfˈtiːn ˈmɪnɪts]
veinticuatro horas	twenty four hours	[ˈtwentɪ fɔːrˈaʊəz]

salida (f) del sol	sunrise	[ˈsʌnraɪz]
amanecer (m)	dawn	[dɔːn]
madrugada (f)	early morning	[ˈɜːlɪ ˈmɔːnɪŋ]
puesta (f) del sol	sunset	[ˈsʌnset]

de madrugada	early in the morning	[ˈɜːlɪ ɪn ðə ˈmɔːnɪŋ]
esta mañana	this morning	[ðɪs ˈmɔːnɪŋ]
mañana por la mañana	tomorrow morning	[təˈmɒrəʊ ˈmɔːnɪŋ]

esta tarde	this afternoon	[ðɪs ɑːftəˈnuːn]
por la tarde	in the afternoon	[ɪn ðɪ ɑːftəˈnuːn]
mañana por la tarde	tomorrow afternoon	[təˈmɒrəʊ ɑːftəˈnuːn]

| esta noche (p.ej. 8:00 p.m.) | tonight | [təˈnaɪt] |
| mañana por la noche | tomorrow night | [təˈmɒrəʊ naɪt] |

a las tres en punto	at 3 o'clock sharp	[ət θriː əˈklɒk ʃɑːp]
a eso de las cuatro	about 4 o'clock	[əˈbaʊt fɔːr əˈklɒk]
para las doce	by 12 o'clock	[baɪ twelv əˈklɒk]

dentro de veinte minutos	in 20 minutes	[ɪn ˈtwentɪ ˈmɪnɪts]
dentro de una hora	in an hour	[ɪn ən ˈaʊə(r)]
a tiempo (adv)	on time	[ɒn taɪm]

… menos cuarto	a quarter to …	[ə ˈkwɔːtə tə …]
durante una hora	within an hour	[wɪˈðɪn æn ˈaʊə(r)]
cada quince minutos	every 15 minutes	[ˈevrɪ fɪfˈtiːn ˈmɪnɪts]
día y noche	round the clock	[ˈraʊnd ðə klɒk]

22. Los meses. Las estaciones

enero (m)	January	[ˈdʒænjʊərɪ]
febrero (m)	February	[ˈfebrʊərɪ]
marzo (m)	March	[mɑːtʃ]
abril (m)	April	[ˈeɪprəl]
mayo (m)	May	[meɪ]
junio (m)	June	[dʒuːn]

julio (m)	July	[dʒuːˈlaɪ]
agosto (m)	August	[ˈɔːgəst]
septiembre (m)	September	[sepˈtembə(r)]
octubre (m)	October	[ɒkˈtəʊbə(r)]
noviembre (m)	November	[nəʊˈvembə(r)]
diciembre (m)	December	[dɪˈsembə(r)]

primavera (f)	spring	[sprɪŋ]
en primavera	in spring	[ɪn sprɪŋ]
de primavera (adj)	spring	[sprɪŋ]
verano (m)	summer	[ˈsʌmə(r)]

| en verano | in summer | [ɪn 'sʌmə(r)] |
| de verano (adj) | summer | ['sʌmə(r)] |

otoño (m)	autumn	['ɔ:təm]
en otoño	in autumn	[ɪn 'ɔ:təm]
de otoño (adj)	autumn	['ɔ:təm]

invierno (m)	winter	['wɪntə(r)]
en invierno	in winter	[ɪn 'wɪntə(r)]
de invierno (adj)	winter	['wɪntə(r)]

mes (m)	month	[mʌnθ]
este mes	this month	[ðɪs mʌnθ]
al mes siguiente	next month	[nekst mʌnθ]
el mes pasado	last month	[lɑ:st mʌnθ]

hace un mes	a month ago	[ə mʌnθ ə'gəʊ]
dentro de un mes	in a month	[ɪn ə mʌnθ]
dentro de dos meses	in two months	[ɪn tu: mʌnθs]
todo el mes	the whole month	[ðə həʊl mʌnθ]
todo un mes	all month long	[ɔ:l mʌnθ lɒŋ]
mensual (adj)	monthly	['mʌnθlɪ]
mensualmente (adv)	monthly	['mʌnθlɪ]
cada mes	every month	['evrɪ mʌnθ]
dos veces por mes	twice a month	[ˌtwaɪs ə 'mʌnθ]

año (m)	year	[jɪə(r)]
este año	this year	[ðɪs jɪə]
el próximo año	next year	[nekst jɪə]
el año pasado	last year	[lɑ:st jɪə(r)]

hace un año	a year ago	[ə jɪər ə'gəʊ]
dentro de un año	in a year	[ɪn ə jɪə]
dentro de dos años	in two years	[ɪn tu: jɪəz]
todo el año	the whole year	[ðə həʊl jɪə]
todo un año	all year long	[ɔ:l jɪə lɒŋ]

cada año	every year	['evrɪ jɪə]
anual (adj)	annual	['ænjʊəl]
anualmente (adv)	annually	['ænjʊəlɪ]
cuatro veces por año	4 times a year	[fɔ: taɪmz ə jɪə]

fecha (f) (la ~ de hoy es ...)	date	[deɪt]
fecha (f) (~ de entrega)	date	[deɪt]
calendario (m)	calendar	['kælɪndə(r)]

medio año (m)	half a year	[hɑ:f ə jɪə]
seis meses	six months	[sɪks mʌnθs]
estación (f)	season	['si:zən]

23. La hora. Miscelánea

| tiempo (m) | time | [taɪm] |
| momento (m) | moment | ['məʊmənt] |

instante (m)	instant	['ɪnstənt]
instantáneo (adj)	instant	['ɪnstənt]
lapso (m) de tiempo	lapse	[læps]
vida (f)	life	[laɪf]
eternidad (f)	eternity	[ɪ'tɜːnətɪ]
época (f)	epoch	['iːpɒk]
era (f)	era	['ɪərə]
ciclo (m)	cycle	['saɪkəl]
periodo (m)	period	['pɪərɪəd]
plazo (m) (~ de tres meses)	term	[tɜːm]
futuro (m)	the future	[ðə 'fjuːʧə(r)]
futuro (adj)	future	['fjuːʧə(r)]
la próxima vez	next time	[nekst taɪm]
pasado (m)	the past	[ðə pɑːst]
pasado (adj)	past	[pɑːst]
la última vez	last time	[lɑːst taɪm]
más tarde (adv)	later	['leɪtə(r)]
después	after	['ɑːftə(r)]
actualmente (adv)	nowadays	['naʊədeɪz]
ahora (adv)	now	[naʊ]
inmediatamente	immediately	[ɪ'miːdjətlɪ]
pronto (adv)	soon	[suːn]
de antemano (adv)	in advance	[ɪn əd'vɑːns]
hace mucho tiempo	a long time ago	[ə lɒŋ taɪm ə'gəʊ]
hace poco (adv)	recently	['riːsəntlɪ]
destino (m)	destiny	['destɪnɪ]
recuerdos (m pl)	recollections	[rekə'lekʃənz]
archivo (m)	archives	['ɑːkaɪvz]
durante ...	during ...	['djʊərɪŋ ...]
mucho tiempo (adv)	long, a long time	[lɒŋ], [ə lɒŋ taɪm]
poco tiempo (adv)	not long	[nɒt lɒŋ]
temprano (adv)	early	['ɜːlɪ]
tarde (adv)	late	[leɪt]
para siempre (adv)	forever	[fə'revə(r)]
comenzar (vt)	to start (vt)	[tʊ stɑːt]
aplazar (vt)	to postpone (vt)	[tʊ pəʊst'pəʊn]
simultáneamente	at the same time	[ət ðə seɪm taɪm]
permanentemente	permanently	['pɜːmənəntlɪ]
constante (ruido, etc.)	constant	['kɒnstənt]
temporal (adj)	temporary	['tempərərɪ]
a veces (adv)	sometimes	['sʌmtaɪmz]
raramente (adv)	rarely	['reəlɪ]
frecuentemente	often	['ɒfən]

24. Las líneas y las formas

cuadrado (m)	square	[skweə(r)]
cuadrado (adj)	square	[skweə(r)]

círculo (m)	circle	['sɜːkəl]
redondo (adj)	round	[raʊnd]
triángulo (m)	triangle	['traɪæŋgəl]
triangular (adj)	triangular	[traɪ'æŋgjʊlə(r)]

óvalo (m)	oval	['əʊvəl]
oval (adj)	oval	['əʊvəl]
rectángulo (m)	rectangle	['rektæŋgəl]
rectangular (adj)	rectangular	[rek'tæŋgjʊlə(r)]

pirámide (f)	pyramid	['pɪrəmɪd]
rombo (m)	rhombus	['rombəs]
trapecio (m)	trapezium	[trə'piːzɪəm]
cubo (m)	cube	[kjuːb]
prisma (m)	prism	['prɪzəm]

circunferencia (f)	circumference	[sə'kʌmfərəns]
esfera (f)	sphere	[sfɪə(r)]
globo (m)	ball	[bɔːl]
diámetro (m)	diameter	[daɪ'æmɪtə(r)]
radio (m)	radius	['reɪdɪəs]
perímetro (m)	perimeter	[pə'rɪmɪtə(r)]
centro (m)	centre	['sentə(r)]

horizontal (adj)	horizontal	[hɒrɪ'zɒntəl]
vertical (adj)	vertical	['vɜːtɪkəl]
paralela (f)	parallel	['pærəlel]
paralelo (adj)	parallel	['pærəlel]

línea (f)	line	[laɪn]
trazo (m)	stroke	[strəʊk]
recta (f)	straight line	['streɪt 'laɪn]
curva (f)	curve	[kɜːv]
fino (la ~a línea)	thin	[θɪn]
contorno (m)	contour	['kɒntʊə(r)]

intersección (f)	intersection	[ˌɪntə'sekʃən]
ángulo (m) recto	right angle	[raɪt 'æŋgəl]
segmento (m)	segment	['segmənt]
sector (m)	sector	['sektə(r)]
lado (m)	side	[saɪd]
ángulo (m)	angle	['æŋgəl]

25. Las unidades de medida

peso (m)	weight	[weɪt]
longitud (f)	length	[leŋθ]
anchura (f)	width	[wɪdθ]
altura (f)	height	[haɪt]
profundidad (f)	depth	[depθ]
volumen (m)	volume	['vɒljuːm]
área (f)	area	['eərɪə]
gramo (m)	gram	[græm]
miligramo (m)	milligram	['mɪlɪgræm]

kilogramo (m)	kilogram	['kɪləgræm]
tonelada (f)	ton	[tʌn]
libra (f)	pound	[paʊnd]
onza (f)	ounce	[aʊns]

metro (m)	metre	['miːtə(r)]
milímetro (m)	millimetre	['mɪlɪmiːtə(r)]
centímetro (m)	centimetre	['sentɪmiːtə(r)]
kilómetro (m)	kilometre	[kɪ'lɒmɪtə(r)]
milla (f)	mile	[maɪl]

pulgada (f)	inch	[ɪntʃ]
pie (m)	foot	[fʊt]
yarda (f)	yard	[jɑːd]

| metro (m) cuadrado | square metre | [skweə 'miːtə(r)] |
| hectárea (f) | hectare | ['hekteə(r)] |

litro (m)	litre	['liːtə(r)]
grado (m)	degree	[dɪ'griː]
voltio (m)	volt	[vəʊlt]
amperio (m)	ampere	['æmpeə(r)]
caballo (m) de fuerza	horsepower	['hɔːs,paʊə(r)]

cantidad (f)	quantity	['kwɒntɪtɪ]
un poco de …	a little bit of …	[ə 'lɪtəl bɪt əv …]
mitad (f)	half	[hɑːf]
docena (f)	dozen	['dʌzən]
pieza (f)	piece	[piːs]

| dimensión (f) | size | [saɪz] |
| escala (f) (del mapa) | scale | [skeɪl] |

mínimo (adj)	minimal	['mɪnɪməl]
el más pequeño (adj)	the smallest	[ðə 'smɔːləst]
medio (adj)	medium	['miːdɪəm]
máximo (adj)	maximal	['mæksɪməl]
el más grande (adj)	the largest	[ðə 'lɑːdʒɪst]

26. Contenedores

tarro (m) de vidrio	jar	[dʒɑː(r)]
lata (f)	tin	[tɪn]
cubo (m)	bucket	['bʌkɪt]
barril (m)	barrel	['bærəl]

palangana (f)	basin	['beɪsən]
tanque (m)	tank	[tæŋk]
petaca (f) (de alcohol)	hip flask	[hɪp flɑːsk]
bidón (m) de gasolina	jerrycan	['dʒerɪkæn]
cisterna (f)	tank	[tæŋk]

| taza (f) (mug de cerámica) | mug | [mʌg] |
| taza (f) (~ de café) | cup | [kʌp] |

platillo (m)	saucer	['sɔ:sə(r)]
vaso (m) (~ de agua)	glass	[glɑ:s]
copa (f) (~ de vino)	glass	[glɑ:s]
olla (f)	stock pot	[stɒk pɒt]

| botella (f) | bottle | ['bɒtəl] |
| cuello (m) de botella | neck | [nek] |

garrafa (f)	carafe	[kə'ræf]
jarro (m) (~ de agua)	jug	[dʒʌg]
recipiente (m)	vessel	['vesəl]
tarro (m)	pot	[pɒt]
florero (m)	vase	[vɑ:z]

frasco (m) (~ de perfume)	bottle	['bɒtəl]
frasquito (m)	vial, small bottle	['vaɪəl], [smɔ:l 'bɒtəl]
tubo (m)	tube	[tju:b]

saco (m) (~ de azúcar)	sack	[sæk]
bolsa (f) (~ plástica)	bag	[bæg]
paquete (m) (~ de cigarrillos)	packet	['pækɪt]

caja (f)	box	[bɒks]
cajón (m) (~ de madera)	box	[bɒks]
cesta (f)	basket	['bɑ:skɪt]

27. Materiales

material (m)	material	[mə'tɪərɪəl]
madera (f)	wood	[wʊd]
de madera (adj)	wooden	['wʊdən]

| vidrio (m) | glass | [glɑ:s] |
| de vidrio (adj) | glass | [glɑ:s] |

| piedra (f) | stone | ['stəʊn] |
| de piedra (adj) | stone | ['stəʊn] |

| plástico (m) | plastic | ['plæstɪk] |
| de plástico (adj) | plastic | ['plæstɪk] |

| goma (f) | rubber | ['rʌbə(r)] |
| de goma (adj) | rubber | ['rʌbə(r)] |

| tela (f) | material, fabric | [mə'tɪərɪəl], ['fæbrɪk] |
| de tela (adj) | fabric | ['fæbrɪk] |

| papel (m) | paper | ['peɪpə(r)] |
| de papel (adj) | paper | ['peɪpə(r)] |

cartón (m)	cardboard	['kɑ:dbɔ:d]
de cartón (adj)	cardboard	['kɑ:dbɔ:d]
polietileno (m)	polyethylene	[pɒlɪ'eθɪli:n]
celofán (m)	cellophane	['seləfeɪn]

| linóleo (m) | linoleum | [lɪ'nəʊljəm] |
| contrachapado (m) | plywood | ['plaɪwʊd] |

porcelana (f)	porcelain	['pɔːsəlɪn]
de porcelana (adj)	porcelain	['pɔːsəlɪn]
arcilla (f), barro (m)	clay	[kleɪ]
de barro (adj)	clay	[kleɪ]
cerámica (f)	ceramic	[sɪ'ræmɪk]
de cerámica (adj)	ceramic	[sɪ'ræmɪk]

28. Los metales

metal (m)	metal	['metəl]
metálico (adj)	metal	['metəl]
aleación (f)	alloy	['ælɔɪ]

oro (m)	gold	[gəʊld]
de oro (adj)	gold, golden	[gəʊld], ['gəʊldən]
plata (f)	silver	['sɪlvə(r)]
de plata (adj)	silver	['sɪlvə(r)]

hierro (m)	iron	['aɪən]
de hierro (adj)	iron-, made of iron	['aɪrən], [meɪd əv 'aɪrən]
acero (m)	steel	[stiːl]
de acero (adj)	steel	[stiːl]
cobre (m)	copper	['kɒpə(r)]
de cobre (adj)	copper	['kɒpə(r)]

aluminio (m)	aluminium	[ælju'mɪnɪəm]
de aluminio (adj)	aluminium	[ælju'mɪnɪəm]
bronce (m)	bronze	[brɒnz]
de bronce (adj)	bronze	[brɒnz]

latón (m)	brass	[brɑːs]
níquel (m)	nickel	['nɪkəl]
platino (m)	platinum	['plætɪnəm]
mercurio (m)	mercury	['mɜːkjʊrɪ]
estaño (m)	tin	[tɪn]
plomo (m)	lead	[led]
zinc (m)	zinc	[zɪŋk]

EL SER HUMANO

El ser humano. El cuerpo

29. El ser humano. Conceptos básicos

ser (m) humano	human being	['hju:mən 'bi:ɪŋ]
hombre (m) (varón)	man	[mæn]
mujer (f)	woman	['wʊmən]
niño -a (m, f)	child	[ʧaɪld]
niña (f)	girl	[gɜ:l]
niño (m)	boy	[bɔɪ]
adolescente (m)	teenager	['ti:neɪʤə(r)]
viejo, anciano (m)	old man	[əʊld mæn]
vieja, anciana (f)	old woman	[əʊld 'wʊmən]

30. La anatomía humana

organismo (m)	organism	['ɔ:gənɪzəm]
corazón (m)	heart	[hɑ:t]
sangre (f)	blood	[blʌd]
arteria (f)	artery	['ɑ:tərɪ]
vena (f)	vein	[veɪn]
cerebro (m)	brain	[breɪn]
nervio (m)	nerve	[nɜ:v]
nervios (m pl)	nerves	[nɜ:vz]
vértebra (f)	vertebra	['vɜ:tɪbrə]
columna (f) vertebral	spine, backbone	[spaɪn], ['bækbəʊn]
estómago (m)	stomach	['stʌmək]
intestinos (m pl)	intestines, bowels	[ɪn'testɪnz], ['baʊəlz]
intestino (m)	intestine	[ɪn'testɪn]
hígado (m)	liver	['lɪvə(r)]
riñón (m)	kidney	['kɪdnɪ]
hueso (m)	bone	[bəʊn]
esqueleto (m)	skeleton	['skelɪtən]
costilla (f)	rib	[rɪb]
cráneo (m)	skull	[skʌl]
músculo (m)	muscle	['mʌsəl]
bíceps (m)	biceps	['baɪseps]
tríceps (m)	triceps	['traɪseps]
tendón (m)	tendon	['tendən]
articulación (f)	joint	[ʤɔɪnt]

pulmones (m pl)	lungs	[lʌnz]
genitales (m pl)	genitals	['dʒenɪtəlz]
piel (f)	skin	[skɪn]

31. La cabeza

cabeza (f)	head	[hed]
cara (f)	face	[feɪs]
nariz (f)	nose	[nəʊz]
boca (f)	mouth	[maʊθ]

ojo (m)	eye	[aɪ]
ojos (m pl)	eyes	[aɪz]
pupila (f)	pupil	['pjuːpəl]
ceja (f)	eyebrow	['aɪbraʊ]
pestaña (f)	eyelash	['aɪlæʃ]
párpado (m)	eyelid	['aɪlɪd]

lengua (f)	tongue	[tʌn]
diente (m)	tooth	[tuːθ]
labios (m pl)	lips	[lɪps]
pómulos (m pl)	cheekbones	['tʃiːkbəʊnz]
encía (f)	gum	[gʌm]
paladar (m)	palate	['pælət]

ventanas (f pl)	nostrils	['nɒstrɪlz]
mentón (m)	chin	[tʃɪn]
mandíbula (f)	jaw	[dʒɔː]
mejilla (f)	cheek	[tʃiːk]

frente (f)	forehead	['fɔːhed]
sien (f)	temple	['tempəl]
oreja (f)	ear	[ɪə(r)]
nuca (f)	back of the head	['bæk əv ðə hed]
cuello (m)	neck	[nek]
garganta (f)	throat	[θrəʊt]

pelo, cabello (m)	hair	[heə(r)]
peinado (m)	hairstyle	['heəstaɪl]
corte (m) de pelo	haircut	['heəkʌt]
peluca (f)	wig	[wɪg]

bigote (m)	moustache	[mə'stɑːʃ]
barba (f)	beard	[bɪəd]
tener (~ la barba)	to have (vt)	[tʊ hæv]
trenza (f)	plait	[plæt]
patillas (f pl)	sideboards	['saɪdbɔːdz]

pelirrojo (adj)	red-haired	[red heəd]
gris, canoso (adj)	grey	[greɪ]
calvo (adj)	bald	[bɔːld]
calva (f)	bald patch	[bɔːld pætʃ]
cola (f) de caballo	ponytail	['pəʊnɪteɪl]
flequillo (m)	fringe	[frɪndʒ]

32. El cuerpo

| mano (f) | hand | [hænd] |
| brazo (m) | arm | [ɑːm] |

dedo (m)	finger	['fɪŋgə(r)]
dedo (m) pulgar	thumb	[θʌm]
dedo (m) meñique	little finger	['lɪtəl 'fɪŋgə(r)]
uña (f)	nail	[neɪl]

puño (m)	fist	[fɪst]
palma (f)	palm	[pɑːm]
muñeca (f)	wrist	[rɪst]
antebrazo (m)	forearm	['fɔːrˌɑːm]
codo (m)	elbow	['elbəʊ]
hombro (m)	shoulder	['ʃəʊldə(r)]

pierna (f)	leg	[leg]
planta (f)	foot	[fʊt]
rodilla (f)	knee	[niː]
pantorrilla (f)	calf	[kɑːf]
cadera (f)	hip	[hɪp]
talón (m)	heel	[hiːl]

cuerpo (m)	body	['bɒdɪ]
vientre (m)	stomach	['stʌmək]
pecho (m)	chest	[tʃest]
seno (m)	breast	[brest]
lado (m), costado (m)	flank	[flæŋk]
espalda (f)	back	[bæk]
zona (f) lumbar	lower back	['ləʊə bæk]
cintura (f), talle (m)	waist	[weɪst]

ombligo (m)	navel, belly button	['neɪvəl], ['belɪ 'bʌtən]
nalgas (f pl)	buttocks	['bʌtəks]
trasero (m)	bottom, behind	['bɒtəm], [bɪ'haɪnd]

lunar (m)	beauty spot	['bjuːtɪ spɒt]
tatuaje (m)	tattoo	[tæ'tuː]
cicatriz (f)	scar	[skɑː(r)]

La ropa y los accesorios

33. La ropa exterior. Los abrigos

ropa (f)	clothes	[kləʊðz]
ropa (f) de calle	outerwear	['aʊtəweə(r)]
ropa (f) de invierno	winter clothing	['wɪntə 'kləʊðɪŋ]
abrigo (m)	coat, overcoat	[kəʊt], ['əʊvəkəʊt]
abrigo (m) de piel	fur coat	[fɜ: kəʊt]
abrigo (m) corto de piel	fur jacket	[fɜ: 'dʒækɪt]
chaqueta (f) plumón	down coat	['daʊn kəʊt]
cazadora (f)	jacket	['dʒækɪt]
impermeable (m)	raincoat	['reɪnkəʊt]
impermeable (adj)	waterproof	['wɔ:təpru:f]

34. Ropa de hombre y mujer

camisa (f)	shirt	[ʃɜ:t]
pantalones (m pl)	trousers	['traʊzəz]
jeans, vaqueros (m pl)	jeans	[dʒi:nz]
chaqueta (f), saco (m)	jacket	['dʒækɪt]
traje (m)	suit	[su:t]
vestido (m)	dress	[dres]
falda (f)	skirt	[skɜ:t]
blusa (f)	blouse	[blaʊz]
rebeca (f), chaqueta (f) de punto	knitted jacket	['nɪtɪd 'dʒækɪt]
chaqueta (f)	jacket	['dʒækɪt]
camiseta (f) (T-shirt)	T-shirt	['ti:ʃɜ:t]
pantalones (m pl) cortos	shorts	[ʃɔ:ts]
traje (m) deportivo	tracksuit	['træksu:t]
bata (f) de baño	bathrobe	['bɑ:θrəʊb]
pijama (m)	pyjamas	[pə'dʒɑ:məz]
suéter (m)	sweater, jumper	['swetə(r)], ['dʒʌmpə(r)]
pulóver (m)	pullover	['pʊləʊvə(r)]
chaleco (m)	waistcoat	['weɪskəʊt]
frac (m)	tailcoat	['teɪlkəʊt]
esmoquin (m)	dinner suit	['dɪnə su:t]
uniforme (m)	uniform	['junɪfɔ:m]
ropa (f) de trabajo	workwear	['wɜ:kweə(r)]
mono (m)	boiler suit	['bɔɪlə su:t]
bata (f) (p. ej. ~ blanca)	coat	[kəʊt]

35. La ropa. La ropa interior

ropa (f) interior	underwear	['ʌndəweə(r)]
camiseta (f) interior	vest	[vest]
calcetines (m pl)	socks	[sɒks]
camisón (m)	nightdress	['naɪtdres]
sostén (m)	bra	[brɑ:]
calcetines (m pl) altos	knee highs	[ni: haɪs]
pantimedias (f pl)	tights	[taɪts]
medias (f pl)	stockings	['stɒkɪŋz]
traje (m) de baño	swimsuit, bikini	['swɪmsu:t], [bɪ'ki:nɪ]

36. Gorras

gorro (m)	hat	[hæt]
sombrero (m) de fieltro	trilby hat	['trɪlbɪ hæt]
gorra (f) de béisbol	baseball cap	['beɪsbɔːl kæp]
gorra (f) plana	flatcap	[flæt kæp]
boina (f)	beret	['bereɪ]
capuchón (m)	hood	[hʊd]
panamá (m)	panama	['pænəmɑ:]
gorro (m) de punto	knit cap, knitted hat	[nɪt kæp], ['nɪtɪd hæt]
pañuelo (m)	headscarf	['hedskɑ:f]
sombrero (m) de mujer	women's hat	['wɪmɪns hæt]
casco (m) (~ protector)	hard hat	[hɑ:d hæt]
gorro (m) de campaña	forage cap	['fɒrɪdʒ kæp]
casco (m) (~ de moto)	helmet	['helmɪt]
bombín (m)	bowler	['bəʊlə(r)]
sombrero (m) de copa	top hat	[tɒp hæt]

37. El calzado

calzado (m)	footwear	['fʊtweə(r)]
botas (f pl)	shoes	[ʃu:z]
zapatos (m pl) (~ de tacón bajo)	shoes	[ʃu:z]
botas (f pl) altas	boots	[bu:ts]
zapatillas (f pl)	slippers	['slɪpəz]
tenis (m pl)	trainers	['treɪnəz]
zapatillas (f pl) de lona	trainers	['treɪnəz]
sandalias (f pl)	sandals	['sændəlz]
zapatero (m)	cobbler, shoe repairer	['kɒblə(r)], [ʃu: rɪ'peərə(r)]
tacón (m)	heel	[hi:l]
par (m)	pair	[peə(r)]

cordón (m)	shoelace	[ˈʃuːleɪs]
encordonar (vt)	to lace up (vt)	[tʊ leɪs ʌp]
calzador (m)	shoe horn	[ʃuː hɔːn]
betún (m)	shoe polish	[ʃuː ˈpɒlɪʃ]

38. Los textiles. Las telas

| algodón (m) | cotton | [ˈkɒtən] |
| lino (m) | flax | [flæks] |

seda (f)	silk	[sɪlk]
de seda (adj)	silk	[sɪlk]
lana (f)	wool	[wʊl]
de lana (adj)	wool	[wʊl]

terciopelo (m)	velvet	[ˈvelvɪt]
gamuza (f)	suede	[sweɪd]
pana (f)	corduroy	[ˈkɔːdərɔɪ]

nilón (m)	nylon	[ˈnaɪlɒn]
de nilón (adj)	nylon	[ˈnaɪlɒn]
poliéster (m)	polyester	[pɒlɪˈestə(r)]
de poliéster (adj)	polyester	[pɒlɪˈestə(r)]

piel (f) (cuero)	leather	[ˈleðə(r)]
de piel (de cuero)	leather	[ˈleðə(r)]
piel (f) (~ de zorro, etc.)	fur	[fɜː(r)]
de piel (abrigo ~)	fur	[fɜː(r)]

39. Accesorios personales

guantes (m pl)	gloves	[glʌvz]
manoplas (f pl)	mittens	[ˈmɪtənz]
bufanda (f)	scarf	[skɑːf]

gafas (f pl)	glasses	[ˈglɑːsɪz]
montura (f)	frame	[freɪm]
paraguas (m)	umbrella	[ʌmˈbrelə]
bastón (m)	walking stick	[ˈwɔːkɪŋ stɪk]
cepillo (m) de pelo	hairbrush	[ˈheəbrʌʃ]
abanico (m)	fan	[fæn]

corbata (f)	tie	[taɪ]
pajarita (f)	bow tie	[bəʊ taɪ]
tirantes (m pl)	braces	[ˈbreɪsɪz]
moquero (m)	handkerchief	[ˈhæŋkətʃɪf]

peine (m)	comb	[kəʊm]
pasador (m) de pelo	hair slide	[ˈheəˌslaɪd]
horquilla (f)	hairpin	[ˈheəpɪn]
hebilla (f)	buckle	[ˈbʌkəl]
cinturón (m)	belt	[belt]

correa (f) (de bolso)	shoulder strap	['ʃəʊldə stræp]
bolsa (f)	bag	[bæg]
bolso (m)	handbag	['hændbæg]
mochila (f)	rucksack	['rʌksæk]

40. La ropa. Miscelánea

moda (f)	fashion	['fæʃən]
de moda (adj)	in vogue	[ɪn vəʊg]
diseñador (m) de moda	fashion designer	['fæʃən dɪ'zaɪnə(r)]

cuello (m)	collar	['kɒlə(r)]
bolsillo (m)	pocket	['pɒkɪt]
de bolsillo (adj)	pocket	['pɒkɪt]
manga (f)	sleeve	[sliːv]
presilla (f)	hanging loop	['hæŋɪŋ luːp]
bragueta (f)	flies	[flaɪz]

cremallera (f)	zip	[zɪp]
cierre (m)	fastener	['fɑːsənə(r)]
botón (m)	button	['bʌtən]
ojal (m)	buttonhole	['bʌtənhəʊl]
saltar (un botón)	to come off	[tʊ kʌm ɒf]

coser (vi, vt)	to sew (vi, vt)	[tʊ səʊ]
bordar (vt)	to embroider (vi, vt)	[tʊ ɪm'brɔɪdə(r)]
bordado (m)	embroidery	[ɪm'brɔɪdərɪ]
aguja (f)	sewing needle	['niːdəl]
hilo (m)	thread	[θred]
costura (f)	seam	[siːm]

ensuciarse (vr)	to get dirty (vi)	[tʊ get 'dɜːtɪ]
mancha (f)	stain	[steɪn]
arrugarse (vr)	to crease, to crumple (vi)	[tʊ kriːs], [tʊ 'krʌmpəl]
rasgar (vt)	to tear, to rip (vt)	[tʊ teər], [tʊ rɪp]
polilla (f)	clothes moth	[kləʊðz mɒθ]

41. Productos personales. Cosméticos

pasta (f) de dientes	toothpaste	['tuːθpeɪst]
cepillo (m) de dientes	toothbrush	['tuːθbrʌʃ]
limpiarse los dientes	to clean one's teeth	[tʊ kliːn wʌns tiːθ]

maquinilla (f) de afeitar	razor	['reɪzə(r)]
crema (f) de afeitar	shaving cream	['ʃeɪvɪŋ kriːm]
afeitarse (vr)	to shave (vi)	[tʊ ʃeɪv]

| jabón (m) | soap | [səʊp] |
| champú (m) | shampoo | [ʃæm'puː] |

| tijeras (f pl) | scissors | ['sɪzəz] |
| lima (f) de uñas | nail file | [neɪl faɪl] |

| cortaúñas (m pl) | nail clippers | [neɪl 'klɪpərz] |
| pinzas (f pl) | tweezers | ['twi:zəz] |

cosméticos (m pl)	cosmetics	[kɒz'metɪks]
mascarilla (f)	face mask	[feɪs mɑ:sk]
manicura (f)	manicure	['mænɪkjʊə(r)]
hacer la manicura	to have a manicure	[tʊ hævə 'mænɪkjʊə]
pedicura (f)	pedicure	['pedɪkjʊə(r)]

bolsa (f) de maquillaje	make-up bag	['meɪk ʌp bæg]
polvos (m pl)	face powder	[feɪs 'paʊdə(r)]
polvera (f)	powder compact	['paʊdə 'kɒmpækt]
colorete (m), rubor (m)	blusher	['blʌʃə(r)]

perfume (m)	perfume	['pɜ:fju:m]
agua (f) de tocador	toilet water	['tɔɪlɪt 'wɔ:tə(r)]
loción (f)	lotion	['ləʊʃən]
agua (f) de Colonia	cologne	[kə'ləʊn]

sombra (f) de ojos	eyeshadow	['aɪʃædəʊ]
lápiz (m) de ojos	eyeliner	['aɪˌlaɪnə(r)]
rímel (m)	mascara	[mæs'kɑ:rə]

pintalabios (m)	lipstick	['lɪpstɪk]
esmalte (m) de uñas	nail polish	[neɪl 'pɒlɪʃ]
fijador (m) para el pelo	hair spray	['heəspreɪ]
desodorante (m)	deodorant	[dɪ'əʊdərənt]

crema (f)	cream	[kri:m]
crema (f) de belleza	face cream	[feɪs kri:m]
crema (f) de manos	hand cream	[hænd kri:m]
crema (f) antiarrugas	anti-wrinkle cream	['ænti 'rɪŋkəl kri:m]
crema (f) de día	day cream	[deɪ kri:m]
crema (f) de noche	night cream	[naɪt kri:m]

tampón (m)	tampon	['tæmpɒn]
papel (m) higiénico	toilet paper	['tɔɪlɪt 'peɪpə(r)]
secador (m) de pelo	hair dryer	['heə 'draɪə(r)]

42. Las joyas

joyas (f pl)	jewellery	['dʒu:əlrɪ]
precioso (adj)	precious	['preʃəs]
contraste (m)	hallmark stamp	['hɔ:lmɑ:k stæmp]

anillo (m)	ring	[rɪŋ]
anillo (m) de boda	wedding ring	['wedɪŋ rɪŋ]
pulsera (f)	bracelet	['breɪslɪt]

pendientes (m pl)	earrings	['ɪərɪŋz]
collar (m) (~ de perlas)	necklace	['neklɪs]
corona (f)	crown	[kraʊn]
collar (m) de abalorios	bead necklace	[bi:d 'neklɪs]
diamante (m)	diamond	['daɪəmənd]

esmeralda (f)	emerald	['emərəld]
rubí (m)	ruby	['ru:bɪ]
zafiro (m)	sapphire	['sæfaɪə(r)]
perla (f)	pearl	[pɜ:l]
ámbar (m)	amber	['æmbə(r)]

43. Los relojes

reloj (m)	watch	[wɒtʃ]
esfera (f)	dial	['daɪəl]
aguja (f)	hand	[hænd]
pulsera (f)	bracelet	['breɪslɪt]
correa (f) (del reloj)	watch strap	[wɒtʃ stræp]

pila (f)	battery	['bætərɪ]
descargarse (vr)	to be flat	[tʊ bi flæt]
cambiar la pila	to change a battery	[tʊ tʃeɪndʒ ə 'bætərɪ]
adelantarse (vr)	to run fast	[tʊ rʌn fɑ:st]
retrasarse (vr)	to run slow	[tʊ rʌn sləʊ]

reloj (m) de pared	wall clock	[wɔ:l klɒk]
reloj (m) de arena	hourglass	['aʊə‚glɑ:s]
reloj (m) de sol	sundial	['sʌndaɪəl]
despertador (m)	alarm clock	[ə'lɑ:m klɒk]
relojero (m)	watchmaker	['wɒtʃmeɪkə(r)]
reparar (vt)	to repair (vt)	[tʊ rɪ'peə(r)]

La comida y la nutrición

carne (f)	meat	[mi:t]
gallina (f)	chicken	['ʧɪkɪn]
pollo (m)	poussin	['puːsæn]
pato (m)	duck	[dʌk]
ganso (m)	goose	[guːs]
caza (f) menor	game	[geɪm]
pava (f)	turkey	['tɜːkɪ]
carne (f) de cerdo	pork	[pɔːk]
carne (f) de ternera	veal	[viːl]
carne (f) de carnero	lamb	[læm]
carne (f) de vaca	beef	[biːf]
conejo (m)	rabbit	['ræbɪt]
salchichón (m)	sausage	['sɒsɪʤ]
salchicha (f)	vienna sausage	[vɪ'enə 'sɒsɪʤ]
beicon (m)	bacon	['beɪkən]
jamón (m)	ham	[hæm]
jamón (m) fresco	gammon	['gæmən]
paté (m)	pâté	['pæteɪ]
hígado (m)	liver	['lɪvə(r)]
carne (f) picada	mince	[mɪns]
lengua (f)	tongue	[tʌŋ]
huevo (m)	egg	[eg]
huevos (m pl)	eggs	[egz]
clara (f)	egg white	[eg waɪt]
yema (f)	egg yolk	[eg jəʊk]
pescado (m)	fish	[fɪʃ]
mariscos (m pl)	seafood	['siːfuːd]
crustáceos (m pl)	crustaceans	[krʌ'steɪʃənz]
caviar (m)	caviar	['kævɪɑː(r)]
cangrejo (m) de mar	crab	[kræb]
camarón (m)	prawn	[prɔːn]
ostra (f)	oyster	['ɔɪstə(r)]
langosta (f)	spiny lobster	['spaɪnɪ 'lɒbstə(r)]
pulpo (m)	octopus	['ɒktəpəs]
calamar (m)	squid	[skwɪd]
esturión (m)	sturgeon	['stɜːʤən]
salmón (m)	salmon	['sæmən]
fletán (m)	halibut	['hælɪbət]
bacalao (m)	cod	[kɒd]

caballa (f)	mackerel	['mækərəl]
atún (m)	tuna	['tju:nə]
anguila (f)	eel	[i:l]

trucha (f)	trout	[traʊt]
sardina (f)	sardine	[sɑː'di:n]
lucio (m)	pike	[paɪk]
arenque (m)	herring	['herɪŋ]

pan (m)	bread	[bred]
queso (m)	cheese	[ʧi:z]
azúcar (m)	sugar	['ʃʊgə(r)]
sal (f)	salt	[sɔ:lt]

arroz (m)	rice	[raɪs]
macarrones (m pl)	pasta	['pæstə]
tallarines (m pl)	noodles	['nu:dəlz]

mantequilla (f)	butter	['bʌtə(r)]
aceite (m) vegetal	vegetable oil	['vedʒtəbəl ɔɪl]
aceite (m) de girasol	sunflower oil	['sʌnflaʊə ɔɪl]
margarina (f)	margarine	[mɑ:dʒə'ri:n]

| olivas, aceitunas (f pl) | olives | ['ɒlɪvz] |
| aceite (m) de oliva | olive oil | ['ɒlɪv ɔɪl] |

leche (f)	milk	[mɪlk]
leche (f) condensada	condensed milk	[kən'denst mɪlk]
yogur (m)	yogurt	['jəʊgət]
nata (f) agria	soured cream	['saʊəd kri:m]
nata (f) líquida	cream	[kri:m]

| mayonesa (f) | mayonnaise | [meɪə'neɪz] |
| crema (f) de mantequilla | buttercream | ['bʌtəˌkri:m] |

cereales (m pl) integrales	groats	[grəʊts]
harina (f)	flour	['flaʊə(r)]
conservas (f pl)	tinned food	['tɪnd fu:d]

copos (m pl) de maíz	cornflakes	['kɔ:nfleɪks]
miel (f)	honey	['hʌnɪ]
confitura (f)	jam	[dʒæm]
chicle (m)	chewing gum	['ʧu:ɪŋ gʌm]

45. Las bebidas

agua (f)	water	['wɔ:tə(r)]
agua (f) potable	drinking water	['drɪŋkɪŋ 'wɔ:tə(r)]
agua (f) mineral	mineral water	['mɪnərəl 'wɔ:tə(r)]

sin gas	still	[stɪl]
gaseoso (adj)	carbonated	['kɑ:bəneɪtɪd]
con gas	sparkling	['spɑ:klɪŋ]
hielo (m)	ice	[aɪs]

con hielo	with ice	[wɪð aɪs]
sin alcohol	non-alcoholic	[nɒn ˌælkə'hɒlɪk]
bebida (f) sin alcohol	soft drink	[sɒft drɪŋk]
refresco (m)	refreshing drink	[rɪ'freʃɪŋ drɪŋk]
limonada (f)	lemonade	[lemə'neɪd]

bebidas (f pl) alcohólicas	spirits	['spɪrɪts]
vino (m)	wine	[waɪn]
vino (m) blanco	white wine	[waɪt waɪn]
vino (m) tinto	red wine	['red ˌwaɪn]

licor (m)	liqueur	[lɪ'kjʊə(r)]
champaña (f)	champagne	[ʃæm'peɪn]
vermú (m)	vermouth	[vɜ:'mu:θ]

whisky (m)	whisky	['wɪskɪ]
vodka (m)	vodka	['vɒdkə]
ginebra (f)	gin	[dʒɪn]
coñac (m)	cognac	['kɒnjæk]
ron (m)	rum	[rʌm]

café (m)	coffee	['kɒfɪ]
café (m) solo	black coffee	[blæk 'kɒfɪ]
café (m) con leche	white coffee	[waɪt 'kɒfɪ]
capuchino (m)	cappuccino	[kæpʊ'tʃi:nəʊ]
café (m) soluble	instant coffee	['ɪnstənt 'kɒfɪ]

leche (f)	milk	[mɪlk]
cóctel (m)	cocktail	['kɒkteɪl]
batido (m)	milkshake	['mɪlk ʃeɪk]

zumo (m), jugo (m)	juice	[dʒu:s]
jugo (m) de tomate	tomato juice	[tə'mɑ:təʊ dʒu:s]
zumo (m) de naranja	orange juice	['ɒrɪndʒ dʒu:s]
zumo (m) fresco	freshly squeezed juice	['freʃlɪ skwi:zd dʒu:s]

cerveza (f)	beer	[bɪə(r)]
cerveza (f) rubia	lager	['lɑ:gə(r)]
cerveza (f) negra	bitter	['bɪtə(r)]

té (m)	tea	[ti:]
té (m) negro	black tea	[blæk ti:]
té (m) verde	green tea	[gri:n ti:]

46. Las verduras

| legumbres (f pl) | vegetables | ['vedʒtəbəlz] |
| verduras (f pl) | greens | [gri:nz] |

tomate (m)	tomato	[tə'mɑ:təʊ]
pepino (m)	cucumber	['kju:kʌmbə(r)]
zanahoria (f)	carrot	['kærət]
patata (f)	potato	[pə'teɪtəʊ]
cebolla (f)	onion	['ʌnjən]

ajo (m)	garlic	['gɑ:lɪk]
col (f)	cabbage	['kæbɪdʒ]
coliflor (f)	cauliflower	['kɒlɪflaʊə(r)]
col (f) de Bruselas	Brussels sprouts	['brʌsəlz 'spraʊts]
brócoli (m)	broccoli	['brɒkəlɪ]

remolacha (f)	beetroot	['bi:tru:t]
berenjena (f)	aubergine	['əʊbəʒi:n]
calabacín (m)	courgette	[kɔ:'ʒet]
calabaza (f)	pumpkin	['pʌmpkɪn]
nabo (m)	turnip	['tɜ:nɪp]

perejil (m)	parsley	['pɑ:slɪ]
eneldo (m)	dill	[dɪl]
lechuga (f)	lettuce	['letɪs]
apio (m)	celery	['selərɪ]
espárrago (m)	asparagus	[ə'spærəgəs]
espinaca (f)	spinach	['spɪnɪdʒ]

guisante (m)	pea	[pi:]
habas (f pl)	beans	[bi:nz]
maíz (m)	maize	[meɪz]
fréjol (m)	kidney beans	['kɪdnɪ bi:nz]

pimiento (m) dulce	sweet paper	[swi:t 'pepə(r)]
rábano (m)	radish	['rædɪʃ]
alcachofa (f)	artichoke	['ɑ:tɪtʃəʊk]

47. Las frutas. Las nueces

fruto (m)	fruit	[fru:t]
manzana (f)	apple	['æpəl]
pera (f)	pear	[peə(r)]
limón (m)	lemon	['lemən]
naranja (f)	orange	['ɒrɪndʒ]
fresa (f)	strawberry	['strɔ:bərɪ]

mandarina (f)	tangerine	[ˌtændʒə'ri:n]
ciruela (f)	plum	[plʌm]
melocotón (m)	peach	[pi:tʃ]
albaricoque (m)	apricot	['eɪprɪkɒt]
frambuesa (f)	raspberry	['rɑ:zbərɪ]
piña (f)	pineapple	['paɪnˌæpəl]

banana (f)	banana	[bə'nɑ:nə]
sandía (f)	watermelon	['wɔ:təmelən]
uva (f)	grapes	[greɪps]
guinda (f)	sour cherry	['saʊə 'tʃerɪ]
cereza (f)	sweet cherry	[swi:t 'tʃerɪ]
melón (m)	melon	['melən]

pomelo (m)	grapefruit	['greɪpfru:t]
aguacate (m)	avocado	[ævə'kɑ:dəʊ]
papaya (f)	papaya	[pə'paɪə]

mango (m)	mango	['mæŋgəʊ]
granada (f)	pomegranate	['pɒmɪgrænɪt]

grosella (f) roja	redcurrant	[red'kʌrənt]
grosella (f) negra	blackcurrant	[blæk'kʌrənt]
grosella (f) espinosa	gooseberry	['guzbərɪ]
arándano (m)	bilberry	['bɪlbərɪ]
zarzamoras (f pl)	blackberry	['blækbərɪ]

pasas (f pl)	raisin	['reɪzən]
higo (m)	fig	[fɪg]
dátil (m)	date	[deɪt]

cacahuete (m)	peanut	['piːnʌt]
almendra (f)	almond	['ɑːmənd]
nuez (f)	walnut	['wɔːlnʌt]
avellana (f)	hazelnut	['heɪzəlnʌt]
nuez (f) de coco	coconut	['kəʊkənʌt]
pistachos (m pl)	pistachios	[pɪ'stɑːʃəʊs]

48. El pan. Los dulces

pasteles (m pl)	confectionery	[kən'fekʃənərɪ]
pan (m)	bread	[bred]
galletas (f pl)	biscuits	['bɪskɪts]

chocolate (m)	chocolate	['tʃɒkələt]
de chocolate (adj)	chocolate	['tʃɒkələt]
caramelo (m)	sweet	[swiːt]
tarta (f) (pequeña)	cake	[keɪk]
tarta (f) (~ de cumpleaños)	cake	[keɪk]

tarta (f) (~ de manzana)	pie	[paɪ]
relleno (m)	filling	['fɪlɪŋ]

confitura (f)	jam	[dʒæm]
mermelada (f)	marmalade	['mɑːməleɪd]
gofre (m)	wafers	['weɪfəz]
helado (m)	ice-cream	['aɪs kriːm]
pudin (m)	pudding	['pʊdɪŋ]

49. Los platos

plato (m)	course, dish	[kɔːs], [dɪʃ]
cocina (f)	cuisine	[kwɪ'ziːn]
receta (f)	recipe	['resɪpɪ]
porción (f)	portion	['pɔːʃən]

ensalada (f)	salad	['sæləd]
sopa (f)	soup	[suːp]
caldo (m)	clear soup	[klɪə suːp]
bocadillo (m)	sandwich	['sænwɪdʒ]

huevos (m pl) fritos	fried eggs	[fraɪd egz]
hamburguesa (f)	hamburger	['hæmbɜːgə(r)]
bistec (m)	steak	[steɪk]

guarnición (f)	side dish	[saɪd dɪʃ]
espagueti (m)	spaghetti	[spə'getɪ]
puré (m) de patatas	mash	[mæʃ]
pizza (f)	pizza	['piːtsə]
gachas (f pl)	porridge	['pɒrɪdʒ]
tortilla (f) francesa	omelette	['ɒmlɪt]

cocido en agua (adj)	boiled	['bɔɪld]
ahumado (adj)	smoked	[sməʊkt]
frito (adj)	fried	[fraɪd]
seco (adj)	dried	[draɪd]
congelado (adj)	frozen	['frəʊzən]
marinado (adj)	pickled	['pɪkəld]

azucarado, dulce (adj)	sweet	[swiːt]
salado (adj)	salty	['sɔːltɪ]
frío (adj)	cold	[kəʊld]
caliente (adj)	hot	[hɒt]
amargo (adj)	bitter	['bɪtə(r)]
sabroso (adj)	tasty	['teɪstɪ]

cocer en agua	to cook in boiling water	[tʊ kʊk in 'bɔɪlɪŋ 'wɔːtə]
preparar (la cena)	to cook (vt)	[tʊ kʊk]
freír (vt)	to fry (vt)	[tʊ fraɪ]
calentar (vt)	to heat up	[tʊ hiːt ʌp]

salar (vt)	to salt (vt)	[tʊ sɔːlt]
poner pimienta	to pepper (vt)	[tʊ 'pepə(r)]
rallar (vt)	to grate (vt)	[tʊ greɪt]
piel (f)	peel	[piːl]
pelar (vt)	to peel (vt)	[tʊ piːl]

50. Las especias

sal (f)	salt	[sɔːlt]
salado (adj)	salty	['sɔːltɪ]
salar (vt)	to salt (vt)	[tʊ sɔːlt]

pimienta (f) negra	black pepper	[blæk 'pepə(r)]
pimienta (f) roja	red pepper	[red 'pepə(r)]
mostaza (f)	mustard	['mʌstəd]
rábano (m) picante	horseradish	['hɔːsˌrædɪʃ]

condimento (m)	condiment	['kɒndɪmənt]
especia (f)	spice	[spaɪs]
salsa (f)	sauce	[sɔːs]
vinagre (m)	vinegar	['vɪnɪgə(r)]

| anís (m) | anise | ['ænɪs] |
| albahaca (f) | basil | ['bæzəl] |

clavo (m)	cloves	[kləʊvz]
jengibre (m)	ginger	['dʒɪndʒə(r)]
cilantro (m)	coriander	[kɒrɪ'ændə(r)]
canela (f)	cinnamon	['sɪnəmən]

sésamo (m)	sesame	['sesəmɪ]
hoja (f) de laurel	bay leaf	[beɪ liːf]
paprika (f)	paprika	['pæprɪkə]
comino (m)	caraway	['kærəweɪ]
azafrán (m)	saffron	['sæfrən]

51. Las comidas

| comida (f) | food | [fuːd] |
| comer (vi, vt) | to eat (vi, vt) | [tʊ iːt] |

desayuno (m)	breakfast	['brekfəst]
desayunar (vi)	to have breakfast	[tʊ hæv 'brekfəst]
almuerzo (m)	lunch	[lʌntʃ]
almorzar (vi)	to have lunch	[tʊ hæv lʌntʃ]
cena (f)	dinner	['dɪnə(r)]
cenar (vi)	to have dinner	[tʊ hæv 'dɪnə(r)]

| apetito (m) | appetite | ['æpɪtaɪt] |
| ¡Que aproveche! | Enjoy your meal! | [ɪn'dʒɔɪ jɔː miːl] |

abrir (vt)	to open (vt)	[tʊ 'əʊpən]
derramar (líquido)	to spill (vt)	[tʊ spɪl]
derramarse (líquido)	to spill out (vi)	[tʊ spɪl aʊt]

hervir (vi)	to boil (vi)	[tʊ bɔɪl]
hervir (vt)	to boil (vt)	[tʊ bɔɪl]
hervido (agua ~a)	boiled	['bɔɪld]

| enfriar (vt) | to chill, cool down (vt) | [tʊ tʃɪl], [kuːl daʊn] |
| enfriarse (vr) | to chill (vi) | [tʊ tʃɪl] |

| sabor (m) | taste, flavour | [teɪst], ['fleɪvə(r)] |
| regusto (m) | aftertaste | ['ɑːftəteɪst] |

adelgazar (vi)	to slim down	[tʊ slɪm daʊn]
dieta (f)	diet	['daɪət]
vitamina (f)	vitamin	['vɪtəmɪn]
caloría (f)	calorie	['kælərɪ]

| vegetariano (m) | vegetarian | [vedʒɪ'teərɪən] |
| vegetariano (adj) | vegetarian | [vedʒɪ'teərɪən] |

grasas (f pl)	fats	[fæts]
proteínas (f pl)	proteins	['prəʊtiːnz]
carbohidratos (m pl)	carbohydrates	[kɑːbəʊ'haɪdreɪts]
loncha (f)	slice	[slaɪs]
pedazo (m)	piece	[piːs]
miga (f)	crumb	[krʌm]

52. Los cubiertos

cuchara (f)	spoon	[spuːn]
cuchillo (m)	knife	[naɪf]
tenedor (m)	fork	[fɔːk]

taza (f)	cup	[kʌp]
plato (m)	plate	[pleɪt]
platillo (m)	saucer	['sɔːsə(r)]
servilleta (f)	serviette	[sɜːvɪ'et]
mondadientes (m)	toothpick	['tuːθpɪk]

53. El restaurante

restaurante (m)	restaurant	['restrɒnt]
cafetería (f)	coffee bar	['kɒfɪ bɑː(r)]
bar (m)	pub	[pʌb]
salón (m) de té	tearoom	['tiːrʊm]

camarero (m)	waiter	['weɪtə(r)]
camarera (f)	waitress	['weɪtrɪs]
barman (m)	barman	['bɑːmən]

carta (f), menú (m)	menu	['menjuː]
carta (f) de vinos	wine list	['waɪn lɪst]
reservar una mesa	to book a table	[tʊ bʊk ə 'teɪbəl]

plato (m)	course, dish	[kɔːs], [dɪʃ]
pedir (vt)	to order (vi, vt)	[tʊ 'ɔːdə(r)]
hacer un pedido	to make an order	[tʊ meɪk ən 'ɔːdə(r)]

aperitivo (m)	aperitif	[əperə'tiːf]
entremés (m)	starter	['stɑːtə(r)]
postre (m)	dessert, pudding	[dɪ'zɜːt], ['pʊdɪŋ]

cuenta (f)	bill	[bɪl]
pagar la cuenta	to pay the bill	[tʊ peɪ ðə bɪl]
dar la vuelta	to give change	[tʊ gɪv 'tʃeɪndʒ]
propina (f)	tip	[tɪp]

La familia nuclear, los parientes y los amigos

54. La información personal. Los formularios

nombre (m)	name, first name	[neɪm], [fɜːst neɪm]
apellido (m)	surname, last name	['sɜːneɪm], [lɑːst neɪm]
fecha (f) de nacimiento	date of birth	[deɪt əv bɜːθ]
lugar (m) de nacimiento	place of birth	[pleɪs əv bɜːθ]
nacionalidad (f)	nationality	[næʃə'næləti]
domicilio (m)	place of residence	[pleɪs əv 'rezɪdəns]
país (m)	country	['kʌntri]
profesión (f)	profession	[prə'feʃən]
sexo (m)	gender, sex	['dʒendə(r)], [seks]
estatura (f)	height	[haɪt]
peso (m)	weight	[weɪt]

55. Los familiares. Los parientes

madre (f)	mother	['mʌðə(r)]
padre (m)	father	['fɑːðə(r)]
hijo (m)	son	[sʌn]
hija (f)	daughter	['dɔːtə(r)]
hija (f) menor	younger daughter	['jʌŋgə 'dɔːtə(r)]
hijo (m) menor	younger son	['jʌŋgə 'sʌn]
hija (f) mayor	eldest daughter	['eldɪst 'dɔːtə(r)]
hijo (m) mayor	eldest son	['eldɪst sʌn]
hermano (m)	brother	['brʌðə(r)]
hermana (f)	sister	['sɪstə(r)]
primo (m)	cousin	['kʌzən]
prima (f)	cousin	['kʌzən]
mamá (f)	mummy	['mʌmi]
papá (m)	dad, daddy	[dæd], ['dædi]
padres (pl)	parents	['peərənts]
niño -a (m, f)	child	[ʧaɪld]
niños (pl)	children	['ʧɪldrən]
abuela (f)	grandmother	['græn,mʌðə(r)]
abuelo (m)	grandfather	['grænd,fɑːðə(r)]
nieto (m)	grandson	['grænsʌn]
nieta (f)	granddaughter	['græn,dɔːtə(r)]
nietos (pl)	grandchildren	['græn,ʧɪldrən]
tío (m)	uncle	['ʌŋkəl]
tía (f)	aunt	[ɑːnt]

| sobrino (m) | nephew | ['nefju:] |
| sobrina (f) | niece | [ni:s] |

suegra (f)	mother-in-law	['mʌðə ɪn lɔ:]
suegro (m)	father-in-law	['fɑːðə ɪn lɔ:]
yerno (m)	son-in-law	['sʌn ɪn lɔ:]
madrastra (f)	stepmother	['step‚mʌðə(r)]
padrastro (m)	stepfather	['step‚fɑːðə(r)]

niño (m) de pecho	infant	['ɪnfənt]
bebé (m)	baby	['beɪbɪ]
chico (m)	little boy	['lɪtəl bɔɪ]

| mujer (f) | wife | [waɪf] |
| marido (m) | husband | ['hʌzbənd] |

casado (adj)	married	['mærɪd]
casada (adj)	married	['mærɪd]
soltero (adj)	single	['sɪŋgəl]
soltero (m)	bachelor	['bætʃələ(r)]
divorciado (adj)	divorced	[dɪ'vɔ:st]
viuda (f)	widow	['wɪdəʊ]
viudo (m)	widower	['wɪdəʊə(r)]

pariente (m)	relative	['relətɪv]
pariente (m) cercano	close relative	[kləʊs 'relətɪv]
pariente (m) lejano	distant relative	['dɪstənt 'relətɪv]
parientes (pl)	relatives	['relətɪvz]

huérfano (m), huérfana (f)	orphan	['ɔ:fən]
tutor (m)	guardian	['gɑːdjən]
adoptar, ahijar (vt)	to adopt (vt)	[tʊ ə'dɒpt]

56. Los amigos. Los compañeros del trabajo

amigo (m)	friend	[frend]
amiga (f)	friend, girlfriend	[frend], ['gɜːlfrend]
amistad (f)	friendship	['frendʃɪp]
ser amigo	to be friends	[tʊ bi frendz]

amigote (m)	pal	[pæl]
amiguete (f)	pal	[pæl]
compañero (m)	partner	['pɑːtnə(r)]
jefe (m)	chief	[tʃiːf]
superior (m)	boss, superior	[bɒs], [suː'pɪərɪə(r)]
subordinado (m)	subordinate	[sə'bɔ:dɪnət]
colega (m, f)	colleague	['kɒliːg]

conocido (m)	acquaintance	[ə'kweɪntəns]
compañero (m) de viaje	fellow traveller	['feləʊ 'trævələ(r)]
condiscípulo (m)	classmate	['klɑːsmeɪt]
vecino (m)	neighbour	['neɪbə(r)]
vecina (f)	neighbour	['neɪbə(r)]
vecinos (pl)	neighbours	['neɪbəz]

57. El hombre. La mujer

mujer (f)	woman	['wʊmən]
muchacha (f)	girl, young woman	[gɜːl], [jʌŋ 'wʊmən]
novia (f)	bride, fiancée	[braɪd], [fɪ'ɒnseɪ]
guapa (adj)	beautiful	['bjuːtɪfʊl]
alta (adj)	tall	[tɔːl]
esbelta (adj)	slender	['slendə(r)]
de estatura mediana	short	[ʃɔːt]
rubia (f)	blonde	[blɒnd]
morena (f)	brunette	[bruː'net]
de señora (adj)	ladies'	['leɪdɪz]
virgen (f)	virgin	['vɜːdʒɪn]
embarazada (adj)	pregnant	['pregnənt]
hombre (m) (varón)	man	[mæn]
rubio (m)	blond haired man	[blɒnd heəd mæn]
moreno (m)	dark haired man	['dɑːk heəd mæn]
alto (adj)	tall	[tɔːl]
de estatura mediana	short	[ʃɔːt]
grosero (adj)	rude	[ruːd]
rechoncho (adj)	stocky	['stɒkɪ]
robusto (adj)	robust	[rəʊ'bʌst]
fuerte (adj)	strong	[strɒŋ]
fuerza (f)	strength	[streŋθ]
gordo (adj)	stout, fat	[staʊt], [fæt]
moreno (adj)	swarthy	['swɔːðɪ]
esbelto (adj)	slender	['slendə(r)]
elegante (adj)	elegant	['elɪgənt]

58. La edad

edad (f)	age	[eɪdʒ]
juventud (f)	youth	[juːθ]
joven (adj)	young	[jʌŋ]
menor (adj)	younger	['jʌŋgə(r)]
mayor (adj)	older	[əʊldə]
joven (m)	young man	[jʌŋ mæn]
muchacho (m)	guy, fellow	[gaɪ], ['feləʊ]
anciano (m)	old man	[əʊld mæn]
anciana (f)	old woman	[əʊld 'wʊmən]
adulto	adult	[ə'dʌlt]
de edad media (adj)	middle-aged	[mɪdl 'eɪdʒd]
anciano, mayor (adj)	elderly	['eldəlɪ]

viejo (adj)	old	[əʊld]
jubilarse	to retire (vi)	[tʊ rɪ'taɪə(r)]
jubilado (m)	retiree, pensioner	[rɪtaɪə'ri:], ['penʃənə(r)]

59. Los niños

niño -a (m, f)	child	[ʧaɪld]
niños (pl)	children	['ʧɪldrən]
gemelos (pl)	twins	[twɪnz]

cuna (f)	cradle	['kreɪdəl]
sonajero (m)	rattle	['rætəl]
pañal (m)	nappy	['næpɪ]

chupete (m)	dummy, comforter	['dʌmɪ], ['kʌmfətə(r)]
cochecito (m)	pram	[præm]
jardín (m) de infancia	nursery	['nɜ:sərɪ]
niñera (f)	babysitter	['beɪbɪsɪtə(r)]

infancia (f)	childhood	['ʧaɪldhʊd]
muñeca (f)	doll	[dɒl]
juguete (m)	toy	[tɔɪ]
mecano (m)	construction set	[kən'strʌkʃən set]

bien criado (adj)	well-bred	[wel bred]
mal criado (adj)	ill-bred	[ɪl bred]
mimado (adj)	spoilt	[spɔɪlt]

hacer travesuras	to be naughty	[tʊ bi 'nɔ:tɪ]
travieso (adj)	mischievous	['mɪsʧɪvəs]
travesura (f)	mischievousness	['mɪsʧɪvəsnɪs]
travieso (m)	mischievous child	['mɪsʧɪvəs ʧaɪld]

| obediente (adj) | obedient | [ə'bi:djənt] |
| desobediente (adj) | disobedient | [dɪsə'bi:djənt] |

dócil (adj)	docile	['dəʊsaɪl]
inteligente (adj)	clever	['klevə(r)]
niño (m) prodigio	child prodigy	[ʧaɪld 'prɒdɪʤɪ]

60. El matrimonio. La vida familiar

besar (vt)	to kiss (vt)	[tʊ kɪs]
besarse (vr)	to kiss (vi)	[tʊ kɪs]
familia (f)	family	['fæmlɪ]
familiar (adj)	family	['fæmlɪ]
pareja (f)	couple	['kʌpəl]
matrimonio (m)	marriage	['mærɪʤ]
hogar (m) familiar	hearth	[hɑ:θ]
dinastía (f)	dynasty	['dɪnəstɪ]
cita (f)	date	[deɪt]
beso (m)	kiss	[kɪs]

amor (m)	**love**	[lʌv]
querer (amar)	**to love** (vt)	[tʊ lʌv]
querido (adj)	**beloved**	[bɪ'lʌvd]

ternura (f)	**tenderness**	['tendənɪs]
tierno (afectuoso)	**tender**	['tendə(r)]
fidelidad (f)	**faithfulness**	['feɪθfʊlnɪs]
fiel (adj)	**faithful**	['feɪθfʊl]

recién casados (pl)	**newlyweds**	['njuːlɪwedz]
luna (f) de miel	**honeymoon**	['hʌnɪmuːn]
estar casada	**to get married**	[tʊ get 'mærɪd]
casarse (con una mujer)	**to get married**	[tʊ get 'mærɪd]

boda (f)	**wedding**	['wedɪŋ]
bodas (f pl) de oro	**golden wedding**	['gəʊldən 'wedɪŋ]
aniversario (m)	**anniversary**	[ænɪ'vɜːsərɪ]

amante (m)	**lover**	['lʌvə(r)]
amante (f)	**mistress**	['mɪstrɪs]

adulterio (m)	**adultery**	[ə'dʌltərɪ]
cometer adulterio	**to cheat on ...**	[tʊ tʃiːt ɒn ...]
celoso (adj)	**jealous**	['dʒeləs]
tener celos	**to be jealous**	[tʊ bi 'dʒeləs]
divorcio (m)	**divorce**	[dɪ'vɔːs]
divorciarse (vr)	**to divorce** (vi)	[tʊ dɪ'vɔːs]

reñir (vi)	**to quarrel** (vi)	[tʊ 'kwɒrəl]
reconciliarse (vr)	**to be reconciled**	[tʊ bi: 'rekənsaɪld]
juntos (adv)	**together**	[tə'geðə(r)]
sexo (m)	**sex**	[seks]

felicidad (f)	**happiness**	['hæpɪnɪs]
feliz (adj)	**happy**	['hæpɪ]
desgracia (f)	**misfortune**	[mɪs'fɔːtʃuːn]
desgraciado (adj)	**unhappy**	[ʌn'hæpɪ]

Las características de personalidad. Los sentimientos

61. Los sentimientos. Las emociones

sentimiento (m)	feeling	['fi:lɪŋ]
sentimientos (m pl)	feelings	['fi:lɪŋz]
sentir (vt)	to feel (vt)	[tʊ fi:l]
hambre (f)	hunger	['hʌŋɡə(r)]
tener hambre	to be hungry	[tʊ bi 'hʌŋɡrɪ]
sed (f)	thirst	[θɜːst]
tener sed	to be thirsty	[tʊ bi 'θɜːstɪ]
somnolencia (f)	sleepiness	['sli:pɪnɪs]
tener sueño	to feel sleepy	[tʊ fi:l 'sli:pɪ]
cansancio (m)	tiredness	['taɪədnɪs]
cansado (adj)	tired	['taɪəd]
estar cansado	to get tired	[tʊ get 'taɪəd]
humor (m) (de buen ~)	mood	[mu:d]
aburrimiento (m)	boredom	['bɔːdəm]
aburrirse (vr)	to be bored	[tʊ bi bɔːd]
soledad (f)	seclusion	[sɪ'klu:ʒən]
aislarse (vr)	to seclude oneself	[tʊ sɪ'klu:d wʌn'self]
inquietar (vt)	to worry (vt)	[tʊ 'wʌrɪ]
inquietarse (vr)	to be worried	[tʊ bi 'wʌrɪd]
inquietud (f)	worry	['wʌrɪ]
preocupado (adj)	preoccupied	[pri:'ɒkjʊpaɪd]
estar nervioso	to be nervous	[tʊ bi 'nɜ:vəs]
darse al pánico	to panic (vi)	[tʊ 'pænɪk]
esperanza (f)	hope	[həʊp]
esperar (tener esperanza)	to hope (vi, vt)	[tʊ həʊp]
seguridad (f)	certainty	['sɜ:təntɪ]
seguro (adj)	certain, sure	['sɜ:tən], [ʃʊə(r)]
inseguridad (f)	uncertainty	[ʌn'sɜ:təntɪ]
inseguro (adj)	uncertain	[ʌn'sɜ:tən]
borracho (adj)	drunk	[drʌŋk]
sobrio (adj)	sober	['səʊbə(r)]
débil (adj)	weak	[wi:k]
feliz (adj)	happy	['hæpɪ]
asustar (vt)	to scare (vt)	[tʊ skeə(r)]
rabia (f)	rage	[reɪdʒ]
depresión (f)	depression	[dɪ'preʃən]
incomodidad (f)	discomfort	[dɪs'kʌmfət]
comodidad (f)	comfort	['kʌmfət]

arrepentirse (vr)	to regret (vi)	[tʊ rɪ'gret]
arrepentimiento (m)	regret	[rɪ'gret]
mala suerte (f)	bad luck	[bæd lʌk]
tristeza (f)	sadness	['sædnɪs]

vergüenza (f)	shame	[ʃeɪm]
júbilo (m)	gladness	['glædnɪs]
entusiasmo (m)	enthusiasm	[ɪn'θju:zɪæzəm]
entusiasta (m)	enthusiast	[ɪn'θju:zɪæst]
mostrar entusiasmo	to show enthusiasm	[tʊ ʃəʊ ɪn'θju:zɪæzəm]

62. El carácter. La personalidad

carácter (m)	character	['kærəktə(r)]
defecto (m)	character flaw	['kærəktə flɔ:]
mente (f)	mind	[maɪnd]
razón (f)	reason	['ri:zən]

consciencia (f)	conscience	['kɒnʃəns]
hábito (m)	habit	['hæbɪt]
habilidad (f)	ability	[ə'bɪlətɪ]
poder (~ nadar, etc.)	can (v aux)	[kæn]

paciente (adj)	patient	['peɪʃənt]
impaciente (adj)	impatient	[ɪm'peɪʃənt]
curioso (adj)	curious	['kjʊərɪəs]
curiosidad (f)	curiosity	[kjʊərɪ'ɒsətɪ]

modestia (f)	modesty	['mɒdɪstɪ]
modesto (adj)	modest	['mɒdɪst]
inmodesto (adj)	immodest	[ɪ'mɒdɪst]

| perezoso (adj) | lazy | ['leɪzɪ] |
| perezoso (m) | lazy person | [ˌleɪzɪ 'pɜ:sən] |

astucia (f)	cunning	['kʌnɪŋ]
astuto (adj)	cunning	['kʌnɪŋ]
desconfianza (f)	distrust	[dɪs'trʌst]
desconfiado (adj)	distrustful	[dɪs'trʌstfʊl]

generosidad (f)	generosity	[dʒenə'rɒsətɪ]
generoso (adj)	generous	['dʒenərəs]
talentoso (adj)	talented	['tæləntɪd]
talento (m)	talent	['tælənt]

valiente (adj)	courageous	[kə'reɪdʒəs]
coraje (m)	courage	['kʌrɪdʒ]
honesto (adj)	honest	['ɒnɪst]
honestidad (f)	honesty	['ɒnɪstɪ]

prudente (adj)	careful	['keəfʊl]
valeroso (adj)	courageous	[kə'reɪdʒəs]
serio (adj)	serious	['sɪərɪəs]
severo (adj)	strict	[strɪkt]

decidido (adj)	decisive	[dɪ'saɪsɪv]
indeciso (adj)	indecisive	[ɪndɪ'saɪsɪv]
tímido (adj)	shy, timid	[ʃaɪ], ['tɪmɪd]
timidez (f)	shyness, timidity	[tɪ'mɪdətɪ]

confianza (f)	confidence	['kɒnfɪdəns]
creer (créeme)	to believe	[tʊ bɪ'li:v]
confiado (crédulo)	trusting, naïve	['trʌstɪŋ], [naɪ'i:v]

sinceramente (adv)	sincerely	[sɪn'sɪəlɪ]
sincero (adj)	sincere	[sɪn'sɪə(r)]
sinceridad (f)	sincerity	[sɪn'serətɪ]

calmado (adj)	calm	[kɑːm]
franco (sincero)	frank	[fræŋk]
ingenuo (adj)	naïve, naive	[naɪ'i:v]
distraído (adj)	absent-minded	['æbsənt 'maɪndɪd]
gracioso (adj)	funny	['fʌnɪ]

avaricia (f)	greed	[gri:d]
avaro (adj)	greedy	['gri:dɪ]
malvado (adj)	evil	['i:vəl]
terco (adj)	stubborn	['stʌbən]
desagradable (adj)	unpleasant	[ʌn'plezənt]

egoísta (m)	selfish person	['selfɪʃ 'pɜːsən]
egoísta (adj)	selfish	['selfɪʃ]
cobarde (m)	coward	['kaʊəd]
cobarde (adj)	cowardly	['kaʊədlɪ]

63. El sueño. Los sueños

dormir (vi)	to sleep (vi)	[tʊ sli:p]
sueño (m) (estado)	sleep, sleeping	[sli:p], [sli:pɪŋ]
sueño (m) (dulces ~s)	dream	[dri:m]
soñar (vi)	to dream (vi)	[tʊ dri:m]
adormilado (adj)	sleepy	['sli:pɪ]

cama (f)	bed	[bed]
colchón (m)	mattress	['mætrɪs]
manta (f)	blanket	['blæŋkɪt]
almohada (f)	pillow	['pɪləʊ]
sábana (f)	sheet	[ʃi:t]

insomnio (m)	insomnia	[ɪn'sɒmnɪə]
de insomnio (adj)	sleepless	['sli:plɪs]
somnífero (m)	sleeping pill	['sli:pɪŋ pɪl]
tomar el somnífero	to take a sleeping pill	[tʊ teɪk ə 'sli:pɪŋ pɪl]

tener sueño	to feel sleepy	[tʊ fi:l 'sli:pɪ]
bostezar (vi)	to yawn (vi)	[tʊ jɔ:n]
irse a la cama	to go to bed	[tʊ gəʊ tə bed]
hacer la cama	to make up the bed	[tʊ meɪk ʌp ðə bed]
dormirse (vr)	to fall asleep	[tʊ fɔ:l ə'sli:p]

pesadilla (f)	nightmare	['naɪtmeə(r)]
ronquido (m)	snore, snoring	[snɔː(r)], ['snɔːrɪŋ]
roncar (vi)	to snore (vi)	[tʊ snɔː(r)]

despertador (m)	alarm clock	[ə'lɑːm klɒk]
despertar (vt)	to wake (vt)	[tʊ weɪk]
despertarse (vr)	to wake up	[tʊ weɪk ʌp]
levantarse (vr)	to get up	[tʊ get ʌp]
lavarse (vr)	to have a wash	[tʊ hæv ə wɒʃ]

64. El humor. La risa. La alegría

humor (m)	humour	['hjuːmə(r)]
sentido (m) del humor	sense of humour	[sens əv 'hjuːmə(r)]
divertirse (vr)	to enjoy oneself	[tʊ ɪn'dʒɔɪ wʌn'self]
alegre (adj)	cheerful	['tʃɪəfʊl]
júbilo (m)	merriment, gaiety	['merɪmənt], ['geɪətɪ]

sonrisa (f)	smile	[smaɪl]
sonreír (vi)	to smile (vi)	[tʊ smaɪl]
echarse a reír	to start laughing	[tʊ stɑːt 'lɑːfɪŋ]
reírse (vr)	to laugh (vi)	[tʊ lɑːf]
risa (f)	laugh, laughter	[lɑːf], ['lɑːftə]

anécdota (f)	anecdote	['ænɪkdəʊt]
gracioso (adj)	funny	['fʌnɪ]
ridículo (adj)	funny	['fʌnɪ]

bromear (vi)	to joke, to be kidding	[tʊ dʒəʊk], [tʊ bi 'kɪdɪŋ]
broma (f)	joke	[dʒəʊk]
alegría (f) (emoción)	joy	[dʒɔɪ]
alegrarse (vr)	to rejoice (vi)	[tʊ rɪ'dʒɔɪs]
alegre (~ de que ...)	joyful	['dʒɔɪfʊl]

65. La discusión y la conversación. Unidad 1

| comunicación (f) | communication | [kəmjuːnɪ'keɪʃən] |
| comunicarse (vr) | to communicate (vi) | [tʊ kə'mjuːnɪkeɪt] |

conversación (f)	conversation	[kɒnvə'seɪʃən]
diálogo (m)	dialogue	['daɪəlɒg]
discusión (f) (debate)	discussion	[dɪs'kʌʃən]
debate (m)	dispute	[dɪ'spjuːt]
debatir (vi)	to dispute, to debate	[tʊ dɪ'spjuːt], [tʊ dɪ'beɪt]

interlocutor (m)	interlocutor	[ɪntə'lɒkjʊtə(r)]
tema (m)	topic	['tɒpɪk]
punto (m) de vista	point of view	[pɔɪnt əv vjuː]
opinión (f)	opinion	[ə'pɪnjən]
discurso (m)	speech	[spiːtʃ]
discusión (f) (del informe, etc.)	discussion	[dɪs'kʌʃən]
discutir (vt)	to discuss (vt)	[tʊ dɪs'kʌs]

conversación (f)	talk	[tɔːk]
conversar (vi)	to talk (vi)	[tʊ tɔːk]
reunión (f)	meeting	['miːtɪŋ]
encontrarse (vr)	to meet (vi, vt)	[tʊ miːt]

proverbio (m)	proverb	['prɒvɜːb]
dicho (m)	saying	['seɪɪŋ]
adivinanza (f)	riddle	['rɪdəl]
contar una adivinanza	to pose a riddle	[tʊ pəʊz ə 'rɪdəl]
contraseña (f)	password	['pɑːswɜːd]
secreto (m)	secret	['siːkrɪt]

juramento (m)	oath	[əʊθ]
jurar (vt)	to swear (vi, vt)	[tʊ sweə(r)]
promesa (f)	promise	['prɒmɪs]
prometer (vt)	to promise (vt)	[tʊ 'prɒmɪs]

consejo (m)	advice	[əd'vaɪs]
aconsejar (vt)	to advise (vt)	[tʊ əd'vaɪz]
seguir el consejo	to follow one's advice	[tʊ 'fɒləʊ wʌns əd'vaɪs]

noticias (f pl)	news	[njuːz]
sensación (f)	sensation	[sen'seɪʃən]
información (f)	information	[ɪnfə'meɪʃən]
conclusión (f)	conclusion	[kən'kluːʒən]
voz (f)	voice	[vɔɪs]
cumplido (m)	compliment	['kɒmplɪmənt]
amable (adj)	kind	[kaɪnd]

palabra (f)	word	[wɜːd]
frase (f)	phrase	[freɪz]
respuesta (f)	answer	['ɑːnsə(r)]

verdad (f)	truth	[truːθ]
mentira (f)	lie	[laɪ]

pensamiento (m)	thought	[θɔːt]
idea (f)	idea	[aɪ'dɪə]
fantasía (f)	fantasy	['fæntəsɪ]

66. La discusión y la conversación. Unidad 2

respetado (adj)	respected	[rɪ'spektɪd]
respetar (vt)	to respect (vt)	[tʊ rɪ'spekt]
respeto (m)	respect	[rɪ'spekt]
Estimado ...	Dear ...	[dɪə ...]

presentar (~ a sus padres)	to introduce (vt)	[tʊ ˌɪntrə'djuːs]
conocer a alguien	to make acquaintance	[tʊ meɪk ə'kweɪntəns]

intención (f)	intention	[ɪn'tenʃən]
tener intención (de ...)	to intend (vi)	[tʊ ɪn'tend]
deseo (m)	wish	[wɪʃ]
desear (vt) (~ buena suerte)	to wish (vt)	[tʊ wɪʃ]

sorpresa (f)	surprise	[sə'praɪz]
sorprender (vt)	to surprise (vt)	[tʊ sə'praɪz]
sorprenderse (vr)	to be surprised	[tʊ bi sə'praɪzd]
dar (vt)	to give (vt)	[tʊ gɪv]
tomar (vt)	to take (vt)	[tʊ teɪk]
devolver (vt)	to give back	[tʊ gɪv bæk]
retornar (vt)	to return (vt)	[tʊ rɪ'tɜːn]
disculparse (vr)	to apologize (vi)	[tʊ ə'pɒlədʒaɪz]
disculpa (f)	apology	[ə'pɒlədʒɪ]
perdonar (vt)	to forgive (vt)	[tʊ fə'gɪv]
hablar (vi)	to talk (vi)	[tʊ tɔːk]
escuchar (vt)	to listen (vi)	[tʊ 'lɪsən]
escuchar hasta el final	to hear ... out	[tʊ hɪə ... aʊt]
comprender (vt)	to understand (vt)	[tʊ ʌndə'stænd]
mostrar (vt)	to show (vt)	[tʊ ʃəʊ]
mirar a ...	to look at ...	[tʊ lʊk æt ...]
llamar (vt)	to call (vt)	[tʊ kɔːl]
distraer (molestar)	to distract (vt)	[tʊ dɪ'strækt]
molestar (vt)	to disturb (vt)	[tʊ dɪ'stɜːb]
pasar (~ un mensaje)	to pass (vt)	[tʊ pɑːs]
petición (f)	demand	[dɪ'mɑːnd]
pedir (vt)	to request (vt)	[tʊ rɪ'kwest]
exigencia (f)	demand	[dɪ'mɑːnd]
exigir (vt)	to demand (vt)	[tʊ dɪ'mɑːnd]
motejar (vr)	to tease (vt)	[tʊ tiːz]
burlarse (vr)	to mock (vi, vt)	[tʊ mɒk]
burla (f)	mockery, derision	['mɒkərɪ], [dɪ'rɪʒən]
apodo (m)	nickname	['nɪkneɪm]
alusión (f)	insinuation	[ɪnsɪnjʊ'eɪʃən]
aludir (vi)	to insinuate (vt)	[tʊ ɪn'sɪnjʊeɪt]
sobrentender (vt)	to mean (vt)	[tʊ miːn]
descripción (f)	description	[dɪ'skrɪpʃən]
describir (vt)	to describe (vt)	[tʊ dɪ'skraɪb]
elogio (m)	praise	[preɪz]
elogiar (vt)	to praise (vt)	[tʊ preɪz]
decepción (f)	disappointment	[dɪsə'pɔɪntmənt]
decepcionar (vt)	to disappoint (vt)	[tʊ ˌdɪsə'pɔɪnt]
estar decepcionado	to be disappointed	[tʊ bi dɪsə'pɔɪntɪd]
suposición (f)	supposition	[sʌpə'zɪʃən]
suponer (vt)	to suppose (vt)	[tʊ sə'pəʊz]
advertencia (f)	warning, caution	['wɔːnɪŋ], ['kɔːʃən]
prevenir (vt)	to warn (vt)	[tʊ wɔːn]

67. La discusión y la conversación. Unidad 3

convencer (vt)	to talk into	[tʊ 'tɔːk 'ɪntʊ]
calmar (vt)	to calm down (vt)	[tʊ kɑːm daʊn]
silencio (m) (~ es oro)	silence	['saɪləns]
callarse (vr)	to be silent	[tʊ bi 'saɪlənt]
susurrar (vi, vt)	to whisper (vi, vt)	[tʊ 'wɪspə(r)]
susurro (m)	whisper	['wɪspə(r)]
francamente (adv)	frankly	['fræŋklɪ]
en mi opinión ...	in my opinion ...	[ɪn maɪ ə'pɪnjən ...]
detalle (m) (de la historia)	detail	['diːteɪl]
detallado (adj)	detailed	['diːteɪld]
detalladamente (adv)	in detail	[ɪn 'diːteɪl]
pista (f)	hint, clue	[hɪnt], [kluː]
dar una pista	to give a hint	[tʊ ɡɪv ə hɪnt]
mirada (f)	look	[lʊk]
echar una mirada	to have a look	[tʊ ˌhæv ə 'lʊk]
fija (mirada ~)	fixed	[fɪkst]
parpadear (vi)	to blink (vi)	[tʊ blɪŋk]
guiñar un ojo	to wink (vi)	[tʊ wɪŋk]
asentir con la cabeza	to nod (vi)	[tʊ nɒd]
suspiro (m)	sigh	[saɪ]
suspirar (vi)	to sigh (vi)	[tʊ saɪ]
estremecerse (vr)	to shudder (vi)	[tʊ 'ʃʌdə(r)]
gesto (m)	gesture	['dʒestʃə(r)]
tocar (con la mano)	to touch (vt)	[tʊ tʌtʃ]
asir (~ de la mano)	to seize (vt)	[tʊ siːz]
palmear (~ la espalda)	to tap (vt)	[tʊ tæp]
¡Cuidado!	Look out!	[lʊk 'aʊt]
¿De veras?	Really?	['rɪəlɪ]
¡Suerte!	Good luck!	[ɡʊd lʌk]
¡Ya veo!	I see!	[aɪ siː]
¡Es una lástima!	It's a pity!	[ɪts ə 'pɪtɪ]

68. El acuerdo. El rechazo

acuerdo (m)	consent	[kən'sent]
estar de acuerdo	to consent (vi)	[tʊ kən'sent]
aprobación (f)	approval	[ə'pruːvəl]
aprobar (vt)	to approve (vt)	[tʊ ə'pruːv]
rechazo (m)	refusal	[rɪ'fjuːzəl]
negarse (vr)	to refuse (vi, vt)	[tʊ rɪ'fjuːz]
¡Excelente!	Great!	[ɡreɪt]
¡De acuerdo!	All right!	[ɔːl 'raɪt]
¡Vale!	Okay!	[əʊ'keɪ]

prohibido (adj)	**forbidden**	[fə'bɪdən]
está prohibido	**it's forbidden**	[ɪts fə'bɪdən]
incorrecto (adj)	**incorrect**	[ɪnkə'rekt]

rechazar (vt)	**to reject** (vt)	[tʊ rɪ'dʒekt]
apoyar (la decisión)	**to support** (vt)	[tʊ sə'pɔːt]
aceptar (vt)	**to accept** (vt)	[tʊ ək'sept]

confirmar (vt)	**to confirm** (vt)	[tʊ kən'fɜːm]
confirmación (f)	**confirmation**	[kɒnfə'meɪʃən]
permiso (m)	**permission**	[pə'mɪʃən]
permitir (vt)	**to permit** (vt)	[tʊ pə'mɪt]
decisión (f)	**decision**	[dɪ'sɪʒən]
no decir nada	**to say nothing**	[tʊ seɪ 'nʌθɪŋ]

condición (f)	**condition**	[kən'dɪʃən]
excusa (f) (pretexto)	**excuse**	[ɪk'skjuːs]
elogio (m)	**praise**	[preɪz]
elogiar (vt)	**to praise** (vt)	[tʊ preɪz]

69. El éxito. La buena suerte. El fracaso

éxito (m)	**success**	[sək'ses]
con éxito (adv)	**successfully**	[sək'sesfʊlɪ]
exitoso (adj)	**successful**	[sək'sesfʊl]

suerte (f)	**good luck**	[gʊd lʌk]
¡Suerte!	**Good luck!**	[gʊd lʌk]
de suerte (día ~)	**lucky**	['lʌkɪ]
afortunado (adj)	**lucky**	['lʌkɪ]

fiasco (m)	**failure**	['feɪljə(r)]
infortunio (m)	**misfortune**	[mɪs'fɔːtʃuːn]
mala suerte (f)	**bad luck**	[bæd lʌk]
fracasado (adj)	**unsuccessful**	[ʌnsək'sesfʊl]
catástrofe (f)	**catastrophe**	[kə'tæstrəfɪ]

orgullo (m)	**pride**	[praɪd]
orgulloso (adj)	**proud**	[praʊd]
estar orgulloso	**to be proud**	[tʊ bi praʊd]

ganador (m)	**winner**	['wɪnə(r)]
ganar (vi)	**to win** (vi)	[tʊ wɪn]
perder (vi)	**to lose** (vi)	[tʊ luːz]
tentativa (f)	**try**	[traɪ]
intentar (tratar)	**to try** (vi)	[tʊ traɪ]
chance (f)	**chance**	[tʃɑːns]

70. Las discusiones. Las emociones negativas

grito (m)	**shout**	[ʃaʊt]
gritar (vi)	**to shout** (vi)	[tʊ ʃaʊt]

comenzar a gritar	to start to cry out	[tʊ stɑːt tə kraɪ aʊt]
disputa (f), riña (f)	quarrel	['kwɒrəl]
reñir (vi)	to quarrel (vi)	[tʊ 'kwɒrəl]
escándalo (m) (riña)	fight	[faɪt]
causar escándalo	to make a scene	[tʊ meɪk ə 'siːn]
conflicto (m)	conflict	['kɒnflɪkt]
malentendido (m)	misunderstanding	[mɪsʌndə'stændɪŋ]
insulto (m)	insult	['ɪnsʌlt]
insultar (vt)	to insult (vt)	[tʊ ɪn'sʌlt]
insultado (adj)	insulted	[ɪn'sʌltɪd]
ofensa (f)	resentment	[rɪ'zentmənt]
ofender (vt)	to offend (vt)	[tʊ ə'fend]
ofenderse (vr)	to take offence	[tʊ teɪk ə'fens]
indignación (f)	indignation	[ɪndɪg'neɪʃən]
indignarse (vr)	to be indignant	[tʊ bi ɪn'dɪgnənt]
queja (f)	complaint	[kəm'pleɪnt]
quejarse (vr)	to complain (vi, vt)	[tʊ kəm'pleɪn]
disculpa (f)	apology	[ə'pɒlədʒɪ]
disculparse (vr)	to apologize (vi)	[tʊ ə'pɒlədʒaɪz]
pedir perdón	to beg pardon	[tʊ beg 'pɑːdən]
crítica (f)	criticism	['krɪtɪsɪzəm]
criticar (vt)	to criticize (vt)	[tʊ 'krɪtɪsaɪz]
acusación (f)	accusation	[ˌækjuː'zeɪʃən]
acusar (vt)	to accuse (vt)	[tʊ ə'kjuːz]
venganza (f)	revenge	[rɪ'vendʒ]
vengar (vt)	to avenge (vt)	[tʊ ə'vendʒ]
desprecio (m)	disdain	[dɪs'deɪn]
despreciar (vt)	to despise (vt)	[tʊ dɪ'spaɪz]
odio (m)	hatred, hate	['heɪtrɪd], [heɪt]
odiar (vt)	to hate (vt)	[tʊ heɪt]
nervioso (adj)	nervous	['nɜːvəs]
estar nervioso	to be nervous	[tʊ bi 'nɜːvəs]
enfadado (adj)	angry	['æŋgrɪ]
enfadar (vt)	to make angry	[tʊ meɪk 'æŋgrɪ]
humillación (f)	humiliation	[hjuːˌmɪlɪ'eɪʃən]
humillar (vt)	to humiliate (vt)	[tʊ hjuː'mɪlɪeɪt]
humillarse (vr)	to humiliate oneself	[tʊ hjuː'mɪlɪeɪt wʌn'self]
choque (m)	shock	[ʃɒk]
chocar (vi)	to shock (vt)	[tʊ ʃɒk]
molestia (f) (problema)	trouble	['trʌbəl]
desagradable (adj)	unpleasant	[ʌn'plezənt]
miedo (m)	fear	[fɪə(r)]
terrible (tormenta, etc.)	terrible	['terəbəl]
de miedo (historia ~)	scary	['skeərɪ]
horror (m)	horror	['hɒrə(r)]

horrible (adj)	awful	['ɔːfʊl]
empezar a temblar	to begin to tremble	[tʊ bɪ'gɪn tə 'trembəl]
llorar (vi)	to cry (vi)	[tʊ kraɪ]
comenzar a llorar	to start crying	[tʊ stɑːt 'kraɪɪŋ]
lágrima (f)	tear	[tɪə(r)]
culpa (f)	fault	['fɔːlt]
remordimiento (m)	guilt	[gɪlt]
deshonra (f)	dishonour	[dɪs'ɒnə(r)]
protesta (f)	protest	['prəʊtest]
estrés (m)	stress	[stres]
molestar (vt)	to disturb (vt)	[tʊ dɪ'stɜːb]
estar furioso	to be furious	[tʊ bi 'fjʊərɪəs]
enfadado (adj)	angry	['æŋgrɪ]
terminar (vt)	to end (vt)	[tʊ end]
asustarse (vr)	to scare (vi)	[tʊ skeə(r)]
golpear (vt)	to hit (vt)	[tʊ hɪt]
pelear (vi)	to fight (vi)	[tʊ faɪt]
resolver (~ la discusión)	to settle (vt)	[tʊ 'setəl]
descontento (adj)	discontented	[dɪskən'tentɪd]
furioso (adj)	furious	['fjʊərɪəs]
¡No está bien!	It's not good!	[ɪts nɒt gʊd]
¡Está mal!	It's bad!	[ɪts bæd]

La medicina

enfermedad (f)	**illness**	['ɪlnɪs]
estar enfermo	**to be ill**	[tʊ bi ɪl]
salud (f)	**health**	[helθ]
resfriado (m) (coriza)	**runny nose**	[ˌrʌnɪ 'nəʊz]
angina (f)	**tonsillitis**	[tɒnsɪ'laɪtɪs]
resfriado (m)	**cold**	[kəʊld]
resfriarse (vr)	**to catch a cold**	[tʊ kætʃ ə kəʊld]
bronquitis (f)	**bronchitis**	[brɒŋ'kaɪtɪs]
pulmonía (f)	**pneumonia**	[nju:'məʊnɪə]
gripe (f)	**flu**	[flu:]
miope (adj)	**shortsighted**	[ʃɔ:t 'saɪtɪd]
présbita (adj)	**longsighted**	[lɒŋ'saɪtɪd]
estrabismo (m)	**squint**	[skwɪnt]
estrábico (m) (adj)	**squint-eyed**	[skwɪnt 'aɪd]
catarata (f)	**cataract**	['kætərækt]
glaucoma (m)	**glaucoma**	[glɔ:'kəʊmə]
insulto (m)	**stroke**	[strəʊk]
ataque (m) cardiaco	**heart attack**	['hɑ:t ə'tæk]
infarto (m) de miocardio	**myocardial infarction**	[maɪəʊ'kɑ:dɪəl ɪn'fɑ:kʃən]
parálisis (f)	**paralysis**	[pə'rælɪsɪs]
paralizar (vt)	**to paralyse** (vt)	[tʊ 'pærəlaɪz]
alergia (f)	**allergy**	['ælədʒɪ]
asma (f)	**asthma**	['æsmə]
diabetes (f)	**diabetes**	[daɪə'bi:ti:z]
dolor (m) de muelas	**toothache**	['tu:θeɪk]
caries (f)	**caries**	['keəri:z]
diarrea (f)	**diarrhoea**	[daɪə'rɪə]
estreñimiento (m)	**constipation**	[kɒnstɪ'peɪʃən]
molestia (f) estomacal	**stomach upset**	['stʌmək 'ʌpset]
envenenamiento (m)	**food poisoning**	[fu:d 'pɔɪzənɪŋ]
artritis (f)	**arthritis**	[ɑ:'θraɪtɪs]
raquitismo (m)	**rickets**	['rɪkɪts]
reumatismo (m)	**rheumatism**	['ru:mətɪzəm]
ateroesclerosis (f)	**atherosclerosis**	[ˌæθərəʊsklɪ'rəʊsɪs]
gastritis (f)	**gastritis**	[gæs'traɪtɪs]
apendicitis (f)	**appendicitis**	[əpendɪ'saɪtɪs]
colecistitis (f)	**cholecystitis**	[kɒlɪsɪs'taɪtɪs]

úlcera (f)	ulcer	['ʌlsə(r)]
sarampión (m)	measles	['miːzəlz]
rubeola (f)	rubella	[ruːˈbelə]
ictericia (f)	jaundice	['dʒɔːndɪs]
hepatitis (f)	hepatitis	[hepəˈtaɪtɪs]

esquizofrenia (f)	schizophrenia	[skɪtsəˈfriːnɪə]
rabia (f) (hidrofobia)	rabies	['reɪbiːz]
neurosis (f)	neurosis	[njʊəˈrəʊsɪs]
conmoción (f) cerebral	concussion	[kənˈkʌʃən]

cáncer (m)	cancer	['kænsə(r)]
esclerosis (f)	sclerosis	[skləˈrəʊsɪs]
esclerosis (m) múltiple	multiple sclerosis	['mʌltɪpəl skləˈrəʊsɪs]

alcoholismo (m)	alcoholism	['ælkəhɒlɪzəm]
alcohólico (m)	alcoholic	[ælkəˈhɒlɪk]
sífilis (f)	syphilis	['sɪfɪlɪs]
SIDA (m)	AIDS	[eɪdz]

tumor (m)	tumour	['tjuːmə(r)]
fiebre (f)	fever	['fiːvə(r)]
malaria (f)	malaria	[məˈleərɪə]
gangrena (f)	gangrene	['gæŋgriːn]
mareo (m)	seasickness	['siːˌsɪknɪs]
epilepsia (f)	epilepsy	['epɪlepsɪ]

epidemia (f)	epidemic	[epɪˈdemɪk]
tifus (m)	typhus	['taɪfəs]
tuberculosis (f)	tuberculosis	[tjuːbɜːkjʊˈləʊsɪs]
cólera (f)	cholera	['kɒlərə]
peste (f)	plague	[pleɪg]

72. Los síntomas. Los tratamientos. Unidad 1

síntoma (m)	symptom	['sɪmptəm]
temperatura (f)	temperature	['temprətʃə(r)]
fiebre (f)	high temperature, fever	[haɪ 'temprətʃə(r)], ['fiːvə(r)]
pulso (m)	pulse, heartbeat	[pʌls], ['hɑːtbiːt]

mareo (m) (vértigo)	dizziness	['dɪzɪnɪs]
caliente (adj)	hot	[hɒt]
escalofrío (m)	shivering	['ʃɪvərɪŋ]
pálido (adj)	pale	[peɪl]

tos (f)	cough	[kɒf]
toser (vi)	to cough (vi)	[tʊ kɒf]
estornudar (vi)	to sneeze (vi)	[tʊ sniːz]
desmayo (m)	faint	[feɪnt]
desmayarse (vr)	to faint (vi)	[tʊ feɪnt]

moradura (f)	bruise	[bruːz]
chichón (m)	bump	[bʌmp]
golpearse (vr)	to bang (vi)	[tʊ bæŋ]

| magulladura (f) | bruise | [bru:z] |
| magullarse (vr) | to get a bruise | [tʊ get ə bru:z] |

cojear (vi)	to limp (vi)	[tʊ lɪmp]
dislocación (f)	dislocation	[dɪslə'keɪʃən]
dislocar (vt)	to dislocate (vt)	[tʊ 'dɪsləkeɪt]
fractura (f)	fracture	['fræktʃə(r)]
tener una fractura	to have a fracture	[tʊ hæv ə 'fræktʃə(r)]

corte (m) (tajo)	cut	[kʌt]
cortarse (vr)	to cut oneself	[tʊ kʌt wʌn'self]
hemorragia (f)	bleeding	['bli:dɪŋ]

| quemadura (f) | burn | [bɜ:n] |
| quemarse (vr) | to get burned | [tʊ get 'bɜ:nd] |

pincharse (~ el dedo)	to prick (vt)	[tʊ prɪk]
pincharse (vr)	to prick oneself	[tʊ prɪk wʌn'self]
herir (vt)	to injure (vt)	[tʊ 'ɪndʒə(r)]
herida (f)	injury	['ɪndʒərɪ]
lesión (f) (herida)	wound	[wu:nd]
trauma (m)	trauma	['trɔ:mə]

delirar (vi)	to be delirious	[tʊ bi dɪ'lɪrɪəs]
tartamudear (vi)	to stutter (vi)	[tʊ 'stʌtə(r)]
insolación (f)	sunstroke	['sʌnstrəʊk]

73. Los síntomas. Los tratamientos. Unidad 2

| dolor (m) | pain, ache | [peɪn], [eɪk] |
| astilla (f) | splinter | ['splɪntə(r)] |

sudor (m)	sweat	[swet]
sudar (vi)	to sweat (vi)	[tʊ swet]
vómito (m)	vomiting	['vɒmɪtɪŋ]
convulsiones (f pl)	convulsions	[kən'vʌlʃənz]

embarazada (adj)	pregnant	['pregnənt]
nacer (vi)	to be born	[tʊ bi bɔ:n]
parto (m)	delivery, labour	[dɪ'lɪvərɪ], ['leɪbə(r)]
dar a luz	to deliver (vt)	[tʊ dɪ'lɪvə(r)]
aborto (m)	abortion	[ə'bɔ:ʃən]

respiración (f)	breathing, respiration	['bri:ðɪŋ], [respə'reɪʃən]
inspiración (f)	in-breath, inhalation	['ɪn breθ], [ɪnhə'leɪʃən]
espiración (f)	out-breath, exhalation	['aʊt breθ], [eksə'leɪʃən]
espirar (vi)	to exhale (vi)	[tʊ eks'heɪl]
inspirar (vi)	to inhale (vi)	[tʊ ɪn'heɪl]

inválido (m)	disabled person	[dɪ'seɪbəld 'pɜ:sən]
mutilado (m)	cripple	['krɪpəl]
drogadicto (m)	drug addict	['drʌg 'ædɪkt]
sordo (adj)	deaf	[def]
mudo (adj)	mute	[mju:t]

sordomudo (adj)	deaf mute	[def mju:t]
loco (adj)	mad, insane	[mæd], [ɪn'seɪn]
loco (m)	madman	['mædmən]
loca (f)	madwoman	['mædwʊmən]
volverse loco	to go insane	[tʊ gəʊ ɪn'seɪn]

gen (m)	gene	[dʒi:n]
inmunidad (f)	immunity	[ɪ'mju:nətɪ]
hereditario (adj)	hereditary	[hɪ'redɪtərɪ]
de nacimiento (adj)	congenital	[kən'dʒenɪtəl]

virus (m)	virus	['vaɪrəs]
microbio (m)	microbe	['maɪkrəʊb]
bacteria (f)	bacterium	[bæk'tɪərɪəm]
infección (f)	infection	[ɪn'fekʃən]

74. Los síntomas. Los tratamientos. Unidad 3

| hospital (m) | hospital | ['hɒspɪtəl] |
| paciente (m) | patient | ['peɪʃənt] |

diagnosis (f)	diagnosis	[daɪəg'nəʊsɪs]
cura (f)	cure	[kjʊə]
tratamiento (m)	treatment	['tri:tmənt]
curarse (vr)	to get treatment	[tʊ get 'tri:tmənt]
tratar (vt)	to treat (vt)	[tʊ tri:t]
cuidar (a un enfermo)	to nurse (vt)	[tʊ nɜ:s]
cuidados (m pl)	care	[keə(r)]

operación (f)	operation, surgery	[ɒpə'reɪʃən], ['sɜ:dʒərɪ]
vendar (vt)	to bandage (vt)	[tʊ 'bændɪdʒ]
vendaje (m)	bandaging	['bændɪdʒɪŋ]
vacunación (f)	vaccination	[væksɪ'neɪʃən]
vacunar (vt)	to vaccinate (vt)	[tʊ 'væksɪneɪt]
inyección (f)	injection	[ɪn'dʒekʃən]
aplicar una inyección	to give an injection	[tə,gɪv ən ɪn'dʒekʃən]

ataque (m)	attack	[ə'tæk]
amputación (f)	amputation	[,æmpjʊ'teɪʃən]
amputar (vt)	to amputate (vt)	[tʊ 'æmpjʊteɪt]
coma (m)	coma	['kəʊmə]
estar en coma	to be in a coma	[tʊ bi ɪn ə 'kəʊmə]
revitalización (f)	intensive care	[ɪn'tensɪv 'keə(r)]

recuperarse (vr)	to recover (vi)	[tʊ rɪ'kʌvə(r)]
estado (m) (de salud)	condition	[kən'dɪʃən]
consciencia (f)	consciousness	['kɒnʃəsnɪs]
memoria (f)	memory	['memərɪ]

extraer (un diente)	to pull out	[tʊ pʊl 'aʊt]
empaste (m)	filling	['fɪlɪŋ]
empastar (vt)	to fill (vt)	[tʊ fɪl]
hipnosis (f)	hypnosis	[hɪp'nəʊsɪs]
hipnotizar (vt)	to hypnotize (vt)	[tʊ 'hɪpnətaɪz]

75. Los médicos

médico (m)	doctor	['dɒktə(r)]
enfermera (f)	nurse	[nɜːs]
médico (m) personal	personal doctor	['pɜːsənəl 'dɒktə(r)]
dentista (m)	dentist	['dentɪst]
oftalmólogo (m)	eye doctor	[aɪ 'dɒktə(r)]
internista (m)	general practitioner	['dʒenərəl præk'tɪʃənə]
cirujano (m)	surgeon	['sɜːdʒən]
psiquiatra (m)	psychiatrist	[saɪ'kaɪətrɪst]
pediatra (m)	paediatrician	[piːdɪə'trɪʃən]
psicólogo (m)	psychologist	[saɪ'kɒlədʒɪst]
ginecólogo (m)	gynaecologist	[gaɪnɪ'kɒlədʒɪst]
cardiólogo (m)	cardiologist	[ˌkɑːdɪ'ɒlədʒɪst]

76. La medicina. Las drogas. Los accesorios

medicamento (m), droga (f)	medicine, drug	['medsɪn], [drʌg]
remedio (m)	remedy	['remədɪ]
prescribir (vt)	to prescribe (vt)	[tʊ prɪ'skraɪb]
receta (f)	prescription	[prɪ'skrɪpʃən]
tableta (f)	tablet, pill	['tæblɪt], [pɪl]
ungüento (m)	ointment	['ɔɪntmənt]
ampolla (f)	ampoule	['æmpuːl]
mixtura (f), mezcla (f)	mixture	['mɪkstʃə(r)]
sirope (m)	syrup	['sɪrəp]
píldora (f)	capsule	['kæpsjuːl]
polvo (m)	powder	['paʊdə(r)]
venda (f)	bandage	['bændɪdʒ]
algodón (m) (discos de ~)	cotton wool	['kɒtən wʊl]
yodo (m)	iodine	['aɪədiːn]
tirita (f), curita (f)	plaster	['plɑːstə(r)]
pipeta (f)	eyedropper	['aɪˌdrɒpə(r)]
termómetro (m)	thermometer	[θə'mɒmɪtə(r)]
jeringa (f)	syringe	[sɪ'rɪndʒ]
silla (f) de ruedas	wheelchair	['wiːltʃeə(r)]
muletas (f pl)	crutches	[krʌtʃɪz]
anestésico (m)	painkiller	['peɪnˌkɪlə(r)]
purgante (m)	laxative	['læksətɪv]
alcohol (m)	spirits (ethanol)	['spɪrɪts]
hierba (f) medicinal	medicinal herbs	[mə'dɪsɪnəl hɜːbz]
de hierbas (té ~)	herbal	['hɜːbəl]

77. El tabaquismo. Los productos del tabaco

tabaco (m)	**tobacco**	[təˈbækəʊ]
cigarrillo (m)	**cigarette**	[sɪɡəˈret]
cigarro (m)	**cigar**	[sɪˈɡɑː(r)]
pipa (f)	**pipe**	[paɪp]
paquete (m)	**packet**	[ˈpækɪt]
cerillas (f pl)	**matches**	[ˈmætʃɪz]
caja (f) de cerillas	**matchbox**	[ˈmætʃbɒks]
encendedor (m)	**lighter**	[ˈlaɪtə(r)]
cenicero (m)	**ashtray**	[ˈæʃtreɪ]
pitillera (f)	**cigarette case**	[sɪɡəˈret keɪs]
boquilla (f)	**cigarette holder**	[sɪɡəˈret ˈhəʊldə(r)]
filtro (m)	**filter**	[ˈfɪltə(r)]
fumar (vi, vt)	**to smoke** (vi, vt)	[tʊ sməʊk]
encender un cigarrillo	**to light a cigarette**	[tʊ laɪt ə sɪɡəˈret]
tabaquismo (m)	**smoking**	[ˈsməʊkɪŋ]
fumador (m)	**smoker**	[ˈsməʊkə(r)]
colilla (f)	**cigarette end**	[sɪɡəˈret end]
humo (m)	**smoke**	[sməʊk]
ceniza (f)	**ash**	[æʃ]

EL AMBIENTE HUMANO

La ciudad

ciudad (f)	city, town	['sɪtɪ], [taʊn]
capital (f)	capital	['kæpɪtəl]
aldea (f)	village	['vɪlɪdʒ]
plano (m) de la ciudad	city map	['sɪtɪˌmæp]
centro (m) de la ciudad	city centre	['sɪtɪ ˌsentə(r)]
suburbio (m)	suburb	['sʌbɜːb]
suburbano (adj)	suburban	[sə'bɜːbən]
arrabal (m)	outskirts	['aʊtskɜːts]
afueras (f pl)	environs	[ɪn'vaɪərənz]
barrio (m)	city block	['sɪtɪ blɒk]
zona (f) de viviendas	residential quarter	[rezɪ'denʃəl 'kwɔːtə(r)]
tráfico (m)	traffic	['træfɪk]
semáforo (m)	traffic lights	['træfɪk laɪts]
transporte (m) urbano	public transport	['pʌblɪk 'trænspɔːt]
cruce (m)	crossroads	['krɒsrəʊdz]
paso (m) de peatones	zebra crossing	['zebrə ˌkrɒsɪŋ]
paso (m) subterráneo	subway	['sʌbweɪ]
cruzar (vt)	to cross (vt)	[tʊ krɒs]
peatón (m)	pedestrian	[pɪ'destrɪən]
acera (f)	pavement	['peɪvmənt]
puente (m)	bridge	[brɪdʒ]
muelle (m)	embankment	[ɪm'bæŋkmənt]
alameda (f)	allée	['aleɪ]
parque (m)	park	[pɑːk]
bulevar (m)	boulevard	['buːləvɑːd]
plaza (f)	square	[skweə(r)]
avenida (f)	avenue	['ævənjuː]
calle (f)	street	[striːt]
callejón (m)	side street	[saɪd striːt]
callejón (m) sin salida	dead end	[ded end]
casa (f)	house	[haʊs]
edificio (m)	building	['bɪldɪŋ]
rascacielos (m)	skyscraper	['skaɪˌskreɪpə(r)]
fachada (f)	facade	[fə'sɑːd]
techo (m)	roof	[ruːf]

ventana (f)	window	['wɪndəʊ]
arco (m)	arch	[ɑːtʃ]
columna (f)	column	['kɒləm]
esquina (f)	corner	['kɔːnə(r)]

escaparate (f)	shop window	[ʃɒp 'wɪndəʊ]
letrero (m) (~ luminoso)	signboard	['saɪnbɔːd]
cartel (m)	poster	['pəʊstə(r)]
cartel (m) publicitario	advertising poster	['ædvətaɪzɪŋ 'pəʊstə(r)]
valla (f) publicitaria	hoarding	['hɔːdɪŋ]

basura (f)	rubbish	['rʌbɪʃ]
cajón (m) de basura	rubbish bin	['rʌbɪʃ bɪn]
tirar basura	to litter (vi)	[tʊ 'lɪtə(r)]
basurero (m)	rubbish dump	['rʌbɪʃ dʌmp]

cabina (f) telefónica	phone box	['fəʊn bɒks]
farola (f)	street light	['striːt laɪt]
banco (m) (del parque)	bench	[bentʃ]

policía (m)	police officer	[pə'liːs 'ɒfɪsə(r)]
policía (f) (~ nacional)	police	[pə'liːs]
mendigo (m)	beggar	['begə(r)]
persona (f) sin hogar	homeless	['həʊmlɪs]

79. Las instituciones urbanas

tienda (f)	shop	[ʃɒp]
farmacia (f)	chemist	['kemɪst]
óptica (f)	optician	[ɒp'tɪʃən]
centro (m) comercial	shopping centre	['ʃɒpɪŋ ˌsentə(r)]
supermercado (m)	supermarket	['suːpəmɑːkɪt]

panadería (f)	bakery	['beɪkərɪ]
panadero (m)	baker	['beɪkə(r)]
pastelería (f)	cake shop	[keɪk ʃɒp]
tienda (f) de comestibles	grocery shop	['grəʊsərɪ ʃɒp]
carnicería (f)	butcher shop	['bʊtʃə ʃɒp]

| verdulería (f) | greengrocer | ['griːnˌgrəʊsə] |
| mercado (m) | market | ['mɑːkɪt] |

cafetería (f)	coffee bar	['kɒfɪ bɑː(r)]
restaurante (m)	restaurant	['restrɒnt]
cervecería (f)	pub, bar	[pʌb], [bɑː(r)]
pizzería (f)	pizzeria	[piːtsə'rɪə]

peluquería (f)	hairdresser	['heəˌdresə(r)]
oficina (f) de correos	post office	[pəʊst 'ɒfɪs]
tintorería (f)	dry cleaners	[draɪ 'kliːnəz]
estudio (m) fotográfico	photo studio	['fəʊtəʊ 'stjuːdɪəʊ]

| zapatería (f) | shoe shop | ['ʃuː ʃɒp] |
| librería (f) | bookshop | ['bʊkʃɒp] |

tienda (f) deportiva	sports shop	['spɔːts ʃɒp]
arreglos (m pl) de ropa	clothes repair shop	[kləʊðz rɪ'peə ʃɒp]
alquiler (m) de ropa	formal wear hire	['fɔːməl weə 'haɪə(r)]
videoclub (m)	video rental shop	['vɪdɪəʊ 'rentəl ʃɒp]

circo (m)	circus	['sɜːkəs]
zoológico (m)	zoo	[zuː]
cine (m)	cinema	['sɪnəmə]
museo (m)	museum	[mjuː'ziːəm]
biblioteca (f)	library	['laɪbrərɪ]

teatro (m)	theatre	['θɪətə(r)]
ópera (f)	opera	['ɒpərə]
club (m) nocturno	nightclub	['naɪtklʌb]
casino (m)	casino	[kə'siːnəʊ]

mezquita (f)	mosque	[mɒsk]
sinagoga (f)	synagogue	['sɪnəgɒg]
catedral (f)	cathedral	[kə'θiːdrəl]
templo (m)	temple	['tempəl]
iglesia (f)	church	[tʃɜːtʃ]

instituto (m)	college	['kɒlɪdʒ]
universidad (f)	university	[juːnɪ'vɜːsətɪ]
escuela (f)	school	[skuːl]

prefectura (f)	prefecture	['priːfektjʊə(r)]
alcaldía (f)	city hall	['sɪtɪ hɔːl]
hotel (m)	hotel	[həʊ'tel]
banco (m)	bank	[bæŋk]

embajada (f)	embassy	['embəsɪ]
agencia (f) de viajes	travel agency	['trævəl 'eɪdʒənsɪ]
oficina (f) de información	information office	[ɪnfə'meɪʃən 'ɒfɪs]
oficina (f) de cambio	currency exchange	['kʌrənsɪ ɪks'tʃeɪndʒ]

| metro (m) | underground, tube | ['ʌndəgraʊnd], [tjuːb] |
| hospital (m) | hospital | ['hɒspɪtəl] |

| gasolinera (f) | petrol station | ['petrəl 'steɪʃən] |
| aparcamiento (m) | car park | [kɑː pɑːk] |

80. Los avisos

letrero (m) (~ luminoso)	signboard	['saɪnbɔːd]
cartel (m) (texto escrito)	notice	['nəʊtɪs]
pancarta (f)	poster	['pəʊstə(r)]
señal (m) de dirección	direction sign	[dɪ'rekʃən saɪn]
flecha (f) (signo)	arrow	['ærəʊ]

advertencia (f)	caution	['kɔːʃən]
aviso (m)	warning sign	['wɔːnɪŋ saɪn]
advertir (vt)	to warn (vt)	[tʊ wɔːn]
día (m) de descanso	rest day	[rest deɪ]

| horario (m) | timetable | ['taɪmˌteɪbəl] |
| horario (m) de apertura | opening hours | ['əʊpənɪŋ ˌaʊəz] |

¡BIENVENIDOS!	WELCOME!	['welkəm]
ENTRADA	ENTRANCE	['entrəns]
SALIDA	WAY OUT	[weɪ 'aʊt]

EMPUJAR	PUSH	[pʊʃ]
TIRAR	PULL	[pʊl]
ABIERTO	OPEN	['əʊpən]
CERRADO	CLOSED	[kləʊzd]

| MUJERES | WOMEN | ['wɪmɪn] |
| HOMBRES | MEN | ['men] |

REBAJAS	DISCOUNTS	['dɪskaʊnts]
SALDOS	SALE	[seɪl]
NOVEDAD	NEW!	[nju:]
GRATIS	FREE	[fri:]

¡ATENCIÓN!	ATTENTION!	[ə'tenʃən]
COMPLETO	NO VACANCIES	[nəʊ 'veɪkənsɪz]
RESERVADO	RESERVED	[rɪ'zɜːvd]

| ADMINISTRACIÓN | ADMINISTRATION | [ədmɪnɪ'streɪʃən] |
| SÓLO PERSONAL AUTORIZADO | STAFF ONLY | [stɑːf 'əʊnlɪ] |

CUIDADO CON EL PERRO	BEWARE OF THE DOG!	[bɪ'weə əv ðə dɒg]
PROHIBIDO FUMAR	NO SMOKING	[nəʊ 'sməʊkɪŋ]
NO TOCAR	DO NOT TOUCH!	[dəʊnt tʌtʃ]

PELIGROSO	DANGEROUS	['deɪndʒərəs]
PELIGRO	DANGER	['deɪndʒə(r)]
ALTA TENSIÓN	HIGH VOLTAGE	[haɪ 'vəʊltɪdʒ]
PROHIBIDO BAÑARSE	NO SWIMMING!	[nəʊ 'swɪmɪŋ]
NO FUNCIONA	OUT OF ORDER	[aʊt əv 'ɔːdə(r)]

INFLAMABLE	FLAMMABLE	['flæməbəl]
PROHIBIDO	FORBIDDEN	[fə'bɪdən]
PROHIBIDO EL PASO	NO TRESPASSING!	[nəʊ 'trespəsɪŋ]
RECIÉN PINTADO	WET PAINT	[wet peɪnt]

81. El transporte urbano

autobús (m)	bus, coach	[bʌs], [kəʊtʃ]
tranvía (m)	tram	[træm]
trolebús (m)	trolleybus	['trɒlɪbʌs]
itinerario (m)	route	[ru:t]
número (m)	number	['nʌmbə(r)]

ir en ...	to go by ...	[tʊ gəʊ baɪ ...]
tomar (~ el autobús)	to get on	[tʊ get ɒn]
bajar (~ del tren)	to get off	[tʊ get ɒf]

parada (f)	stop	[stɒp]
próxima parada (f)	next stop	[nekst stɒp]
parada (f) final	terminus	['tɜːmɪnəs]
horario (m)	timetable	['taɪm,teɪbəl]
esperar (aguardar)	to wait (vt)	[tʊ weɪt]

| billete (m) | ticket | ['tɪkɪt] |
| precio (m) del billete | fare | [feə(r)] |

cajero (m)	cashier	[kæ'ʃɪə(r)]
control (m) de billetes	ticket inspection	['tɪkɪt ɪn'spekʃən]
revisor (m)	ticket inspector	['tɪkɪt ɪn'spektə]

| llegar tarde (vi) | to be late | [tʊ bi 'leɪt] |
| tener prisa | to be in a hurry | [tʊ bi ɪn ə 'hʌrɪ] |

taxi (m)	taxi, cab	['tæksɪ], [kæb]
taxista (m)	taxi driver	['tæksɪ 'draɪvə(r)]
en taxi	by taxi	[baɪ 'tæksɪ]
parada (f) de taxi	taxi rank	['tæksɪ ræŋk]
llamar un taxi	to call a taxi	[tʊ kɔːl ə 'tæksɪ]
tomar un taxi	to take a taxi	[tʊ teɪk ə 'tæksɪ]

tráfico (m)	traffic	['træfɪk]
atasco (m)	traffic jam	['træfɪk dʒæm]
horas (f pl) de punta	rush hour	['rʌʃ ,aʊə(r)]
aparcar (vi)	to park (vi)	[tʊ pɑːk]
aparcar (vt)	to park (vt)	[tʊ pɑːk]
aparcamiento (m)	car park	[kɑː pɑːk]

metro (m)	underground, tube	['ʌndəgraʊnd], [tjuːb]
estación (f)	station	['steɪʃən]
ir en el metro	to take the tube	[tʊ teɪk ðə tjuːb]
tren (m)	train	[treɪn]
estación (f)	train station	[treɪn 'steɪʃən]

82. El turismo. La excursión

monumento (m)	monument	['mɒnjʊmənt]
fortaleza (f)	fortress	['fɔːtrɪs]
palacio (m)	palace	['pælɪs]
castillo (m)	castle	['kɑːsəl]
torre (f)	tower	['taʊə(r)]
mausoleo (m)	mausoleum	[mɔːzə'lɪəm]

arquitectura (f)	architecture	['ɑːkɪtektʃə(r)]
medieval (adj)	medieval	[medɪ'iːvəl]
antiguo (adj)	ancient	['eɪnʃənt]
nacional (adj)	national	['næʃənəl]
conocido (adj)	famous	['feɪməs]

turista (m)	tourist	['tʊərɪst]
guía (m) (persona)	guide	[gaɪd]
excursión (f)	excursion	[ɪk'skɜːʃən]

mostrar (vt)	**to show** (vt)	[tʊ ʃəʊ]
contar (una historia)	**to tell** (vt)	[tʊ tel]

encontrar (hallar)	**to find** (vt)	[tʊ faɪnd]
perderse (vr)	**to get lost**	[tʊ get lɒst]
plano (m) (~ de metro)	**map**	[mæp]
mapa (m) (~ de la ciudad)	**map**	[mæp]

recuerdo (m)	**souvenir, gift**	[suːvəˈnɪə], [gɪft]
tienda (f) de regalos	**gift shop**	[gɪft ʃɒp]
hacer fotos	**to take pictures**	[tʊ teɪk ˈpɪktʃəz]

83. Las compras

comprar (vt)	**to buy** (vt)	[tʊ baɪ]
compra (f)	**shopping**	[ˈʃɒpɪŋ]
hacer compras	**to go shopping**	[tʊ gəʊ ˈʃɒpɪŋ]
compras (f pl)	**shopping**	[ˈʃɒpɪŋ]

estar abierto (tienda)	**to be open**	[tʊ bi ˈəʊpən]
estar cerrado	**to be closed**	[tʊ bi ˈkləʊzd]

calzado (m)	**footwear, shoes**	[ˈfʊtweə(r)], [ʃuːz]
ropa (f)	**clothes, clothing**	[kləʊðz], [ˈkləʊðɪŋ]
cosméticos (m pl)	**cosmetics**	[kɒzˈmetɪks]
productos alimenticios	**food products**	[fuːd ˈprɒdʌkts]
regalo (m)	**gift, present**	[gɪft], [ˈprezənt]

vendedor (m)	**shop assistant**	[ʃɒp əˈsɪstənt]
vendedora (f)	**shop assistant**	[ʃɒp əˈsɪstənt]
caja (f)	**cash desk**	[kæʃ desk]
espejo (m)	**mirror**	[ˈmɪrə(r)]
mostrador (m)	**counter**	[ˈkaʊntə(r)]
probador (m)	**fitting room**	[ˈfɪtɪŋ rʊm]

probar (un vestido)	**to try on** (vt)	[tʊ traɪ ɒn]
quedar (una ropa, etc.)	**to fit** (vt)	[tʊ fɪt]
gustar (vi)	**to fancy** (vt)	[tʊ ˈfænsɪ]

precio (m)	**price**	[praɪs]
etiqueta (f) de precio	**price tag**	[ˈpraɪs tæg]
costar (vt)	**to cost** (vt)	[tʊ kɒst]
¿Cuánto?	**How much?**	[haʊ mʌtʃ]
descuento (m)	**discount**	[ˈdɪskaʊnt]

no costoso (adj)	**inexpensive**	[ɪnɪkˈspensɪv]
barato (adj)	**cheap**	[tʃiːp]
caro (adj)	**expensive**	[ɪkˈspensɪv]
Es caro	**It's expensive**	[ɪts ɪkˈspensɪv]

alquiler (m)	**hire**	[ˈhaɪə(r)]
alquilar (vt)	**to hire** (vt)	[tʊ ˈhaɪə(r)]
crédito (m)	**credit**	[ˈkredɪt]
a crédito (adv)	**on credit**	[ɒn ˈkredɪt]

84. El dinero

dinero (m)	money	['mʌnɪ]
cambio (m)	currency exchange	['kʌrənsɪ ɪks'ʧeɪnʤ]
curso (m)	exchange rate	[ɪks'ʧeɪnʤ reɪt]
cajero (m) automático	cashpoint	['kæʃpɔɪnt]
moneda (f)	coin	[kɔɪn]
dólar (m)	dollar	['dɒlə(r)]
euro (m)	euro	['jʊərəʊ]
lira (f)	lira	['lɪərə]
marco (m) alemán	Deutschmark	['dɔɪʧmɑːk]
franco (m)	franc	[fræŋk]
libra esterlina (f)	pound sterling	[paʊnd 'stɜːlɪŋ]
yen (m)	yen	[jen]
deuda (f)	debt	[det]
deudor (m)	debtor	['detə(r)]
prestar (vt)	to lend (vt)	[tʊ lend]
tomar prestado	to borrow (vt)	[tʊ 'bɒrəʊ]
banco (m)	bank	[bæŋk]
cuenta (f)	account	[ə'kaʊnt]
ingresar (~ en la cuenta)	to deposit (vt)	[tʊ dɪ'pɒzɪt]
tarjeta (f) de crédito	credit card	['kredɪt kɑːd]
dinero (m) en efectivo	cash	[kæʃ]
cheque (m)	cheque	[ʧek]
sacar un cheque	to write a cheque	[tʊ raɪt ə ʧek]
talonario (m)	chequebook	['ʧekbʊk]
cartera (f)	wallet	['wɒlɪt]
monedero (m)	purse	[pɜːs]
caja (f) fuerte	safe	[seɪf]
heredero (m)	heir	[eə(r)]
herencia (f)	inheritance	[ɪn'herɪtəns]
fortuna (f)	fortune	['fɔːʧuːn]
arriendo (m)	lease	[liːs]
alquiler (m) (dinero)	rent	[rent]
alquilar (~ una casa)	to rent (vt)	[tʊ rent]
precio (m)	price	[praɪs]
coste (m)	cost	[kɒst]
suma (f)	sum	[sʌm]
gastos (m pl)	expenses	[ɪk'spensɪz]
economizar (vi, vt)	to economize (vi, vt)	[tʊ ɪ'kɒnəmaɪz]
económico (adj)	economical	[iːkə'nɒmɪkəl]
pagar (vi, vt)	to pay (vi, vt)	[tʊ peɪ]
pago (m)	payment	['peɪmənt]
cambio (m) (devolver el ~)	change	[ʧeɪnʤ]

impuesto (m)	tax	[tæks]
multa (f)	fine	[faɪn]
multar (vt)	to fine (vt)	[tʊ faɪn]

85. La oficina de correos

oficina (f) de correos	post office	[pəʊst 'ɒfɪs]
correo (m) (cartas, etc.)	post	[pəʊst]
cartero (m)	postman	[pəʊstmən]
horario (m) de apertura	opening hours	['əʊpənɪŋ ˌaʊəz]

carta (f)	letter	['letə(r)]
carta (f) certificada	registered letter	['redʒɪstəd 'letə(r)]
tarjeta (f) postal	postcard	['pəʊstkɑːd]
telegrama (m)	telegram	['telɪɡræm]
paquete (m) postal	parcel	['pɑːsəl]
giro (m) postal	money transfer	['mʌnɪ 'trænsfɜː(r)]

recibir (vt)	to receive (vt)	[tʊ rɪ'siːv]
enviar (vt)	to send (vt)	[tʊ send]
envío (m)	sending	['sendɪŋ]

dirección (f)	address	[ə'dres]
código (m) postal	postcode	['pəʊstkəʊd]
expedidor (m)	sender	['sendə(r)]
destinatario (m)	receiver	[rɪ'siːvə(r)]

| nombre (m) | first name | [fɜːst neɪm] |
| apellido (m) | surname, last name | ['sɜːneɪm], [lɑːst neɪm] |

tarifa (f)	rate	[reɪt]
ordinario (adj)	standard	['stændəd]
económico (adj)	economical	[iːkə'nɒmɪkəl]

peso (m)	weight	[weɪt]
pesar (~ una carta)	to weigh (vt)	[tʊ weɪ]
sobre (m)	envelope	['envələʊp]
sello (m)	postage stamp	['pəʊstɪdʒ stæmp]
poner un sello	to stamp an envelope	[tʊ stæmp ən 'envələʊp]

La vivienda. La casa. El hogar

86. La casa. La vivienda

casa (f)	house	[haʊs]
en casa (adv)	at home	[ət həʊm]
patio (m)	yard	[jɑːd]
verja (f)	fence	[fens]
ladrillo (m)	brick	[brɪk]
de ladrillo (adj)	brick	[brɪk]
piedra (f)	stone	['stəʊn]
de piedra (adj)	stone	['stəʊn]
hormigón (m)	concrete	['kɒŋkriːt]
de hormigón (adj)	concrete	['kɒŋkriːt]
nuevo (adj)	new	[njuː]
viejo (adj)	old	[əʊld]
deteriorado (adj)	decrepit	[dɪ'krepɪt]
moderno (adj)	modern	['mɒdən]
de muchos pisos	multistorey	[mʌltɪ'stɔːrɪ]
alto (adj)	tall	[tɔːl]
piso (m), planta (f)	floor, storey	[flɔː(r)], ['stɔːrɪ]
de una sola planta	single-storey	['sɪŋgəl 'stɔːrɪ]
piso (m) bajo	ground floor	[graʊnd flɔː(r)]
piso (m) alto	top floor	[tɒp flɔː(r)]
techo (m)	roof	[ruːf]
chimenea (f)	chimney	['ʧɪmnɪ]
tejas (f pl)	roof tiles	[ruːf taɪlz]
de tejas (adj)	tiled	[taɪld]
desván (m)	loft, attic	[lɒft], ['ætɪk]
ventana (f)	window	['wɪndəʊ]
vidrio (m)	glass	[glɑːs]
alféizar (m)	window ledge	['wɪndəʊ ledʒ]
contraventanas (f pl)	shutters	['ʃʌtəz]
pared (f)	wall	[wɔːl]
balcón (m)	balcony	['bælkənɪ]
gotera (f)	downpipe	['daʊnpaɪp]
arriba (estar ~)	upstairs	[ʌp'steəz]
subir (vi)	to go upstairs	[tʊ gəʊ ʌp'steəz]
descender (vi)	to come down	[tʊ kʌm daʊn]
mudarse (vr)	to move (vi)	[tʊ muːv]

87. La casa. La entrada. El ascensor

entrada (f)	entrance	['entrəns]
escalera (f)	stairs	[steəz]
escalones (m pl)	steps	[steps]
baranda (f)	banisters	['bænɪstə(r)z]
vestíbulo (m)	lobby	['lɒbɪ]

buzón (m)	postbox	['pəʊstbɒks]
contenedor (m) de basura	waste bin	[weɪst bɪn]
bajante (f) de basura	refuse chute	['refjuːs ʃuːt]

ascensor (m)	lift	[lɪft]
ascensor (m) de carga	goods lift	[gʊdz lɪft]
cabina (f)	lift cage	[lɪft keɪdʒ]
ir en el ascensor	to take the lift	[tʊ teɪk ðə 'lɪft]

apartamento (m)	flat	[flæt]
inquilinos (pl)	residents	['rezɪdənts]
vecinos (pl)	neighbours	['neɪbəz]

88. La casa. La electricidad

electricidad (f)	electricity	[ɪlek'trɪsətɪ]
bombilla (f)	light bulb	['laɪt bʌlb]
interruptor (m)	switch	[swɪtʃ]
fusible (m)	fuse	[fjuːz]

cable, hilo (m)	cable, wire	['keɪbəl], ['waɪə]
instalación (f) eléctrica	wiring	['waɪərɪŋ]
contador (m) de luz	electricity meter	[ɪlek'trɪsətɪ 'miːtə(r)]
lectura (f) (~ del contador)	readings	['riːdɪŋz]

89. La casa. La puerta. La cerradura

puerta (f)	door	[dɔː(r)]
portón (m)	gate	['geɪt]
tirador (m)	handle	['hændəl]
abrir el cerrojo	to unlock (vt)	[tʊ ʌn'lɒk]
abrir (vt)	to open (vt)	[tʊ 'əʊpən]
cerrar (vt)	to close (vt)	[tʊ kləʊz]

llave (f)	key	[kiː]
manojo (m) de llaves	bunch	[bʌntʃ]
crujir (vi)	to creak (vi)	[tʊ kriːk]
crujido (m)	creak	[kriːk]
gozne (m)	hinge	[hɪndʒ]
felpudo (m)	doormat	['dɔːmæt]

| cerradura (f) | lock | [lɒk] |
| ojo (m) de cerradura | keyhole | ['kiːhəʊl] |

cerrojo (m)	crossbar	['krɒsbɑ:(r)]
pestillo (m)	latch	[lætʃ]
candado (m)	padlock	['pædlɒk]

tocar el timbre	to ring (vt)	[tʊ rɪŋ]
campanillazo (m)	ringing	['rɪŋɪŋ]
timbre (m)	doorbell	['dɔ:bel]
botón (m)	button	['bʌtən]
toque (m) a la puerta	knock	[nɒk]
tocar la puerta	to knock (vi)	[tʊ nɒk]

código (m)	code	[kəʊd]
cerradura (f) de contraseña	code lock	[kəʊd lɒk]
telefonillo (m)	intercom	['ɪntəkɒm]
número (m)	number	['nʌmbə(r)]
placa (f) de puerta	doorplate	['dɔ:pleɪt]
mirilla (f)	peephole	['pi:phəʊl]

90. La casa de campo

aldea (f)	village	['vɪlɪdʒ]
huerta (f)	vegetable garden	['vedʒtəbəl 'gɑ:dən]
empalizada (f)	fence	[fens]
valla (f)	picket fence	['pɪkɪt fens]
puertecilla (f)	wicket gate	['wɪkɪt geɪt]

granero (m)	granary	['grænərɪ]
sótano (m)	cellar	['selə(r)]
cobertizo (m)	shed	[ʃed]
pozo (m)	water well	['wɔ:tə wel]

estufa (f)	stove	['stəʊv]
calentar la estufa	to heat the stove	[tʊ hi:t ðə stəʊv]
leña (f)	firewood	['faɪəwʊd]
leño (m)	log	[lɒg]

veranda (f)	veranda	[və'rændə]
terraza (f)	deck, terrace	[dek], ['terəs]
porche (m)	front steps	[frʌnt steps]
columpio (m)	swing	[swɪŋ]

91. La villa. La mansión

casa (f) de campo	country house	['kʌntrɪ haʊs]
villa (f)	country-villa	['kʌntrɪ 'vɪlə]
ala (f)	wing	[wɪŋ]

jardín (m)	garden	['gɑ:dən]
parque (m)	park	[pɑ:k]
invernadero (m) tropical	conservatory	[kən'sɜ:vətrɪ]
cuidar (~ el jardín, etc.)	to look after	[tʊ lʊk 'ɑ:ftə]
piscina (f)	swimming pool	['swɪmɪŋ pu:l]

gimnasio (m)	gym	[ʤɪm]
cancha (f) de tenis	tennis court	['tenɪs kɔ:t]
sala (f) de cine	home cinema room	[həʊm 'sɪnəmə rʊm]
garaje (m)	garage	[ga'rɑ:ʒ]
propiedad (f) privada	private property	['praɪvɪt 'prɒpətɪ]
terreno (m) privado	private land	['praɪvɪt lænd]
advertencia (f)	warning	['wɔ:nɪŋ]
letrero (m) de aviso	warning sign	['wɔ:nɪŋ saɪn]
seguridad (f)	security	[sɪ'kjʊərətɪ]
guardia (m) de seguridad	security guard	[sɪ'kjʊərətɪ gɑ:d]
alarma (f) antirrobo	burglar alarm	['bɜ:glə ə'lɑ:m]

92. El castillo. El palacio

castillo (m)	castle	['kɑ:səl]
palacio (m)	palace	['pælɪs]
fortaleza (f)	fortress	['fɔ:trɪs]
muralla (f)	wall	[wɔ:l]
torre (f)	tower	['taʊə(r)]
torre (f) principal	keep, donjon	[ki:p], ['dɒnʤən]
rastrillo (m)	portcullis	[pɔ:t'kʌlɪs]
pasaje (m) subterráneo	subterranean passage	[ˌsʌbtə'reɪnɪən 'pæsɪʤ]
foso (m) del castillo	moat	[məʊt]
cadena (f)	chain	[ʧeɪn]
aspillera (f)	arrow loop	['ærəʊ lu:p]
magnífico (adj)	magnificent	[mæg'nɪfɪsənt]
majestuoso (adj)	majestic	[mə'ʤestɪk]
inexpugnable (adj)	impregnable	[ɪm'pregnəbəl]
medieval (adj)	medieval	[medɪ'i:vəl]

93. El apartamento

apartamento (m)	flat	[flæt]
habitación (f)	room	[ru:m]
dormitorio (m)	bedroom	['bedrʊm]
comedor (m)	dining room	['daɪnɪŋ rʊm]
salón (m)	living room	['lɪvɪŋ rʊm]
despacho (m)	study	['stʌdɪ]
antecámara (f)	entry room	['entrɪ rʊm]
cuarto (m) de baño	bathroom	['bɑ:θrʊm]
servicio (m)	water closet	['wɔ:tə 'klɒzɪt]
techo (m)	ceiling	['si:lɪŋ]
suelo (m)	floor	[flɔ:(r)]
rincón (m)	corner	['kɔ:nə(r)]

94. El apartamento. La limpieza

hacer la limpieza	to clean (vi, vt)	[tʊ kliːn]
polvo (m)	dust	[dʌst]
polvoriento (adj)	dusty	['dʌstɪ]
limpiar el polvo	to dust (vt)	[tʊ dʌst]
aspirador (m), aspiradora (f)	vacuum cleaner	['vækjʊəm 'kliːnə(r)]
limpiar con la aspiradora	to vacuum (vt)	[tʊ 'vækjʊəm]
barrer (vi, vt)	to sweep (vi, vt)	[tʊ swiːp]
barreduras (f pl)	sweepings	['swiːpɪŋz]
orden (m)	order	['ɔːdə(r)]
desorden (m)	disorder	[dɪs'ɔːdə(r)]
fregona (f)	mop	[mɒp]
trapo (m)	duster	['dʌstə(r)]
escoba (f)	broom	[bruːm]
cogedor (m)	dustpan	['dʌstpæn]

95. Los muebles. El interior

muebles (m pl)	furniture	['fɜːnɪtʃə(r)]
mesa (f)	table	['teɪbəl]
silla (f)	chair	[tʃeə(r)]
cama (f)	bed	[bed]
sofá (m)	sofa, settee	['səʊfə], [se'tiː]
sillón (m)	armchair	['ɑːmtʃeə(r)]
librería (f)	bookcase	['bʊkkeɪs]
estante (m)	shelf	[ʃelf]
armario (m)	wardrobe	['wɔːdrəʊb]
percha (f)	coat rack	['kəʊt ræk]
perchero (m) de pie	coat stand	['kəʊt stænd]
cómoda (f)	chest of drawers	[tʃest əv 'drɔːz]
mesa (f) de café	coffee table	['kɒfɪ 'teɪbəl]
espejo (m)	mirror	['mɪrə(r)]
tapiz (m)	carpet	['kɑːpɪt]
alfombra (f)	small carpet	[smɔːl 'kɑːpɪt]
chimenea (f)	fireplace	['faɪəpleɪs]
vela (f)	candle	['kændəl]
candelero (m)	candlestick	['kændəlstɪk]
cortinas (f pl)	drapes	[dreɪps]
empapelado (m)	wallpaper	['wɔːlpeɪpə(r)]
estor (m) de láminas	blinds	[blaɪndz]
lámpara (f) de mesa	table lamp	['teɪbəl læmp]
lámpara (f) de pie	standard lamp	['stændəd læmp]
lámpara (f) de araña	chandelier	[ʃændə'lɪə(r)]

pata (f) (~ de la mesa)	leg	[leg]
brazo (m)	armrest	['ɑ:mrest]
espaldar (m)	back	[bæk]
cajón (m)	drawer	[drɔ:(r)]

96. Los accesorios de cama

ropa (f) de cama	bedclothes	['bedkləʊðz]
almohada (f)	pillow	['pɪləʊ]
funda (f)	pillowslip	['pɪləʊslɪp]
manta (f)	duvet	['du:veɪ]
sábana (f)	sheet	[ʃi:t]
sobrecama (f)	bedspread	['bedspred]

97. La cocina

cocina (f)	kitchen	['kɪtʃɪn]
gas (m)	gas	[gæs]
cocina (f) de gas	gas cooker	[gæs 'kʊkə(r)]
cocina (f) eléctrica	electric cooker	[ɪ'lektrɪk 'kʊkə(r)]
horno (m)	oven	['ʌvən]
horno (m) microondas	microwave oven	['maɪkrəweɪv 'ʌvən]

frigorífico (m)	refrigerator	[rɪ'frɪdʒəreɪtə(r)]
congelador (m)	freezer	['fri:zə(r)]
lavavajillas (m)	dishwasher	['dɪʃwɒʃə(r)]

picadora (f) de carne	mincer	['mɪnsə(r)]
exprimidor (m)	juicer	['dʒu:sə]
tostador (m)	toaster	['təʊstə(r)]
batidora (f)	mixer	['mɪksə(r)]

cafetera (f) (aparato de cocina)	coffee machine	['kɒfɪ mə'ʃi:n]
cafetera (f) (para servir)	coffee pot	['kɒfɪ pɒt]
molinillo (m) de café	coffee grinder	['kɒfɪ 'graɪndə(r)]

hervidor (m) de agua	kettle	['ketəl]
tetera (f)	teapot	['ti:pɒt]
tapa (f)	lid	[lɪd]
colador (m) de té	tea strainer	[ti: 'streɪnə(r)]

cuchara (f)	spoon	[spu:n]
cucharilla (f)	teaspoon	['ti:spu:n]
cuchara (f) de sopa	soup spoon	[su:p spu:n]
tenedor (m)	fork	[fɔ:k]
cuchillo (m)	knife	[naɪf]

vajilla (f)	tableware	['teɪbəlweə(r)]
plato (m)	plate	[pleɪt]
platillo (m)	saucer	['sɔ:sə(r)]
vaso (m) de chupito	shot glass	[ʃɒt glɑ:s]

| vaso (m) (~ de agua) | glass | [glɑ:s] |
| taza (f) | cup | [kʌp] |

azucarera (f)	sugar bowl	['ʃʊgə bəʊl]
salero (m)	salt cellar	[sɔːlt 'selə(r)]
pimentero (m)	pepper pot	['pepə(r) pɒt]
mantequera (f)	butter dish	['bʌtə dɪʃ]

cacerola (f)	stock pot	[stɒk pɒt]
sartén (f)	frying pan	['fraɪɪŋ pæn]
cucharón (m)	ladle	['leɪdəl]
colador (m)	colander	['kʌləndə(r)]
bandeja (f)	tray	[treɪ]

botella (f)	bottle	['bɒtəl]
tarro (m) de vidrio	jar	[dʒɑ:(r)]
lata (f)	tin	[tɪn]

abrebotellas (m)	bottle opener	['bɒtəl 'əʊpənə(r)]
abrelatas (m)	tin opener	[tɪn 'əʊpənə(r)]
sacacorchos (m)	corkscrew	['kɔ:kskru:]
filtro (m)	filter	['fɪltə(r)]
filtrar (vt)	to filter (vt)	[tʊ 'fɪltə(r)]

| basura (f) | waste | [weɪst] |
| cubo (m) de basura | waste bin | [weɪst bɪn] |

98. El baño

cuarto (m) de baño	bathroom	['bɑ:θrʊm]
agua (f)	water	['wɔ:tə(r)]
grifo (m)	tap	[tæp]
agua (f) caliente	hot water	[hɒt 'wɔ:tə(r)]
agua (f) fría	cold water	[kəʊld 'wɔ:tə(r)]

| pasta (f) de dientes | toothpaste | ['tu:θpeɪst] |
| limpiarse los dientes | to clean one's teeth | [tʊ kli:n wʌns ti:θ] |

afeitarse (vr)	to shave (vi)	[tʊ ʃeɪv]
espuma (f) de afeitar	shaving foam	['ʃeɪvɪŋ fəʊm]
maquinilla (f) de afeitar	razor	['reɪzə(r)]

lavar (vt)	to wash (vt)	[tʊ wɒʃ]
darse un baño	to have a bath	[tʊ hæv ə bɑ:θ]
ducha (f)	shower	['ʃaʊə(r)]
darse una ducha	to have a shower	[tʊ hæv ə 'ʃaʊə(r)]

bañera (f)	bath	[bɑ:θ]
inodoro (m)	toilet	['tɔɪlɪt]
lavabo (m)	sink, washbasin	[sɪŋk], ['wɒʃˌbeɪsən]

jabón (m)	soap	[səʊp]
jabonera (f)	soap dish	[səʊp dɪʃ]
esponja (f)	sponge	[spʌndʒ]

champú (m)	shampoo	[ʃæm'pu:]
toalla (f)	towel	['taʊəl]
bata (f) de baño	bathrobe	['bɑ:θrəʊb]

colada (f), lavado (m)	laundry	['lɔ:ndrɪ]
lavadora (f)	washing machine	['wɒʃɪŋ mə'ʃi:n]
lavar la ropa	to do the laundry	[tʊ du ðə 'lɔ:ndrɪ]
detergente (m) en polvo	washing powder	['wɒʃɪŋ 'paʊdə(r)]

99. Los aparatos domésticos

televisor (m)	TV, telly	[ˌti:'vi:], ['telɪ]
magnetófono (m)	tape recorder	[teɪp rɪ'kɔ:də(r)]
vídeo (m)	video	['vɪdɪəʊ]
radio (m)	radio	['reɪdɪəʊ]
reproductor (m) (~ MP3)	player	['pleɪə(r)]

proyector (m) de vídeo	video projector	['vɪdɪəʊ prə'dʒektə(r)]
sistema (m) home cinema	home cinema	[həʊm 'sɪnəmə]
reproductor (m) de DVD	DVD player	[di:vi:'di: 'pleɪə(r)]
amplificador (m)	amplifier	['æmplɪfaɪə]
videoconsola (f)	video game console	['vɪdɪəʊ geɪm 'kɒnsəʊl]

cámara (f) de vídeo	video camera	['vɪdɪəʊ 'kæmərə]
cámara (f) fotográfica	camera	['kæmərə]
cámara (f) digital	digital camera	['dɪdʒɪtəl 'kæmərə]

aspirador (m), aspiradora (f)	vacuum cleaner	['vækjʊəm 'kli:nə(r)]
plancha (f)	iron	['aɪən]
tabla (f) de planchar	ironing board	['aɪrənɪŋ bɔ:d]

teléfono (m)	telephone	['telɪfəʊn]
teléfono (m) móvil	mobile phone	['məʊbaɪl fəʊn]
máquina (f) de escribir	typewriter	['taɪpˌraɪtə(r)]
máquina (f) de coser	sewing machine	['səʊɪŋ mə'ʃi:n]

micrófono (m)	microphone	['maɪkrəfəʊn]
auriculares (m pl)	headphones	['hedfəʊnz]
mando (m) a distancia	remote control	[rɪ'məʊt kən'trəʊl]

CD (m)	CD, compact disc	[si:'di:], [kəm'pækt dɪsk]
casete (m)	cassette, tape	[kæ'set], [teɪp]
disco (m) de vinilo	vinyl record	['vaɪnəl 'rekɔ:d]

100. Los arreglos. La renovación

renovación (f)	renovations	[renə'veɪʃənz]
renovar (vt)	to renovate (vt)	[tʊ 'renəveɪt]
reparar (vt)	to repair (vt)	[tʊ rɪ'peə(r)]
poner en orden	to put in order	[tʊ pʊt ɪn 'ɔ:də(r)]
rehacer (vt)	to redo (vt)	[tʊ ˌri:'du:]
pintura (f)	paint	[peɪnt]

pintar (las paredes)	**to paint** (vt)	[tʊ peɪnt]
pintor (m)	**house painter**	[haʊs 'peɪntə(r)]
brocha (f)	**brush**	[brʌʃ]

cal (f)	**whitewash**	['waɪtwɒʃ]
encalar (vt)	**to whitewash** (vt)	[tʊ 'waɪtwɒʃ]

empapelado (m)	**wallpaper**	['wɔːlpeɪpə(r)]
empapelar (vt)	**to wallpaper** (vt)	[tʊ 'wɔːlpeɪpə]
barniz (m)	**varnish**	['vɑːnɪʃ]
cubrir con barniz	**to varnish** (vt)	[tʊ 'vɑːnɪʃ]

101. La plomería

agua (f)	**water**	['wɔːtə(r)]
agua (f) caliente	**hot water**	[hɒt 'wɔːtə(r)]
agua (f) fría	**cold water**	[kəʊld 'wɔːtə(r)]
grifo (m)	**tap**	[tæp]

gota (f)	**drop**	[drɒp]
gotear (el grifo)	**to drip** (vi)	[tʊ drɪp]
gotear (cañería)	**to leak** (vi)	[tʊ liːk]
escape (m) de agua	**leak**	[liːk]
charco (m)	**puddle**	['pʌdəl]

tubo (m)	**pipe**	[paɪp]
válvula (f)	**valve**	[vælv]
estar atascado	**to be clogged up**	[tʊ biː klɒgd ʌp]

instrumentos (m pl)	**tools**	[tuːlz]
llave (f) inglesa	**adjustable spanner**	[ə'dʒʌstəbəl 'spænə(r)]
destornillar (vt)	**to unscrew** (vt)	[tʊ ʌn'skruː]
atornillar (vt)	**to screw** (vt)	[tʊ skruː]

desatascar (vt)	**to unclog** (vt)	[tʊ ʌn'klɒg]
fontanero (m)	**plumber**	['plʌmə(r)]
sótano (m)	**basement**	['beɪsmənt]
alcantarillado (m)	**sewerage**	['suːərɪdʒ]

102. El fuego. El incendio

incendio (m)	**fire**	['faɪə(r)]
llama (f)	**flame**	[fleɪm]
chispa (f)	**spark**	[spɑːk]
humo (m)	**smoke**	[sməʊk]
antorcha (f)	**torch**	[tɔːtʃ]
hoguera (f)	**campfire**	['kæmpfaɪə(r)]

gasolina (f)	**petrol**	['petrəl]
queroseno (m)	**paraffin**	['pærəfɪn]
inflamable (adj)	**flammable**	['flæməbəl]
explosivo (adj)	**explosive**	[ɪk'spləʊsɪv]

PROHIBIDO FUMAR	NO SMOKING	[nəʊ 'sməʊkɪŋ]
seguridad (f)	safety	['seɪftɪ]
peligro (m)	danger	['deɪndʒə(r)]
peligroso (adj)	dangerous	['deɪndʒərəs]
prenderse fuego	to catch fire	[tʊ kætʃ 'faɪə(r)]
explosión (f)	explosion	[ɪk'spləʊʒən]
incendiar (vt)	to set fire	[tʊ set 'faɪə(r)]
incendiario (m)	arsonist	['ɑːsənɪst]
incendio (m) provocado	arson	['ɑːsən]
estar en llamas	to blaze (vi)	[tʊ bleɪz]
arder (vi)	to burn (vi)	[tʊ bɜːn]
incendiarse (vr)	to burn down (vi)	[tʊ bɜːn daʊn]
llamar a los bomberos	to call the fire brigade	[tʊ kɔːl ðə 'faɪə brɪ'geɪd]
bombero (m)	firefighter	['faɪəfaɪtə]
coche (m) de bomberos	fire engine	['faɪər 'endʒɪn]
cuerpo (m) de bomberos	fire brigade	['faɪə brɪ'geɪd]
escalera (f) telescópica	fire engine ladder	['faɪər 'endʒɪn 'lædə]
manguera (f)	fire hose	['faɪə 'həʊz]
extintor (m)	fire extinguisher	['faɪər ɪk'stɪŋgwɪʃə(r)]
casco (m)	helmet	['helmɪt]
sirena (f)	siren	['saɪərən]
gritar (vi)	to cry (vi)	[tʊ kraɪ]
pedir socorro	to call for help	[tʊ kɔːl fɔː help]
socorrista (m)	rescuer	['reskjʊə(r)]
salvar (vt)	to rescue (vt)	[tʊ 'reskjuː]
llegar (vi)	to arrive (vi)	[tʊ ə'raɪv]
apagar (~ el incendio)	to extinguish (vt)	[tʊ ɪk'stɪŋgwɪʃ]
agua (f)	water	['wɔːtə(r)]
arena (f)	sand	[sænd]
ruinas (f pl)	ruins	['ruːɪnz]
colapsarse (vr)	to collapse (vi)	[tʊ kə'læps]
hundirse (vr)	to fall down (vi)	[tʊ fɔːl daʊn]
derrumbarse (vr)	to cave in	[tʊ keɪv ɪn]
trozo (m) (~ del muro)	piece of debris	[piːs əv 'debriː]
ceniza (f)	ash	[æʃ]
morir asfixiado	to suffocate (vi)	[tʊ 'sʌfəkeɪt]
perecer (vi)	to be killed	[tʊ biː kɪld]

LAS ACTIVIDADES DE LA GENTE

El trabajo. Los negocios. Unidad 1

103. La oficina. El trabajo de oficina

oficina (f)	office	['ɒfɪs]
despacho (m)	office	['ɒfɪs]
secretario (m)	secretary	['sekrətərɪ]
secretaria (f)	secretary	['sekrətərɪ]
director (m)	director	[dɪ'rektə(r)]
manager (m)	manager	['mænɪdʒə(r)]
contable (m)	accountant	[ə'kaʊntənt]
colaborador (m)	employee	[ɪmplɔɪ'iː]
muebles (m pl)	furniture	['fɜːnɪtʃə(r)]
escritorio (m)	desk	[desk]
silla (f)	desk chair	[desk tʃeə(r)]
cajonera (f)	drawer unit	[drɔːr 'juːnɪt]
perchero (m) de pie	coat stand	['kəʊt stænd]
ordenador (m)	computer	[kəm'pjuːtə(r)]
impresora (f)	printer	['prɪntə(r)]
fax (m)	fax machine	[fæks mə'ʃiːn]
fotocopiadora (f)	photocopier	['fəʊtəʊˌkɒpɪə]
papel (m)	paper	['peɪpə(r)]
papelería (f)	office supplies	['ɒfɪs sə'plaɪs]
alfombrilla (f) para ratón	mouse mat	[maʊs mæt]
hoja (f) de papel	sheet of paper	[ʃiːt əv 'peɪpə]
catálogo (m)	catalogue	['kætəlɒg]
directorio (m) telefónico	phone directory	['fəʊn dɪ'rektərɪ]
documentación (f)	documentation	[dɒkjʊmen'teɪʃən]
folleto (m)	brochure	['brəʊʃə(r)]
prospecto (m)	leaflet	['liːflɪt]
muestra (f)	sample	['saːmpəl]
reunión (f) de formación	training meeting	['treɪnɪŋ 'miːtɪŋ]
reunión (f)	meeting	['miːtɪŋ]
pausa (f) del almuerzo	lunch time	['lʌntʃ taɪm]
hacer una copia	to make a copy	[tʊ meɪk ə 'kɒpɪ]
hacer copias	to make multiple copies	[tʊ meɪk 'mʌltɪpəl 'kɒpɪs]
recibir un fax	to receive a fax	[tʊ rɪ'siːv ə fæks]
enviar un fax	to send a fax	[tʊ send ə fæks]
llamar por teléfono	to ring (vi, vt)	[tʊ rɪŋ]
responder (vi, vt)	to answer (vi, vt)	[tʊ 'aːnsə(r)]

poner en comunicación	to put through	[tʊ pʊt θruː]
fijar (~ una reunión)	to arrange (vt)	[tʊ əˈreɪndʒ]
demostrar (vt)	to demonstrate (vt)	[tʊ ˈdemənstreɪt]
estar ausente	to be absent	[tʊ bi ˈæbsənt]
ausencia (f)	absence	[ˈæbsəns]

104. Los procesos de negocio. Unidad 1

negocio (m), comercio (m)	business	[ˈbɪznɪs]
firma (f)	firm	[fɜːm]
compañía (f)	company	[ˈkʌmpənɪ]
corporación (f)	corporation	[kɔːpəˈreɪʃən]
empresa (f)	enterprise	[ˈentəpraɪz]
agencia (f)	agency	[ˈeɪdʒənsɪ]

acuerdo (m)	agreement	[əˈgriːmənt]
contrato (m)	contract	[ˈkɒntrækt]
trato (m), acuerdo (m)	deal	[diːl]
pedido (m)	order, command	[ˈɔːdə(r)], [kəˈmɑːnd]
condición (f) del contrato	terms	[tɜːmz]

al por mayor (adv)	wholesale	[ˈhəʊlseɪl]
al por mayor (adj)	wholesale	[ˈhəʊlseɪl]
venta (f) al por mayor	wholesale	[ˈhəʊlseɪl]
al por menor (adj)	retail	[ˈriːteɪl]
venta (f) al por menor	retail	[ˈriːteɪl]

competidor (m)	competitor	[kəmˈpetɪtə(r)]
competencia (f)	competition	[kɒmpɪˈtɪʃən]
competir (vi)	to compete (vi)	[tʊ kəmˈpiːt]

| socio (m) | partner, associate | [ˈpɑːtnə(r)], [əˈsəʊʃɪət] |
| sociedad (f) | partnership | [ˈpɑːtnəʃɪp] |

crisis (f)	crisis	[ˈkraɪsɪs]
bancarrota (f)	bankruptcy	[ˈbæŋkrʌptsɪ]
ir a la bancarrota	to go bankrupt	[tʊ gəʊ ˈbæŋkrʌpt]
dificultad (f)	difficulty	[ˈdɪfɪkəltɪ]
problema (m)	problem	[ˈprɒbləm]
catástrofe (f)	catastrophe	[kəˈtæstrəfɪ]

economía (f)	economy	[ɪˈkɒnəmɪ]
económico (adj)	economic	[iːkəˈnɒmɪk]
recesión (f) económica	economic recession	[iːkəˈnɒmɪk rɪˈseʃən]

| meta (f) | goal, purpose | [gəʊl], [ˈpɜːpəs] |
| objetivo (m) | task | [tɑːsk] |

comerciar (vi)	to trade (vi)	[tʊ treɪd]
red (f) (~ comercial)	network	[ˈnetwɜːk]
existencias (f pl)	inventory	[ˈɪnvəntərɪ]
surtido (m)	range, assortment	[reɪndʒ], [əˈsɔːtmənt]
líder (m)	leader	[ˈliːdə(r)]
grande (empresa ~)	big, large	[bɪg], [lɑːdʒ]

monopolio (m)	monopoly	[mə'nɒpəlɪ]
teoría (f)	theory	['θɪərɪ]
práctica (f)	practice	['præktɪs]
experiencia (f)	experience	[ɪk'spɪərɪəns]
tendencia (f)	trend	[trend]
desarrollo (m)	development	[dɪ'veləpmənt]

105. Los procesos de negocio. Unidad 2

| rentabilidad (f) | profit | ['prɒfɪt] |
| rentable (adj) | profitable | ['prɒfɪtəbəl] |

delegación (f)	delegation	[delɪ'geɪʃən]
salario (m)	salary	['sælərɪ]
corregir (un error)	to correct (vt)	[tʊ kə'rekt]
viaje (m) de negocios	business trip	['bɪznɪs trɪp]
comisión (f)	commission	[kə'mɪʃən]

controlar (vt)	to control (vt)	[tʊ kən'trəʊl]
conferencia (f)	conference	['kɒnfərəns]
licencia (f)	licence	['laɪsəns]
fiable (socio ~)	reliable	[rɪ'laɪəbəl]

iniciativa (f)	initiative	[ɪ'nɪʃətɪv]
norma (f)	norm	[nɔːm]
circunstancia (f)	circumstance	['sɜːkəmstəns]
deber (m)	duty	['djuːtɪ]

empresa (f)	organization	[ɔːgənaɪ'zeɪʃən]
organización (f) (proceso)	organization	[ɔːgənaɪ'zeɪʃən]
organizado (adj)	organized	['ɔːgənaɪzd]
anulación (f)	cancellation	[kænsə'leɪʃən]
anular (vt)	to cancel (vt)	[tʊ 'kænsəl]
informe (m)	report	[rɪ'pɔːt]

patente (m)	patent	['peɪtənt]
patentar (vt)	to patent (vt)	[tʊ peɪtənt]
planear (vt)	to plan (vt)	[tʊ plæn]

premio (m)	bonus	['bəʊnəs]
profesional (adj)	professional	[prə'feʃənəl]
procedimiento (m)	procedure	[prə'siːdʒə(r)]

examinar (vt)	to examine (vt)	[tʊ ɪg'zæmɪn]
cálculo (m)	calculation	[kælkjʊ'leɪʃən]
reputación (f)	reputation	[repjʊ'teɪʃən]
riesgo (m)	risk	[rɪsk]

dirigir (administrar)	to manage (vt)	[tʊ 'mænɪdʒ]
información (f)	information	[ɪnfə'meɪʃən]
propiedad (f)	property	['prɒpətɪ]
unión (f)	union	['juːnɪən]
seguro (m) de vida	life insurance	[laɪf ɪn'ʃʊərəns]
asegurar (vt)	to insure (vt)	[tʊ ɪn'ʃʊə(r)]

seguro (m)	insurance	[ɪn'ʃʊərəns]
subasta (f)	auction	['ɔːkʃən]
notificar (informar)	to notify (vt)	[tʊ 'nəʊtɪfaɪ]
gestión (f)	management	['mænɪdʒmənt]
servicio (m)	service	['sɜːvɪs]

foro (m)	forum	['fɔːrəm]
funcionar (vi)	to function (vi)	[tʊ 'fʌŋkʃən]
etapa (f)	stage	[steɪdʒ]
jurídico (servicios ~s)	legal	['liːgəl]
jurista (m)	lawyer	['lɔːjə(r)]

106. La producción. Los trabajos

planta (f)	plant	[plɑːnt]
fábrica (f)	factory	['fæktərɪ]
taller (m)	workshop	['wɜːkʃɒp]
planta (f) de producción	production site	[prə'dʌkʃən saɪt]

industria (f)	industry	['ɪndʌstrɪ]
industrial (adj)	industrial	[ɪn'dʌstrɪəl]
industria (f) pesada	heavy industry	['hevɪ 'ɪndʌstrɪ]
industria (f) ligera	light industry	[laɪt 'ɪndʌstrɪ]

producción (f)	products	['prɒdʌkts]
producir (vt)	to produce (vt)	[tʊ prə'djuːs]
materias (f pl) primas	raw materials	[rɔː mə'tɪərɪəlz]

jefe (m) de brigada	foreman	['fɔːmən]
brigada (f)	workers team	['wɜːkəz tiːm]
obrero (m)	worker	['wɜːkə(r)]

día (m) de trabajo	working day	['wɜːkɪŋ deɪ]
descanso (m)	pause, break	[pɔːz], [breɪk]
reunión (f)	meeting	['miːtɪŋ]
discutir (vt)	to discuss (vt)	[tʊ dɪs'kʌs]

plan (m)	plan	[plæn]
cumplir el plan	to fulfil the plan	[tʊ fʊl'fɪl ðə plæn]
tasa (f) de producción	rate of output	[reɪt əv 'aʊtpʊt]
calidad (f)	quality	['kwɒlɪtɪ]
control (m)	checking	['tʃekɪŋ]
control (m) de calidad	quality control	['kwɒlɪtɪ kən'trəʊl]

seguridad (f) de trabajo	workplace safety	['wɜːkpleɪs 'seɪftɪ]
disciplina (f)	discipline	['dɪsɪplɪn]
infracción (f)	violation	[vaɪə'leɪʃən]
violar (las reglas)	to violate (vt)	[tʊ 'vaɪəleɪt]

huelga (f)	strike	[straɪk]
huelguista (m)	striker	['straɪkə(r)]
estar en huelga	to be on strike	[tʊ bi ɒn straɪk]
sindicato (m)	trade union	[treɪd 'juːnɪən]
inventar (máquina, etc.)	to invent (vt)	[tʊ ɪn'vent]

invención (f)	invention	[ɪn'venʃən]
investigación (f)	research	[rɪ'sɜːʧ]
mejorar (vt)	to improve (vt)	[tʊ ɪm'pruːv]
tecnología (f)	technology	[tek'nɒləʤɪ]
dibujo (m) técnico	technical drawing	['teknɪkəl 'drɔːɪŋ]

cargamento (m)	load, cargo	[ləʊd], ['kɑːgəʊ]
cargador (m)	loader	['ləʊdə(r)]
cargar (camión, etc.)	to load (vt)	[tʊ ləʊd]
carga (f) (proceso)	loading	['ləʊdɪŋ]

descargar (vt)	to unload (vi, vt)	[tʊ ʌn'ləʊd]
descarga (f)	unloading	[ʌn'ləʊdɪŋ]

transporte (m)	transport	['trænspɔːt]
compañía (f) de transporte	transport company	['trænspɔːt 'kʌmpənɪ]
transportar (vt)	to transport (vt)	[tʊ træn'spɔːt]

vagón (m)	wagon	['wægən]
cisterna (f)	tank	[tæŋk]
camión (m)	lorry	['lɒrɪ]

máquina (f) herramienta	machine tool	[mə'ʃiːn tuːl]
mecanismo (m)	mechanism	['mekənɪzəm]

desperdicios (m pl)	industrial waste	[ɪn'dʌstrɪəl weɪst]
empaquetado (m)	packing	['pækɪŋ]
empaquetar (vt)	to pack (vt)	[tʊ pæk]

107. El contrato. El acuerdo

contrato (m)	contract	['kɒntrækt]
acuerdo (m)	agreement	[ə'griːmənt]
anexo (m)	addendum	[ə'dendəm]

firmar un contrato	to sign a contract	[tʊ saɪn ə 'kɒntrækt]
firma (f) (nombre)	signature	['sɪgnəʧə(r)]

firmar (vt)	to sign (vt)	[tʊ saɪn]
sello (m)	stamp, seal	[stæmp], [siːl]

objeto (m) del acuerdo	subject of the contract	['sʌbʤɪkt əv ðə 'kɒntrækt]
cláusula (f)	clause	[klɔːz]

partes (f pl)	parties	['pɑːtɪz]
domicilio (m) legal	legal address	['liːgəl ə'dres]

violar el contrato	to violate the contract	[tʊ 'vaɪəleɪt ðə 'kɒntrækt]
obligación (f)	commitment	[kə'mɪtmənt]

responsabilidad (f)	responsibility	[rɪspɒnsə'bɪlɪtɪ]
fuerza mayor (f)	force majeure	[fɔːs mæ'ʒɜː]
disputa (f)	dispute	[dɪ'spjuːt]
penalidades (f pl)	penalties	['penəltɪz]

108. Importación y exportación

importación (f)	import	['ɪmpɔːt]
importador (m)	importer	[ɪm'pɔːtə(r)]
importar (vt)	to import (vt)	[tʊ ɪm'pɔːt]
de importación (adj)	import	['ɪmpɔːt]
exportación (f)	export	['ekspɔːt]
exportador (m)	exporter	[ek'spɔːtə(r)]
exportar (vt)	to export (vi, vt)	[tʊ ɪk'spɔːt]
de exportación (adj)	export	['ekspɔːt]
mercancía (f)	goods	[gʊdz]
lote (m) de mercancías	consignment, lot	[kən'saɪnmənt], [lɒt]
peso (m)	weight	[weɪt]
volumen (m)	volume	['vɒljuːm]
metro (m) cúbico	cubic metre	['kjuːbɪk 'miːtə(r)]
productor (m)	manufacturer	[mænjʊ'fæktʃərə(r)]
compañía (f) de transporte	transport company	['trænspɔːt 'kʌmpənɪ]
contenedor (m)	container	[kən'teɪnə(r)]
frontera (f)	border	['bɔːdə(r)]
aduana (f)	customs	['kʌstəmz]
derechos (m pl) arancelarios	customs duty	['kʌstəmz 'djuːtɪ]
aduanero (m)	customs officer	['kʌstəmz 'ɒfɪsə(r)]
contrabandismo (m)	smuggling	['smʌglɪŋ]
contrabando (m)	contraband	['kɒntrəbænd]

109. Las finanzas

acción (f)	share, stock	[ʃeə(r)], [stɒk]
bono (m), obligación (f)	bond	[bɒnd]
letra (f) de cambio	promissory note	['prɒmɪsərɪ nəʊt]
bolsa (f)	stock exchange	[stɒk ɪks'tʃeɪndʒ]
cotización (f) de valores	stock price	[stɒk praɪs]
abaratarse (vr)	to go down	[tʊ gəʊ daʊn]
encarecerse (vr)	to go up	[tʊ gəʊ ʌp]
parte (f)	share	[ʃeə(r)]
interés (m) mayoritario	controlling interest	[kən'trəʊlɪŋ 'ɪntrəst]
inversiones (f pl)	investment	[ɪn'vestmənt]
invertir (vi, vt)	to invest (vi, vt)	[tʊ ɪn'vest]
porcentaje (m)	percent	[pə'sent]
interés (m)	interest	['ɪntrəst]
beneficio (m)	profit	['prɒfɪt]
beneficioso (adj)	profitable	['prɒfɪtəbəl]
impuesto (m)	tax	[tæks]

divisa (f)	currency	['kʌrənsı]
nacional (adj)	national	['næʃənəl]
cambio (m)	exchange	[ıks'tʃeındʒ]
contable (m)	accountant	[ə'kaʋntənt]
contaduría (f)	accounts department	[ə'kaʋnts dı'pɑːtmənt]
bancarrota (f)	bankruptcy	['bæŋkrʌptsı]
arruinarse (vr)	to be ruined	[tʋ biː 'ruːınd]
inflación (f)	inflation	[ın'fleıʃən]
devaluación (f)	devaluation	['diːvæljuˈeıʃən]
capital (m)	capital	['kæpıtəl]
ingresos (m pl)	income	['ıŋkʌm]
volumen (m) de negocio	turnover	['tɜːnəʋvə(r)]
recursos (m pl)	resources	[rı'sɔːsız]
recursos (m pl) monetarios	monetary resources	['mʌnıtərı rı'sɔːsız]
gastos (m pl) accesorios	overheads	['əʋvəhedz]
reducir (vt)	to reduce (vt)	[tʋ rı'djuːs]

110. La mercadotecnia

mercadotecnia (f)	marketing	['mɑːkıtıŋ]
mercado (m)	market	['mɑːkıt]
segmento (m) del mercado	market segment	['mɑːkıt 'segmənt]
producto (m)	product	['prɒdʌkt]
mercancía (f)	goods	[gʋdz]
marca (f)	brand	[brænd]
marca (f) comercial	trade mark	[treıd mɑːk]
logo (m)	logo	['ləʋgəʋ]
demanda (f)	demand	[dı'mɑːnd]
oferta (f)	supply	[sə'plaı]
necesidad (f)	need	[niːd]
consumidor (m)	consumer	[kən'sjuːmə(r)]
análisis (m)	analysis	[ə'næləsıs]
analizar (vt)	to analyse (vt)	[tʋ 'ænəlaız]
posicionamiento (m)	positioning	[pə'zıʃənıŋ]
posicionar (vt)	to position (vt)	[tʋ pə'zıʃən]
precio (m)	price	[praıs]
política (f) de precios	pricing policy	['praısıŋ 'pɒləsı]
formación (f) de precios	price formation	[praıs fɔː'meıʃən]

111. La publicidad

publicidad (f)	advertising	['ædvətaızıŋ]
publicitar (vt)	to advertise (vt)	[tʋ 'ædvətaız]
presupuesto (m)	budget	['bʌdʒıt]

anuncio (m) publicitario	advertisement	[əd'vɜ:tısmənt]
publicidad (f) televisiva	TV advertising	[ˌti:'vi: 'ædvətaızıŋ]
publicidad (f) radiofónica	radio advertising	['reıdıəʊ 'ædvətaızıŋ]
publicidad (f) exterior	outdoor advertising	['aʊtdɔː(r) 'ædvətaızıŋ]

medios (m pl) de comunicación de masas	mass medias	[mæs 'mi:dıəs]
periódico (m)	periodical	[pıərı'ɒdıkəl]
imagen (f)	image	['ımıʤ]

| consigna (f) | slogan | ['sləʊɡən] |
| divisa (f) | motto | ['mɒtəʊ] |

campaña (f)	campaign	[kæm'peın]
campaña (f) publicitaria	advertising campaign	['ædvətaızıŋ kæm'peın]
auditorio (m) objetivo	target group	['tɑ:ɡıt gru:p]

tarjeta (f) de visita	business card	['bıznıs kɑ:d]
prospecto (m)	leaflet	['li:flıt]
folleto (m)	brochure	['brəʊʃə(r)]
panfleto (m)	pamphlet	['pæmflıt]
boletín (m)	newsletter	['nju:zˌletə(r)]

letrero (m) (~ luminoso)	signboard	['saınbɔːd]
pancarta (f)	poster	['pəʊstə(r)]
valla (f) publicitaria	hoarding	['hɔːdıŋ]

112. La banca

| banco (m) | bank | [bæŋk] |
| sucursal (f) | branch | [brɑːnʧ] |

| consultor (m) | consultant | [kən'sʌltənt] |
| gerente (m) | manager | ['mænıʤə(r)] |

cuenta (f)	bank account	[bæŋk ə'kaʊnt]
numero (m) de la cuenta	account number	[ə'kaʊnt 'nʌmbə(r)]
cuenta (f) corriente	current account	['kʌrənt ə'kaʊnt]
cuenta (f) de ahorros	deposit account	[dı'pɒzıt ə'kaʊnt]

| abrir una cuenta | to open an account | [tʊ 'əʊpən ən ə'kaʊnt] |
| cerrar la cuenta | to close the account | [tʊ kləʊz ði ə'kaʊnt] |

depósito (m)	deposit	[dı'pɒzıt]
hacer un depósito	to make a deposit	[tʊ meık ə dı'pɒzıt]
giro (m) bancario	wire transfer	['waıə 'trænsfɜ:(r)]
hacer un giro	to wire, to transfer	[tʊ 'waıə], [tʊ træns'fɜ:]

| suma (f) | sum | [sʌm] |
| ¿Cuánto? | How much? | [haʊ mʌʧ] |

firma (f) (nombre)	signature	['sıɡnəʧə(r)]
firmar (vt)	to sign (vt)	[tʊ saın]
tarjeta (f) de crédito	credit card	['kredıt kɑ:d]

99

código (m)	code	[kəʊd]
número (m) de tarjeta de crédito	credit card number	['kredɪt kɑːd 'nʌmbə(r)]
cajero (m) automático	cashpoint	['kæʃpɔɪnt]

cheque (m)	cheque	[tʃek]
sacar un cheque	to write a cheque	[tʊ raɪt ə tʃek]
talonario (m)	chequebook	['tʃekbʊk]

crédito (m)	loan	[ləʊn]
pedir el crédito	to apply for a loan	[tʊ ə'plaɪ fɔːrə ləʊn]
obtener un crédito	to get a loan	[tʊ get ə ləʊn]
conceder un crédito	to give a loan	[tʊ gɪv ə ləʊn]
garantía (f)	guarantee	[gærən'tiː]

113. El teléfono. Las conversaciones telefónicas

teléfono (m)	telephone	['telɪfəʊn]
teléfono (m) móvil	mobile phone	['məʊbaɪl fəʊn]
contestador (m)	answerphone	['ænsəfəʊn]

| llamar, telefonear | to ring (vi, vt) | [tʊ rɪŋ] |
| llamada (f) | call, ring | [kɔːl], [rɪŋ] |

marcar un número	to dial a number	[tʊ 'daɪəl ə 'nʌmbə(r)]
¿Sí?, ¿Dígame?	Hello!	[hə'ləʊ]
preguntar (vt)	to ask (vt)	[tʊ ɑːsk]
responder (vi, vt)	to answer (vi, vt)	[tʊ 'ɑːnsə(r)]

oír (vt)	to hear (vt)	[tʊ hɪə(r)]
bien (adv)	well	[wel]
mal (adv)	not well	[nɒt wel]
ruidos (m pl)	noises	['nɔɪzɪz]
auricular (m)	receiver	[rɪ'siːvə(r)]
descolgar (el teléfono)	to pick up the phone	[tʊ pɪk ʌp ðə fəʊn]
colgar el auricular	to hang up	[tʊ hæŋg ʌp]

ocupado (adj)	busy	['bɪzɪ]
sonar (teléfono)	to ring (vi)	[tʊ rɪŋ]
guía (f) de teléfonos	telephone book	['telɪfəʊn bʊk]

local (adj)	local	['ləʊkəl]
llamada (f) local	local call	['ləʊkəl kɔːl]
de larga distancia	trunk	[trʌŋk]
llamada (f) de larga distancia	trunk call	[trʌŋk kɔːl]
internacional (adj)	international	[,ɪntə'næʃənəl]
llamada (f) internacional	international call	[,ɪntə'næʃənəl kɔːl]

114. El teléfono celular

| teléfono (m) móvil | mobile phone | ['məʊbaɪl fəʊn] |
| pantalla (f) | display | [dɪ'spleɪ] |

botón (m)	button	['bʌtən]
tarjeta SIM (f)	SIM card	[sɪm kɑːd]

pila (f)	battery	['bætərɪ]
descargarse (vr)	to be flat	[tʊ bi flæt]
cargador (m)	charger	['tʃɑːdʒə(r)]

menú (m)	menu	['menjuː]
preferencias (f pl)	settings	['setɪŋz]
melodía (f)	tune	[tjuːn]
seleccionar (vt)	to select (vt)	[tʊ sɪ'lekt]

calculadora (f)	calculator	['kælkjʊleɪtə(r)]
contestador (m)	voice mail	[vɔɪs meɪl]
despertador (m)	alarm clock	[ə'lɑːm klɒk]
contactos (m pl)	contacts	['kɒntækts]

mensaje (m) de texto	SMS	[esem'es]
abonado (m)	subscriber	[səb'skraɪbə(r)]

115. Los artículos de escritorio. La papelería

bolígrafo (m)	ballpoint pen	['bɔːlpɔɪnt pen]
pluma (f) estilográfica	fountain pen	['faʊntɪn pen]

lápiz (m)	pencil	['pensəl]
marcador (m)	highlighter	['haɪlaɪtə(r)]
rotulador (m)	felt-tip pen	[felt tɪp pen]

bloc (m) de notas	notepad	['nəʊtpæd]
agenda (f)	diary	['daɪərɪ]

regla (f)	ruler	['ruːlə(r)]
calculadora (f)	calculator	['kælkjʊleɪtə(r)]
goma (f) de borrar	rubber	['rʌbə(r)]
chincheta (f)	drawing pin	['drɔːɪŋ pɪn]
clip (m)	paper clip	['peɪpə klɪp]

cola (f), pegamento (m)	glue	[gluː]
grapadora (f)	stapler	['steɪplə(r)]
perforador (m)	hole punch	[həʊl pʌntʃ]
sacapuntas (m)	pencil sharpener	['pensəl 'ʃɑːpənə(r)]

116. Diversos tipos de documentación

informe (m)	account	[ə'kaʊnt]
acuerdo (m)	agreement	[ə'griːmənt]
formulario (m) de solicitud	application form	[æplɪ'keɪʃən fɔːm]
auténtico (adj)	authentic	[ɔː'θentɪk]
tarjeta (f) de identificación	badge	[bædʒ]
tarjeta (f) de visita	business card	['bɪznɪs kɑːd]
certificado (m)	certificate	[sə'tɪfɪkət]

cheque (m) bancario	cheque	[tʃek]
cuenta (f) (restaurante)	bill	[bɪl]
constitución (f)	constitution	[kɒnstɪ'tjuːʃən]
contrato (m)	contract	['kɒntrækt]
copia (f)	copy	['kɒpɪ]
ejemplar (m)	copy	['kɒpɪ]
declaración (f) de aduana	customs declaration	['kʌstəmz deklə'reɪʃən]
documento (m)	document	['dɒkjumənt]
permiso (m) de conducir	driving licence	['draɪvɪŋ ˌlaɪsəns]
anexo (m)	addendum	[ə'dendəm]
cuestionario (m)	form	[fɔːm]
carnet (m) de identidad	ID card	[aɪ'di: kɑːd]
solicitud (f) de información	inquiry	[ɪn'kwaɪərɪ]
tarjeta (f) de invitación	invitation card	[ɪnvɪ'teɪʃən kɑːd]
factura (f)	invoice	['ɪnvɔɪs]
ley (f)	law	[lɔː]
carta (f)	letter	['letə(r)]
hoja (f) membretada	letterhead	['letəhed]
lista (f) (de nombres, etc.)	list	[lɪst]
manuscrito (m)	manuscript	['mænjuskrɪpt]
boletín (m)	newsletter	['njuːzˌletə(r)]
nota (f) (mensaje)	note	[nəut]
pase (m) (permiso)	pass	[pɑːs]
pasaporte (m)	passport	['pɑːspɔːt]
permiso (m)	permit	['pɜːmɪt]
curriculum vitae (m)	CV	[si:'vi:]
pagaré (m)	debt note, IOU	[det nəut], [aɪ əu 'juː]
recibo (m)	receipt	[rɪ'siːt]
ticket (m) de compra	till receipt	[tɪl rɪ'siːt]
informe (m)	report	[rɪ'pɔːt]
presentar (identificación)	to show (vt)	[tu ʃəu]
firmar (vt)	to sign (vt)	[tu saɪn]
firma (f) (nombre)	signature	['sɪgnətʃə(r)]
sello (m)	stamp, seal	[stæmp], [siːl]
texto (m)	text	[tekst]
billete (m)	ticket	['tɪkɪt]
tachar (vt)	to cross out	[tu krɒs aut]
rellenar (vt)	to fill in (vt)	[tu fɪl ɪn]
guía (f) de embarque	waybill	['weɪbɪl]
testamento (m)	will	[wɪl]

117. Tipos de negocios

agencia (f) de empleo	employment agency	[ɪm'plɔɪmənt 'eɪdʒənsɪ]
agencia (f) de información	news agency	[njuːz 'eɪdʒənsɪ]
agencia (f) de publicidad	advertising agency	['ædvətaɪzɪŋ 'eɪdʒənsɪ]

agencia (f) de seguridad	security company	[sɪ'kjʊərətɪ 'kʌmpənɪ]
almacén (m)	warehouse	['weəhaʊs]
antigüedad (f)	antiquities	[æn'tɪkwətɪz]
asesoría (f) jurídica	legal adviser	['li:gəl əd'vaɪzə(r)]
servicios (m pl) de auditoría	audit services	['ɔːdɪt 'sɜːvɪsɪz]
bar (m)	pub	[pʌb]
bebidas (f pl) alcohólicas	alcoholic beverages	[ælkə'hɒlɪk 'bevərɪdʒɪz]
bolsa (f) de comercio	stock exchange	[stɒk ɪks'tʃeɪndʒ]
casino (m)	casino	[kə'si:nəʊ]
centro (m) de negocios	business centre	['bɪznɪs 'sentə(r)]
fábrica (f) de cerveza	brewery	['brʊərɪ]
cine (m) (iremos al ~)	cinema	['sɪnəmə]
climatizadores (m pl)	air-conditioners	[eə kən'dɪʃənəz]
club (m) nocturno	nightclub	['naɪtklʌb]
comercio (m)	trade	[treɪd]
productos alimenticios	food products	[fuːd 'prɒdʌkts]
compañía (f) aérea	airline	['eəlaɪn]
construcción (f)	construction	[kən'strʌkʃən]
contabilidad (f)	accounting services	[ə'kaʊntɪŋ 'sɜːvɪsɪz]
deporte (m)	sport	[spɔːt]
diseño (m)	design	[dɪ'zaɪn]
editorial (f)	publishing house	['pʌblɪʃɪŋ haʊs]
escuela (f) de negocios	business school	['bɪznɪs skuːl]
estomatología (f)	dental clinic	['dentəl 'klɪnɪk]
farmacia (f)	chemist	['kemɪst]
industria (f) farmacéutica	pharmaceutics	[fɑːmə'sjuːtɪks]
funeraria (f)	undertakers	['ʌndəˌteɪkəs]
galería (f) de arte	art gallery	[ɑːt 'gælərɪ]
helado (m)	ice-cream	['aɪs kriːm]
hotel (m)	hotel	[həʊ'tel]
industria (f)	industry	['ɪndʌstrɪ]
industria (f) ligera	light industry	[laɪt 'ɪndʌstrɪ]
inmueble (m)	real estate	[rɪəl ɪ'steɪt]
internet (m), red (f)	Internet	['ɪntənet]
inversiones (f pl)	investments	[ɪn'vestmənts]
joyería (f)	jewellery	['dʒuːəlrɪ]
joyero (m)	jeweller	['dʒuːələ(r)]
lavandería (f)	laundry	['lɔːndrɪ]
librería (f)	bookshop	['bʊkʃɒp]
medicina (f)	medicine	['medsɪn]
muebles (m pl)	furniture	['fɜːnɪtʃə(r)]
museo (m)	museum	[mjuː'ziːəm]
negocio (m) bancario	banking industry	['bæŋkɪŋ 'ɪndʌstrɪ]
periódico (m)	newspaper	['njuːzˌpeɪpə(r)]
petróleo (m)	oil, petroleum	[ɔɪl], [pɪ'trəʊlɪəm]
piscina (f)	swimming pool	['swɪmɪŋ puːl]
poligrafía (f)	printing	['prɪntɪŋ]

publicidad (f)	advertising	['ædvətaɪzɪŋ]
radio (f)	radio	['reɪdɪəʊ]
recojo (m) de basura	waste collection	[weɪst kə'lekʃən]
restaurante (m)	restaurant	['restrɒnt]
revista (f)	magazine	[mægə'zi:n]
ropa (f)	clothing, garment	['kləʊðɪŋ], ['gɑ:mənt]

salón (m) de belleza	beauty salon	['bju:tɪ 'sælɒn]
seguro (m)	insurance	[ɪn'ʃʊərəns]
servicio (m) de entrega	courier services	['kʊrɪə(r) 's3:vɪsɪz]
servicios (m pl) financieros	financial services	[faɪ'nænʃəl 's3:vɪsɪz]
supermercado (m)	supermarket	['su:pəmɑ:kɪt]

taller (m)	tailor's shop	['teɪləz ʃɒp]
teatro (m)	theatre	['θɪətə(r)]
televisión (f)	television	['telɪvɪʒən]
tienda (f)	shop	[ʃɒp]
tintorería (f)	dry cleaners	[draɪ 'kli:nəz]
servicios de transporte	transport companies	['trænspɔ:t 'kʌmpənɪz]
turismo (m)	travel	['trævəl]

venta (f) por catálogo	mail order selling	[meɪl 'ɔ:də 'selɪŋ]
veterinario (m)	veterinary surgeon	['vetərɪnrɪ 's3:dʒən]
consultoría (f)	consulting	[kən'sʌltɪŋ]

El trabajo. Los negocios. Unidad 2

118. La exhibición. La feria comercial

exposición, feria (f)	exhibition, show	[eksɪ'bɪʃən], [ʃəʊ]
feria (f) comercial	trade show	[treɪd ʃəʊ]
participación (f)	participation	[pɑːtɪsɪ'peɪʃən]
participar (vi)	to participate (vi)	[tʊ pɑː'tɪsɪpeɪt]
participante (m)	participant	[pɑː'tɪsɪpənt]
director (m)	director	[dɪ'rektə(r)]
organizador (m)	organizer	['ɔːgənaɪzə(r)]
organizar (vt)	to organize (vt)	[tʊ 'ɔːgənaɪz]
solicitud (f) de participación	participation form	[pɑːtɪsɪ'peɪʃən fɔːm]
rellenar (vt)	to fill in (vt)	[tʊ fɪl ɪn]
detalles (m pl)	details	['diːteɪlz]
información (f)	information	[ɪnfə'meɪʃən]
precio (m)	price	[praɪs]
incluso	including	[ɪn'kluːdɪŋ]
incluir (vt)	to include (vt)	[tʊ ɪn'kluːd]
pagar (vi, vt)	to pay (vi, vt)	[tʊ peɪ]
cuota (f) de registro	registration fee	[ˌredʒɪ'streɪʃən fiː]
entrada (f)	entrance	['entrəns]
pabellón (m)	pavilion, hall	[pə'vɪljən], [hɔːl]
registrar (vt)	to register (vt)	[tʊ 'redʒɪstə(r)]
tarjeta (f) de identificación	badge	[bædʒ]
stand (m) de feria	stand	[stænd]
reservar (vt)	to reserve, to book	[tʊ rɪ'zɜːv], [tʊ bʊk]
vitrina (f)	display case	[dɪ'spleɪ keɪs]
lámpara (f)	spotlight	['spɒtlaɪt]
diseño (m)	design	[dɪ'zaɪn]
poner (colocar)	to place (vt)	[tʊ pleɪs]
situarse (vr)	to be placed	[tʊ bi pleɪst]
distribuidor (m)	distributor	[dɪ'strɪbjʊtə(r)]
proveedor (m)	supplier	[sə'plaɪə(r)]
suministrar (vt)	to supply (vt)	[tʊ sə'plaɪ]
país (m)	country	['kʌntrɪ]
extranjero (adj)	foreign	['fɒrən]
producto (m)	product	['prɒdʌkt]
asociación (f)	association	[əsəʊsɪ'eɪʃən]
sala (f) de conferencias	conference hall	['kɒnfərəns hɔːl]
congreso (m)	congress	['kɒŋgres]

concurso (m)	contest	['kɒntest]
visitante (m)	visitor	['vɪzɪtə(r)]
visitar (vt)	to visit (vt)	[tʊ 'vɪzɪt]
cliente (m)	customer	['kʌstəmə(r)]

119. Medios de comunicación de masas

periódico (m)	newspaper	['njuːzˌpeɪpə(r)]
revista (f)	magazine	[mægə'ziːn]
prensa (f)	press	[pres]
radio (f)	radio	['reɪdɪəʊ]
estación (f) de radio	radio station	['reɪdɪəʊ 'steɪʃən]
televisión (f)	television	['telɪvɪʒən]

presentador (m)	presenter, host	[prɪ'zentə(r)], [həʊst]
presentador (m) de noticias	newsreader	['njuːzriːdə(r)]
comentarista (m)	commentator	['kɒmənteɪtə(r)]

periodista (m)	journalist	['dʒɜːnəlɪst]
corresponsal (m)	correspondent	[kɒrɪ'spɒndənt]
corresponsal (m) fotográfico	press photographer	[pres fə'tɒgrəfə(r)]
reportero (m)	reporter	[rɪ'pɔːtə(r)]

redactor (m)	editor	['edɪtə(r)]
redactor jefe (m)	editor-in-chief	['edɪtər ɪn tʃiːf]
suscribirse (vr)	to subscribe to ...	[tʊ səb'skraɪb tʊ ...]
suscripción (f)	subscription	[səb'skrɪpʃən]
suscriptor (m)	subscriber	[səb'skraɪbə(r)]
leer (vi, vt)	to read (vi, vt)	[tʊ riːd]
lector (m)	reader	['riːdə(r)]

tirada (f)	circulation	[sɜːkjʊ'leɪʃən]
mensual (adj)	monthly	['mʌnθlɪ]
semanal (adj)	weekly	['wiːklɪ]
número (m)	issue	['ɪʃuː]
nuevo (~ número)	new, recent	[njuː], ['riːsənt]

titular (m)	headline	['hedlaɪn]
noticia (f)	short article	[ʃɔːt 'ɑːtɪkəl]
columna (f)	column	['kɒləm]
artículo (m)	article	['ɑːtɪkəl]
página (f)	page	[peɪdʒ]

reportaje (m)	reportage, report	[repɔː'tɑːʒ], [rɪ'pɔːt]
evento (m)	event	[ɪ'vent]
sensación (f)	sensation	[sen'seɪʃən]
escándalo (m)	scandal	['skændəl]
escandaloso (adj)	scandalous	['skændələs]
gran (~ escándalo)	great	[greɪt]

emisión (f)	programme	['prəʊgræm]
entrevista (f)	interview	['ɪntəvjuː]
transmisión (f) en vivo	live broadcast	[laɪv 'brɔːdkɑːst]
canal (m)	channel	['tʃænəl]

120. La agricultura

agricultura (f)	agriculture	['ægrɪkʌltʃə(r)]
campesino (m)	peasant	['pezənt]
campesina (f)	peasant	['pezənt]
granjero (m)	farmer	['fɑːmə(r)]

| tractor (m) | tractor | ['træktə(r)] |
| cosechadora (f) | harvester | ['hɑːvɪstə(r)] |

arado (m)	plough	[plaʊ]
arar (vi, vt)	to plough (vi, vt)	[tʊ plaʊ]
labrado (m)	ploughland	['plaʊlænd]
surco (m)	furrow	['fʌrəʊ]

sembrar (vi, vt)	to sow (vi, vt)	[tʊ səʊ]
sembradora (f)	seeder	['siːdə(r)]
siembra (f)	sowing	['səʊɪŋ]

| guadaña (f) | scythe | [saɪð] |
| segar (vi, vt) | to mow, to scythe | [tʊ məʊ], [tʊ saɪð] |

| pala (f) | spade | [speɪd] |
| layar (vt) | to till (vt) | [tʊ tɪl] |

azada (f)	hoe	[həʊ]
sachar, escardar	to hoe, to weed	[tʊ həʊ], [tʊ wiːd]
mala hierba (f)	weed	[wiːd]

regadera (f)	watering can	['wɔːtərɪŋ kæn]
regar (plantas)	to water (vt)	[tʊ 'wɔːtə(r)]
riego (m)	watering	['wɔːtərɪŋ]

| horquilla (f) | pitchfork | ['pɪtʃfɔːk] |
| rastrillo (m) | rake | [reɪk] |

fertilizante (m)	fertiliser	['fɜːtɪlaɪzə(r)]
abonar (vt)	to fertilise (vt)	[tʊ 'fɜːtɪlaɪz]
estiércol (m)	manure	[mə'njʊə]

campo (m)	field	[fiːld]
prado (m)	meadow	['medəʊ]
huerta (f)	vegetable garden	['vedʒtəbəl 'gɑːdən]
jardín (m)	orchard	['ɔːtʃəd]

pacer (vt)	to graze (vt)	[tʊ greɪz]
pastor (m)	herdsman	['hɜːdzmən]
pastadero (m)	pasture	['pɑːstʃə(r)]

| ganadería (f) | cattle breeding | ['kætəl 'briːdɪŋ] |
| cría (f) de ovejas | sheep farming | [ʃiːp 'fɑːmɪŋ] |

plantación (f)	plantation	[plæn'teɪʃən]
hilera (f) (~ de cebollas)	row	[rəʊ]
invernadero (m)	hothouse	['hɒthaʊs]

sequía (f)	drought	[draʊt]
seco, árido (adj)	dry	[draɪ]

grano (m)	grain	[greɪn]
recolectar (vt)	to harvest (vt)	[tʊ 'hɑːvɪst]

molinero (m)	miller	['mɪlə(r)]
molino (m)	mill	[mɪl]
moler (vt)	to grind (vt)	[tʊ graɪnd]
harina (f)	flour	['flaʊə(r)]
paja (f)	straw	[strɔː]

121. La construcción. El proceso de construcción

obra (f)	building site	['bɪldɪŋ saɪt]
construir (vt)	to build (vt)	[tʊ bɪld]
albañil (m)	building worker	['bɪldɪŋ 'wɜːkə(r)]

proyecto (m)	project	['prɒdʒekt]
arquitecto (m)	architect	['ɑːkɪtekt]
obrero (m)	worker	['wɜːkə(r)]

cimientos (m pl)	foundations	[faʊn'deɪʃənz]
techo (m)	roof	[ruːf]
pila (f) de cimentación	foundation pile	[faʊn'deɪʃən paɪl]
muro (m)	wall	[wɔːl]

armadura (f)	reinforcing bars	[riːɪn'fɔːsɪŋ bɑː(r)s]
andamio (m)	scaffolding	['skæfəldɪŋ]

hormigón (m)	concrete	['kɒnkriːt]
granito (m)	granite	['grænɪt]
piedra (f)	stone	['stəʊn]
ladrillo (m)	brick	[brɪk]

arena (f)	sand	[sænd]
cemento (m)	cement	[sɪ'ment]

estuco (m)	plaster	['plɑːstə(r)]
estucar (vt)	to plaster (vt)	[tʊ 'plɑːstə(r)]

pintura (f)	paint	[peɪnt]
pintar (las paredes)	to paint (vt)	[tʊ peɪnt]
barril (m)	barrel	['bærəl]

grúa (f)	crane	[kreɪn]
levantar (vt)	to lift (vt)	[tʊ lɪft]
bajar (vt)	to lower (vt)	[tʊ 'ləʊə(r)]

bulldózer (m)	bulldozer	['bʊldəʊzə(r)]
excavadora (f)	excavator	['ekskəveɪtə(r)]
cuchara (f)	scoop, bucket	[skuːp], ['bʌkɪt]
cavar (vt)	to dig (vt)	[tʊ dɪg]
casco (m)	hard hat	[hɑːd hæt]

122. La ciencia. La investigación. Los científicos

ciencia (f)	science	['saɪəns]
científico (adj)	scientific	[saɪən'tɪfɪk]
científico (m)	scientist	['saɪəntɪst]
teoría (f)	theory	['θɪərɪ]
axioma (m)	axiom	['æksɪəm]
análisis (m)	analysis	[ə'næləsɪs]
analizar (vt)	to analyse (vt)	[tʊ 'ænəlaɪz]
argumento (m)	argument	['ɑːgjʊmənt]
sustancia (f) (materia)	substance	['sʌbstəns]
hipótesis (f)	hypothesis	[haɪ'pɒθɪsɪs]
dilema (m)	dilemma	[dɪ'lemə]
tesis (f) de grado	dissertation	[dɪsə'teɪʃən]
dogma (m)	dogma	['dɒgmə]
doctrina (f)	doctrine	['dɒktrɪn]
investigación (f)	research	[rɪ'sɜːtʃ]
investigar (vt)	to research (vt)	[tʊ rɪ'sɜːtʃ]
prueba (f)	tests	[tests]
laboratorio (m)	laboratory	[lə'bɒrətrɪ]
método (m)	method	['meθəd]
molécula (f)	molecule	['mɒlɪkjuːl]
seguimiento (m)	monitoring	['mɒnɪtərɪŋ]
descubrimiento (m)	discovery	[dɪ'skʌvərɪ]
postulado (m)	postulate	['pɒstjʊlət]
principio (m)	principle	['prɪnsɪpəl]
pronóstico (m)	forecast	['fɔːkɑːst]
pronosticar (vt)	to forecast (vt)	[tʊ 'fɔːkɑːst]
síntesis (f)	synthesis	['sɪnθəsɪs]
tendencia (f)	trend	[trend]
teorema (m)	theorem	['θɪərəm]
enseñanzas (f pl)	teachings	['tiːtʃɪŋz]
hecho (m)	fact	[fækt]
expedición (f)	expedition	[ekspɪ'dɪʃən]
experimento (m)	experiment	[ɪk'sperɪmənt]
académico (m)	academician	[əkædə'mɪʃən]
bachiller (m)	bachelor	['bætʃələ(r)]
doctorado (m)	doctor, PhD	['dɒktə(r)], [piːeɪtʃ'diː]
docente (m)	Associate Professor	[ə'səʊʃɪət prə'fesə(r)]
Master (m) (~ en Letras)	Master	['mɑːstə(r)]
profesor (m)	professor	[prə'fesə(r)]

Las profesiones y los oficios

123. La búsqueda de trabajo. El despido

trabajo (m)	job	[dʒɒb]
empleados (pl)	staff	[stɑːf]
personal (m)	personnel	[pɜːsə'nel]
carrera (f)	career	[kə'rɪə(r)]
perspectiva (f)	prospects	['prɒspekts]
maestría (f)	skills, mastery	[skɪls], ['mɑːstərɪ]
selección (f)	selection	[sɪ'lekʃən]
agencia (f) de empleo	employment agency	[ɪm'plɔɪmənt 'eɪdʒənsɪ]
curriculum vitae (m)	CV	[siː'viː]
entrevista (f)	job interview	[dʒɒb 'ɪntəvjuː]
vacancia (f)	vacancy	['veɪkənsɪ]
salario (m)	salary, pay	['sælərɪ], [peɪ]
remuneración (f)	pay, compensation	[peɪ], [kɒmpen'seɪʃən]
puesto (m) (trabajo)	position	[pə'zɪʃən]
deber (m)	duty	['djuːtɪ]
gama (f) de deberes	range of duties	[reɪndʒ əv 'djuːtɪz]
ocupado (adj)	busy	['bɪzɪ]
despedir (vt)	to fire, to dismiss	[tʊ 'faɪə], [tʊ dɪs'mɪs]
despido (m)	dismissal	[dɪs'mɪsəl]
desempleo (m)	unemployment	[ʌnɪm'plɔɪmənt]
desempleado (m)	unemployed	[ʌnɪm'plɔɪd]
jubilación (f)	retirement	[rɪ'taɪəmənt]
jubilarse	to retire (vi)	[tʊ rɪ'taɪə(r)]

124. Los negociantes

director (m)	director	[dɪ'rektə(r)]
gerente (m)	manager	['mænɪdʒə(r)]
jefe (m)	boss	[bɒs]
superior (m)	superior	[suː'pɪərɪə]
superiores (m pl)	superiors	[suː'pɪərɪərz]
presidente (m)	president	['prezɪdənt]
presidente (m) (de compañía)	chairman	['tʃeəmən]
adjunto (m)	deputy	['depjʊtɪ]
asistente (m)	assistant	[ə'sɪstənt]
secretario, -a (m, f)	secretary	['sekrətərɪ]

secretario (m) particular	personal assistant	['pɜ:sənəl ə'sistənt]
hombre (m) de negocios	businessman	['biznismæn]
emprendedor (m)	entrepreneur	[ɒntrəprə'nɜ:(r)]
fundador (m)	founder	['faʊndə(r)]
fundar (vt)	to found (vt)	[tʊ faʊnd]
institutor (m)	incorporator	[ɪn'kɔ:pəreɪtə]
socio (m)	partner	['pɑ:tnə(r)]
accionista (m)	shareholder	['ʃeə,həʊldə(r)]
millonario (m)	millionaire	[mɪljə'neə(r)]
multimillonario (m)	billionaire	[bɪljə'neə(r)]
propietario (m)	owner	['əʊnə(r)]
terrateniente (m)	landowner	['lænd,əʊnə(r)]
cliente (m)	client	['klaɪənt]
cliente (m) habitual	regular client	['regjʊlə 'klaɪənt]
comprador (m)	buyer	['baɪə(r)]
visitante (m)	visitor	['vɪzɪtə(r)]
profesional (m)	professional	[prə'feʃənəl]
experto (m)	expert	['ekspɜ:t]
especialista (m)	specialist	['speʃəlɪst]
banquero (m)	banker	['bæŋkə(r)]
broker (m)	broker	['brəʊkə(r)]
cajero (m)	cashier	[kæ'ʃɪə(r)]
contable (m)	accountant	[ə'kaʊntənt]
guardia (m) de seguridad	security guard	[sɪ'kjʊərəti gɑ:d]
inversionista (m)	investor	[ɪn'vestə(r)]
deudor (m)	debtor	['detə(r)]
acreedor (m)	creditor	['kredɪtə(r)]
prestatario (m)	borrower	['bɒrəʊə(r)]
importador (m)	importer	[ɪm'pɔ:tə(r)]
exportador (m)	exporter	[ek'spɔ:tə(r)]
productor (m)	manufacturer	[mænjʊ'fæktʃərə(r)]
distribuidor (m)	distributor	[dɪ'strɪbjʊtə(r)]
intermediario (m)	middleman	['mɪdəlmæn]
asesor (m) (~ fiscal)	consultant	[kən'sʌltənt]
representante (m)	sales representative	['seɪlz reprɪ'zentətɪv]
agente (m)	agent	['eɪdʒənt]
agente (m) de seguros	insurance agent	[ɪn'ʃʊərəns 'eɪdʒənt]

125. Los trabajos de servicio

cocinero (m)	cook	[kʊk]
jefe (m) de cocina	chef	[ʃef]
barman (m)	barman	['bɑ:mən]
camarero (m)	waiter	['weɪtə(r)]

camarera (f)	waitress	['weɪtrɪs]
abogado (m)	lawyer, barrister	['lɔ:jə(r)], ['bærɪstə(r)]
jurista (m)	lawyer	['lɔ:jə(r)]
notario (m)	notary public	['nəʊtərɪ 'pʌblɪk]

electricista (m)	electrician	[ɪlek'trɪʃən]
fontanero (m)	plumber	['plʌmə(r)]
carpintero (m)	carpenter	['kɑ:pəntə(r)]

masajista (m)	masseur	[mæ'sɜ:]
masajista (f)	masseuse	[mæ'su:z]
médico (m)	doctor	['dɒktə(r)]

taxista (m)	taxi driver	['tæksɪ 'draɪvə(r)]
chofer (m)	driver	['draɪvə(r)]
repartidor (m)	delivery man	[dɪ'lɪvərɪ mæn]

camarera (f)	chambermaid	['ʧeɪmbə,meɪd]
guardia (m) de seguridad	security guard	[sɪ'kjʊərətɪ gɑ:d]
azafata (f)	stewardess	['stjʊədɪs]

profesor (m) (~ de baile, etc.)	teacher	['ti:ʧə(r)]
bibliotecario (m)	librarian	[laɪ'breərɪən]
traductor (m)	translator	[træns'leɪtə(r)]
intérprete (m)	interpreter	[ɪn'tɜ:prɪtə(r)]
guía (m)	guide	[gaɪd]

peluquero (m)	hairdresser	['heə,dresə(r)]
cartero (m)	postman	[pəʊstmən]
vendedor (m)	shop assistant	[ʃɒp ə'sɪstənt]

jardinero (m)	gardener	['gɑ:dnə(r)]
servidor (m)	servant	['sɜ:vənt]
criada (f)	maid	[meɪd]
mujer (f) de la limpieza	cleaner	['kli:nə(r)]

126. La profesión militar y los rangos

soldado (m) raso	private	['praɪvɪt]
sargento (m)	sergeant	['sɑ:dʒənt]
teniente (m)	lieutenant	[lef'tenənt]
capitán (m)	captain	['kæptɪn]

mayor (m)	major	['meɪdʒə(r)]
coronel (m)	colonel	['kɜ:nəl]
general (m)	general	['dʒenərəl]
mariscal (m)	marshal	['mɑ:ʃəl]
almirante (m)	admiral	['ædmərəl]

militar (m)	military	['mɪlɪtərɪ]
soldado (m)	soldier	['səʊldʒə(r)]
oficial (m)	officer	['ɒfɪsə(r)]
comandante (m)	commander	[kə'mɑ:ndə(r)]
guardafronteras (m)	border guard	['bɔ:də gɑ:d]

radio-operador (m)	radio operator	['reɪdɪəʊ 'ɒpəreɪtə(r)]
explorador (m)	scout	[skaʊt]
zapador (m)	pioneer	[paɪə'nɪə(r)]
tirador (m)	marksman	['mɑːksmən]
navegador (m)	navigator	['nævɪgeɪtə(r)]

127. Los oficiales. Los sacerdotes

rey (m)	king	[kɪŋ]
reina (f)	queen	[kwiːn]
príncipe (m)	prince	[prɪns]
princesa (f)	princess	[prɪn'ses]
zar (m)	czar	[zɑː(r)]
zarina (f)	czarina	[zɑː'riːnə]
presidente (m)	President	['prezɪdənt]
ministro (m)	Minister	['mɪnɪstə(r)]
primer ministro (m)	Prime Minister	[praɪm 'mɪnɪstə(r)]
senador (m)	Senator	['senətə(r)]
diplomático (m)	diplomat	['dɪpləmæt]
cónsul (m)	consul	['kɒnsəl]
embajador (m)	ambassador	[æm'bæsədə(r)]
consejero (m)	counsellor	['kaʊnsələ(r)]
funcionario (m)	official, functionary	[ə'fɪʃəl], ['fʌŋkʃənərɪ]
prefecto (m)	prefect	['priːfekt]
alcalde (m)	mayor	[meə(r)]
juez (m)	judge	[dʒʌdʒ]
fiscal (m)	prosecutor	['prɒsɪkjuːtə(r)]
misionero (m)	missionary	['mɪʃənrɪ]
monje (m)	monk	[mʌŋk]
abad (m)	abbot	['æbət]
rabino (m)	rabbi	['ræbaɪ]
visir (m)	vizier	[vɪ'zɪə(r)]
sha (m)	shah	[ʃɑː]
jeque (m)	sheikh	[ʃeɪk]

128. Las profesiones agrícolas

apicultor (m)	beekeeper	['biːˌkiːpə(r)]
pastor (m)	shepherd	['ʃepəd]
agrónomo (m)	agronomist	[ə'grɒnəmɪst]
ganadero (m)	cattle breeder	['kætəl 'briːdə(r)]
veterinario (m)	veterinary surgeon	['vetərɪnrɪ 'sɜːdʒən]
granjero (m)	farmer	['fɑːmə(r)]
vinicultor (m)	winemaker	['waɪn ˌmeɪkə(r)]

113

| zoólogo (m) | zoologist | [zəʊˈɒlədʒɪst] |
| vaquero (m) | cowboy | [ˈkaʊbɔɪ] |

129. Las profesiones artísticas

| actor (m) | actor | [ˈæktə(r)] |
| actriz (f) | actress | [ˈæktrɪs] |

| cantante (m) | singer | [ˈsɪŋə(r)] |
| cantante (f) | singer | [ˈsɪŋə(r)] |

| bailarín (m) | dancer | [ˈdɑːnsə(r)] |
| bailarina (f) | dancer | [ˈdɑːnsə(r)] |

músico (m)	musician	[mjuːˈzɪʃən]
pianista (m)	pianist	[ˈpɪənɪst]
guitarrista (m)	guitar player	[gɪˈtɑːr ˈpleɪə(r)]

director (m) de orquesta	conductor	[kənˈdʌktə(r)]
compositor (m)	composer	[kəmˈpəʊzə(r)]
empresario (m)	impresario	[ˌɪmprɪˈsɑːrɪəʊ]

director (m) de cine	film director	[fɪlm dɪˈrektə(r)]
productor (m)	producer	[prəˈdjuːsə(r)]
guionista (m)	scriptwriter	[ˈskrɪptˌraɪtə(r)]
crítico (m)	critic	[ˈkrɪtɪk]

escritor (m)	writer	[ˈraɪtə(r)]
poeta (m)	poet	[ˈpəʊɪt]
escultor (m)	sculptor	[ˈskʌlptə(r)]
pintor (m)	artist, painter	[ˈɑːtɪst], [ˈpeɪntə(r)]

malabarista (m)	juggler	[ˈdʒʌglə(r)]
payaso (m)	clown	[klaʊn]
acróbata (m)	acrobat	[ˈækrəbæt]
ilusionista (m)	magician	[məˈdʒɪʃən]

130. Profesiones diversas

médico (m)	doctor	[ˈdɒktə(r)]
enfermera (f)	nurse	[nɜːs]
psiquiatra (m)	psychiatrist	[saɪˈkaɪətrɪst]
dentista (m)	dentist	[ˈdentɪst]
cirujano (m)	surgeon	[ˈsɜːdʒən]

astronauta (m)	astronaut	[ˈæstrənɔːt]
astrónomo (m)	astronomer	[əˈstrɒnəmə(r)]
piloto (m)	pilot	[ˈpaɪlət]

conductor (m) (chófer)	driver	[ˈdraɪvə(r)]
maquinista (m)	train driver	[treɪn ˈdraɪvə(r)]
mecánico (m)	mechanic	[mɪˈkænɪk]

minero (m)	miner	['maɪnə(r)]
obrero (m)	worker	['wɜːkə(r)]
cerrajero (m)	locksmith	['lɒksmɪθ]
carpintero (m)	joiner	['dʒɔɪnə(r)]
tornero (m)	turner	['tɜːnə(r)]
albañil (m)	building worker	['bɪldɪŋ 'wɜːkə(r)]
soldador (m)	welder	['weldə(r)]
profesor (m) (título)	professor	[prə'fesə(r)]
arquitecto (m)	architect	['ɑːkɪtekt]
historiador (m)	historian	[hɪ'stɔːrɪən]
científico (m)	scientist	['saɪəntɪst]
físico (m)	physicist	['fɪzɪsɪst]
químico (m)	chemist	['kemɪst]
arqueólogo (m)	archaeologist	[ɑːkɪ'ɒlədʒɪst]
geólogo (m)	geologist	[dʒɪ'ɒlədʒɪst]
investigador (m)	researcher	[rɪ'sɜːtʃə(r)]
niñera (f)	babysitter	['beɪbɪsɪtə(r)]
pedagogo (m)	teacher, educator	['tiːtʃə(r)], ['edʒʊkeɪtə(r)]
redactor (m)	editor	['edɪtə(r)]
redactor jefe (m)	editor-in-chief	['edɪtər ɪn tʃiːf]
corresponsal (m)	correspondent	[kɒrɪ'spɒndənt]
mecanógrafa (f)	typist	['taɪpɪst]
diseñador (m)	designer	[dɪ'zaɪnə(r)]
especialista (m) en ordenadores	computer expert	[kəm'pjuːtər 'ekspɜːt]
programador (m)	programmer	['prəʊɡræmə(r)]
ingeniero (m)	engineer	[endʒɪ'nɪə(r)]
marino (m)	sailor	['seɪlə(r)]
marinero (m)	seaman	['siːmən]
socorrista (m)	rescuer	['reskjʊə(r)]
bombero (m)	firefighter	['faɪəfaɪtə]
policía (m)	police officer	[pə'liːs 'ɒfɪsə(r)]
vigilante (m) nocturno	watchman	['wɒtʃmən]
detective (m)	detective	[dɪ'tektɪv]
aduanero (m)	customs officer	['kʌstəmz 'ɒfɪsə(r)]
guardaespaldas (m)	bodyguard	['bɒdɪɡɑːd]
guardia (m) de prisiones	prison officer	['prɪzən 'ɒfɪsə(r)]
inspector (m)	inspector	[ɪn'spektə(r)]
deportista (m)	sportsman	['spɔːtsmən]
entrenador (m)	trainer, coach	['treɪnə(r)], [kəʊtʃ]
carnicero (m)	butcher	['bʊtʃə(r)]
zapatero (m)	cobbler, shoe repairer	['kɒblə(r)], [ʃuː rɪ'peərə(r)]
comerciante (m)	merchant	['mɜːtʃənt]
cargador (m)	loader	['ləʊdə(r)]
diseñador (m) de modas	fashion designer	['fæʃən dɪ'zaɪnə(r)]
modelo (f)	model	['mɒdəl]

131. Los trabajos. El estatus social

escolar (m)	schoolboy	['sku:lbɔɪ]
estudiante (m)	student	['stju:dənt]
filósofo (m)	philosopher	[fɪ'lɒsəfə(r)]
economista (m)	economist	[ɪ'kɒnəmɪst]
inventor (m)	inventor	[ɪn'ventə(r)]
desempleado (m)	unemployed	[ʌnɪm'plɔɪd]
jubilado (m)	retiree, pensioner	[rɪtaɪə'ri:], ['penʃənə(r)]
espía (m)	spy, secret agent	[spaɪ], ['si:krɪt 'eɪʤənt]
prisionero (m)	prisoner	['prɪzənə(r)]
huelguista (m)	striker	['straɪkə(r)]
burócrata (m)	bureaucrat	['bjʊərəkræt]
viajero (m)	traveller	['trævələ(r)]
homosexual (m)	gay, homosexual	[geɪ], [hɒmə'sekʃʊəl]
hacker (m)	hacker	['hækə(r)]
hippie (m)	hippie	['hɪpɪ]
bandido (m)	bandit	['bændɪt]
sicario (m)	hit man, killer	[hɪt mæn], ['kɪlə(r)]
drogadicto (m)	drug addict	['drʌg ˌædɪkt]
narcotraficante (m)	drug dealer	['drʌg ˌdi:lə(r)]
prostituta (f)	prostitute	['prɒstɪtju:t]
chulo (m), proxeneta (m)	pimp	[pɪmp]
brujo (m)	sorcerer	['sɔ:sərə(r)]
bruja (f)	sorceress	['sɔ:sərɪs]
pirata (m)	pirate	['paɪrət]
esclavo (m)	slave	[sleɪv]
samurai (m)	samurai	['sæmʊraɪ]
salvaje (m)	savage	['sævɪʤ]

Los deportes

deportista (m)	**sportsman**	['spɔːtsmən]
tipo (m) de deporte	**kind of sport**	[kaɪnd əv spɔːt]
baloncesto (m)	**basketball**	['bɑːskɪtbɔːl]
baloncestista (m)	**basketball player**	['bɑːskɪtbɔːl 'pleɪə(r)]
béisbol (m)	**baseball**	['beɪsbɔːl]
beisbolista (m)	**baseball player**	['beɪsbɔːl 'pleɪə(r)]
fútbol (m)	**football**	['fʊtbɔːl]
futbolista (m)	**football player**	['fʊtbɔːl 'pleɪə(r)]
portero (m)	**goalkeeper**	['gəʊlkiːpə(r)]
hockey (m)	**ice hockey**	['aɪs ˌhɒkɪ]
jugador (m) de hockey	**ice hockey player**	['aɪs ˌhɒkɪ 'pleɪə(r)]
voleibol (m)	**volleyball**	['vɒlɪbɔːl]
voleibolista (m)	**volleyball player**	['vɒlɪbɔːl 'pleɪə(r)]
boxeo (m)	**boxing**	['bɒksɪŋ]
boxeador (m)	**boxer**	['bɒksə(r)]
lucha (f)	**wrestling**	['reslɪŋ]
luchador (m)	**wrestler**	['reslə(r)]
kárate (m)	**karate**	[kə'rɑːtɪ]
karateka (m)	**karate fighter**	[kə'rɑːtɪ 'faɪtər]
judo (m)	**judo**	['dʒuːdəʊ]
judoka (m)	**judo athlete**	['dʒuːdəʊ 'æθliːt]
tenis (m)	**tennis**	['tenɪs]
tenista (m)	**tennis player**	['tenɪs 'pleɪə(r)]
natación (f)	**swimming**	['swɪmɪŋ]
nadador (m)	**swimmer**	['swɪmə(r)]
esgrima (f)	**fencing**	['fensɪŋ]
esgrimidor (m)	**fencer**	['fensə(r)]
ajedrez (m)	**chess**	[tʃes]
ajedrecista (m)	**chess player**	[tʃes 'pleɪə(r)]
alpinismo (m)	**alpinism**	['ælpɪnɪzəm]
alpinista (m)	**alpinist**	['ælpɪnɪst]
carrera (f)	**running**	['rʌnɪŋ]

corredor (m)	runner	['rʌnə(r)]
atletismo (m)	athletics	[æθ'letɪks]
atleta (m)	athlete	['æθliːt]

| deporte (m) hípico | horse riding | [hɔːs 'raɪdɪŋ] |
| jinete (m) | horse rider | [hɔːs 'raɪdə(r)] |

patinaje (m) artístico	figure skating	['fɪɡə 'skeɪtɪŋ]
patinador (m)	figure skater	['fɪɡə 'skeɪtə(r)]
patinadora (f)	figure skater	['fɪɡə 'skeɪtə(r)]

| levantamiento (m) de pesas | powerlifting | ['pauər,lɪftɪŋ] |
| levantador (m) de pesas | powerlifter | ['pauər,lɪftə(r)] |

| carreras (f pl) de coches | car racing | [kɑː 'reɪsɪŋ] |
| piloto (m) de carreras | racer | ['reɪsə(r)] |

| ciclismo (m) | cycling | ['saɪklɪŋ] |
| ciclista (m) | cyclist | ['saɪklɪst] |

salto (m) de longitud	long jump	[lɒŋ dʒʌmp]
salto (m) con pértiga	pole vaulting	[pəul 'vɔːltɪŋ]
saltador (m)	jumper	['dʒʌmpə(r)]

133. Tipos de deportes. Miscelánea

fútbol (m) americano	american football	[ə'merɪkən 'futbɔːl]
bádminton (m)	badminton	['bædmɪntən]
biatlón (m)	biathlon	[baɪ'æθlɒn]
billar (m)	billiards	['bɪljədz]

bobsleigh (m)	bobsleigh	['bɒbsleɪ]
culturismo (m)	bodybuilding	['bɒdɪbɪldɪŋ]
waterpolo (m)	water polo	['wɔːtə 'pəuləu]
balonmano (m)	handball	['hændbɔːl]
golf (m)	golf	[ɡɒlf]

remo (m)	rowing	['rəuɪŋ]
buceo (m)	scuba diving	['skuːbə 'daɪvɪŋ]
esquí (m) de fondo	cross-country skiing	[krɒs 'kʌntrɪ 'skiːɪŋ]
tenis (m) de mesa	ping-pong	['pɪŋpɒŋ]

vela (f)	sailing	['seɪlɪŋ]
rally (m)	rally	['rælɪ]
rugby (m)	rugby	['rʌɡbɪ]
snowboarding (m)	snowboarding	['snəubɔːdɪŋ]
tiro (m) con arco	archery	['ɑːtʃərɪ]

134. El gimnasio

| barra (f) de pesas | barbell | ['bɑːbel] |
| pesas (f pl) | dumbbells | ['dʌmbelz] |

aparato (m) de ejercicios — training machine — ['treɪnɪŋ məˈʃiːn]
bicicleta (f) estática — exercise bicycle — ['eksəsaɪz 'baɪsɪkəl]
cinta (f) de correr — treadmill — ['tredmɪl]

barra (f) fija — horizontal bar — [hɒrɪ'zɒntəl bɑː(r)]
barras (f pl) paralelas — parallel bars — ['pærəlel bɑːz]
potro (m) — vault — [vɔːlt]
colchoneta (f) — mat — [mæt]

comba (f) — skipping rope — ['skɪpɪŋ rəʊp]
aeróbica (f) — aerobics — [eəˈrəʊbɪks]
yoga (m) — yoga — ['jəʊɡə]

135. El hóckey

hockey (m) — ice hockey — ['aɪs ˌhɒkɪ]
jugador (m) de hockey — ice hockey player — ['aɪs ˌhɒkɪ 'pleɪə(r)]
jugar al hockey — to play ice hockey — [tʊ pleɪ aɪs 'hɒkɪ]
hielo (m) — ice — [aɪs]

disco (m) — puck — [pʌk]
palo (m) de hockey — ice hockey stick — ['aɪs ˌhɒkɪ stɪk]
patines (m pl) — ice skates — ['aɪs skeɪts]

muro (m) — board — [bɔːd]
tiro (m) — shot — [ʃɒt]

portero (m) — goaltender — ['ɡəʊltendə(r)]
gol (m) — goal — [ɡəʊl]
marcar un gol — to score a goal — [tʊ skɔːrə ɡəʊl]

periodo (m) — period — ['pɪərɪəd]
segundo periodo (m) — 2-nd period — ['sekənd 'pɪərɪəd]
banquillo (m) de reserva — substitutes bench — ['sʌbstɪtjuːts bentʃ]

136. El fútbol

fútbol (m) — football — ['fʊtbɔːl]
futbolista (m) — football player — ['fʊtbɔːl 'pleɪə(r)]
jugar al fútbol — to play football — [tʊ pleɪ 'fʊtbɔːl]

liga (f) superior — major league — ['meɪdʒə liːɡ]
club (m) de fútbol — football club — ['fʊtbɔːl klʌb]
entrenador (m) — coach — [kəʊtʃ]
propietario (m) — owner — ['əʊnə(r)]

equipo (m) — team — [tiːm]
capitán (m) del equipo — team captain — [tiːm 'kæptɪn]
jugador (m) — player — ['pleɪə(r)]
reserva (m) — substitute — ['sʌbstɪtjuːt]
delantero (m) — forward — ['fɔːwəd]
delantero (m) centro — centre forward — ['sentə 'fɔːwəd]

goleador (m)	scorer	['skɔːrə(r)]
defensa (m)	defender, back	[dɪ'fendə(r)], [bæk]
medio (m)	midfielder	[mɪd'fiːldə(r)]
match (m)	match	[mætʃ]
encontrarse (vr)	to meet (vi, vt)	[tʊ miːt]
final (f)	final	['faɪnəl]
semifinal (f)	semi-final	[ˌsemɪ 'faɪnəl]
campeonato (m)	championship	['tʃæmpɪənʃɪp]
tiempo (m)	period, half	['pɪərɪəd], [hɑːf]
primer tiempo (m)	first period	[fɜːst 'pɪərɪəd]
descanso (m)	half-time	[hɑːf taɪm]
puerta (f)	goal	[gəʊl]
portero (m)	goalkeeper	['gəʊlkiːpə(r)]
poste (m)	goalpost	['gəʊlpəʊst]
larguero (m)	crossbar	['krɒsbɑː(r)]
red (f)	net	[net]
recibir un gol	to concede a goal	[tʊ kən'siːd ə gəʊl]
balón (m)	ball	[bɔːl]
pase (m)	pass	[pɑːs]
tiro (m)	kick	[kɪk]
lanzar un tiro	to kick (vt)	[tʊ kɪk]
tiro (m) de castigo	free kick	[friː kɪk]
saque (m) de esquina	corner kick	['kɔːnə kɪk]
ataque (m)	attack	[ə'tæk]
contraataque (m)	counterattack	[ˌkaʊntərə'tæk]
combinación (f)	combination	[kɒmbɪ'neɪʃən]
árbitro (m)	referee	[refə'riː]
silbar (vi)	to blow the whistle	[tʊ bləʊ ðə 'wɪsəl]
silbato (m)	whistle	['wɪsəl]
infracción (f)	foul, misconduct	[faʊl], [mɪs'kɒndʌkt]
cometer una infracción	to commit a foul	[tʊ kə'mɪt ə faʊl]
expulsar del campo	to send off	[tʊ send ɒf]
tarjeta (f) amarilla	yellow card	['jeləʊ kɑːd]
tarjeta (f) roja	red card	[red kɑːd]
descalificación (f)	disqualification	[dɪskwɒlɪfɪ'keɪʃən]
descalificar (vt)	to disqualify (vt)	[tʊ ˌdɪs'kwɒlɪfaɪ]
penalti (m)	penalty kick	['penəltɪ kɪk]
barrera (f)	wall	[wɔːl]
meter un gol	to score (vi, vt)	[tʊ skɔː(r)]
gol (m)	goal	[gəʊl]
marcar un gol	to score a goal	[tʊ skɔːrə gəʊl]
reemplazo (m)	substitution	[sʌbstɪ'tjuːʃən]
reemplazar (vt)	to replace (vt)	[tʊ rɪ'pleɪs]
reglas (f pl)	rules	[ruːlz]
táctica (f)	tactics	['tæktɪks]

estadio (m)	stadium	['steɪdɪəm]
gradería (f)	terrace	['terəs]
hincha (m)	fan, supporter	[fæn], [sə'pɔːtə(r)]
gritar (vi)	to shout (vi)	[tʊ ʃaʊt]

| tablero (m) | scoreboard | ['skɔːbɔːd] |
| tanteo (m) | score | [skɔː(r)] |

derrota (f)	defeat	[dɪ'fiːt]
perder (vi)	to lose (vi)	[tʊ luːz]
empate (m)	draw	[drɔː]
empatar (vi)	to draw (vi)	[tʊ drɔː]

victoria (f)	victory	['vɪktərɪ]
ganar (vi)	to win (vi)	[tʊ wɪn]
campeón (m)	champion	['ʧæmpɪən]
mejor (adj)	best	[best]
felicitar (vt)	to congratulate (vt)	[tʊ kən'grætjʊleɪt]

comentarista (m)	commentator	['kɒmənteɪtə(r)]
comentar (vt)	to commentate (vt)	[tʊ 'kɒmənteɪt]
transmisión (f)	broadcast	['brɔːdkɑːst]

137. El esquí

esquís (m pl)	skis	[skiːz]
esquiar (vi)	to ski (vi)	[tʊ skiː]
estación (f) de esquí	mountain-ski resort	['maʊntɪŋ skiː rɪ'zɔːt]
telesquí (m)	ski lift	[skiː lɪft]

bastones (m pl)	ski poles	[skiː pəʊlz]
cuesta (f)	slope	[sləʊp]
eslalon (m)	slalom	['slɑːləm]

138. El tenis. El golf

golf (m)	golf	[gɒlf]
club (m) de golf	golf club	[gɒlf klʌb]
jugador (m) de golf	golfer	['gɒlfə(r)]

hoyo (m)	hole	[həʊl]
palo (m)	club	[klʌb]
carro (m) de golf	golf trolley	[gɒlf 'trɒlɪ]

| tenis (m) | tennis | ['tenɪs] |
| cancha (f) de tenis | tennis court | ['tenɪs kɔːt] |

saque (m)	serve	[sɜːv]
sacar (servir)	to serve (vt)	[tʊ sɜːv]
raqueta (f)	racket	['rækɪt]
red (f)	net	[net]
pelota (f)	ball	[bɔːl]

139. El ajedrez

ajedrez (m)	chess	[tʃes]
piezas (f pl)	chessmen	['tʃesmen]
ajedrecista (m)	chess player	[tʃes 'pleɪə(r)]
tablero (m) de ajedrez	chessboard	['tʃesbɔːd]
pieza (f)	chessman	['tʃesmæn]
blancas (f pl)	White	[waɪt]
negras (f pl)	Black	[blæk]
peón (m)	pawn	[pɔːn]
alfil (m)	bishop	['bɪʃəp]
caballo (m)	knight	[naɪt]
torre (f)	rook	[rʊk]
reina (f)	queen	[kwiːn]
rey (m)	king	[kɪŋ]
jugada (f)	move	[muːv]
jugar (mover una pieza)	to move (vt)	[tʊ muːv]
sacrificar (vt)	to sacrifice (vt)	[tʊ 'sækrɪfaɪs]
enroque (m)	castling	['kɑːslɪŋ]
jaque (m)	check	[tʃek]
mate (m)	checkmate	['tʃekmeɪt]
torneo (m) de ajedrez	chess tournament	[tʃes 'tɔːnəmənt]
gran maestro (m)	Grand Master	[grænd 'mɑːstə(r)]
combinación (f)	combination	[kɒmbɪ'neɪʃən]
partida (f)	game	[geɪm]
damas (f pl)	draughts	[drɑːfts]

140. El boxeo

boxeo (m)	boxing	['bɒksɪŋ]
combate (m) (~ de boxeo)	fight	[faɪt]
pelea (f) de boxeo	boxing match	['bɒksɪŋ mætʃ]
asalto (m)	round	[raʊnd]
cuadrilátero (m)	ring	[rɪŋ]
campana (f)	gong	[gɒŋ]
golpe (m)	punch	[pʌntʃ]
knockdown (m)	knockdown	['nɒkdaʊn]
nocaut (m)	knockout	['nɒkaʊt]
noquear (vt)	to knock out	[tʊ nɒk aʊt]
guante (m) de boxeo	boxing glove	['bɒksɪŋ glʌv]
árbitro (m)	referee	[refə'riː]
peso (m) ligero	lightweight	['laɪtweɪt]
peso (m) medio	middleweight	['mɪdəlweɪt]
peso (m) pesado	heavyweight	['hevɪweɪt]

141. Los deportes. Miscelánea

Juegos (m pl) Olímpicos	Olympic Games	[ə'lɪmpɪk geɪmz]
vencedor (m)	winner	['wɪnə(r)]
ganar (vi)	to win (vi)	[tʊ wɪn]
líder (m)	leader	['liːdə(r)]
liderar (vt)	to lead (vi)	[tʊ liːd]
primer puesto (m)	first place	[fɜːst pleɪs]
segundo puesto (m)	second place	['sekənd pleɪs]
tercer puesto (m)	third place	[θɜːd pleɪs]
medalla (f)	medal	['medəl]
trofeo (m)	trophy	['trəʊfɪ]
copa (f) (trofeo)	prize cup	[praɪz kʌp]
premio (m)	prize	[praɪz]
premio (m) principal	main prize	[meɪn praɪz]
record (m)	record	['rekɔːd]
establecer un record	to set a record	[tʊ set ə 'rekɔːd]
final (m)	final	['faɪnəl]
de final (adj)	final	['faɪnəl]
campeón (m)	champion	['ʧæmpɪən]
campeonato (m)	championship	['ʧæmpɪənʃɪp]
estadio (m)	stadium	['steɪdɪəm]
gradería (f)	terrace	['terəs]
hincha (m)	fan, supporter	[fæn], [sə'pɔːtə(r)]
adversario (m)	opponent, rival	[ə'pəʊnənt], ['raɪvəl]
arrancadero (m)	start	[stɑːt]
línea (f) de meta	finish line	['fɪnɪʃ laɪn]
árbitro (m)	referee	[refə'riː]
jurado (m)	jury, judges	['ʤʊərɪ], ['ʤʌʤəs]
cuenta (f)	score	[skɔː(r)]
empate (m)	draw	[drɔː]
empatar (vi)	to draw (vi)	[tʊ drɔː]
punto (m)	point	[pɔɪnt]
resultado (m)	result	[rɪ'zʌlt]
tiempo (m)	period	['pɪərɪəd]
descanso (m)	half-time	[hɑːf taɪm]
droga (f), doping (m)	doping	['dəʊpɪŋ]
penalizar (vt)	to penalise (vt)	[tʊ 'piːnəlaɪz]
descalificar (vt)	to disqualify (vt)	[tʊ ˌdɪs'kwɒlɪfaɪ]
aparato (m)	apparatus	[æpə'reɪtəs]
jabalina (f)	javelin	['ʤævəlɪn]
peso (m) (lanzamiento de ~)	shot	[ʃɒt]
bola (f) (billar, etc.)	ball	[bɔːl]

objetivo (m)	aim, target	[eɪm], ['tɑːgɪt]
blanco (m)	target	['tɑːgɪt]
tirar (vi)	to shoot (vi)	[tʊ ʃuːt]
preciso (~ disparo)	accurate	['ækjʊrət]

entrenador (m)	trainer, coach	['treɪnə(r)], [kəʊtʃ]
entrenar (vt)	to train (vt)	[tʊ treɪn]
entrenarse (vr)	to train (vi)	[tʊ treɪn]
entrenamiento (m)	training	['treɪnɪŋ]

gimnasio (m)	gym	[dʒɪm]
ejercicio (m)	exercise	['eksəsaɪz]
calentamiento (m)	warm-up	[wɔːm ʌp]

La educación

escuela (f)	school	[sku:l]
director (m) de escuela	headmaster	[ˌhed'mɑ:stə(r)]
alumno (m)	student	['stu:dənt]
alumna (f)	student	['stu:dənt]
escolar (m)	schoolboy	['sku:lbɔɪ]
escolar (f)	schoolgirl	['sku:lgɜ:l]
enseñar (vt)	to teach (vt)	[tʊ ti:tʃ]
aprender (ingles, etc.)	to learn (vt)	[tʊ lɜ:n]
aprender de memoria	to learn by heart	[tʊ lɜ:n baɪ hɑ:t]
aprender (a leer, etc.)	to learn (vt)	[tʊ lɜ:n]
estar en la escuela	to be at school	[tʊ bi ət sku:l]
ir a la escuela	to go to school	[tʊ gəʊ tə sku:l]
alfabeto (m)	alphabet	['ælfəbet]
materia (f)	subject	['sʌbdʒɪkt]
aula (f)	classroom	['klɑ:srʊm]
lección (f)	lesson	['lesən]
recreo (m)	playtime, break	['pleɪtaɪm], [breɪk]
campana (f)	school bell	[sku:l bel]
pupitre (m)	desk	[desk]
pizarra (f)	blackboard	['blækbɔ:d]
nota (f)	mark	[mɑ:k]
buena nota (f)	good mark	[gʊd mɑ:k]
mala nota (f)	bad mark	[bæd mɑ:k]
poner una nota	to give a mark	[tʊ gɪv ə mɑ:k]
falta (f)	mistake	[mɪ'steɪk]
hacer faltas	to make mistakes	[tʊ meɪk mɪ'steɪks]
corregir (un error)	to correct (vt)	[tʊ kə'rekt]
chuleta (f)	crib	[krɪb]
deberes (m pl) de casa	homework	['həʊmwɜ:k]
ejercicio (m)	exercise	['eksəsaɪz]
estar presente	to be present	[tʊ bi 'prezənt]
estar ausente	to be absent	[tʊ bi 'æbsənt]
faltar a las clases	to miss school	[tʊ mɪs sku:l]
castigar (vt)	to punish (vt)	[tʊ 'pʌnɪʃ]
castigo (m)	punishment	['pʌnɪʃmənt]
conducta (f)	conduct	['kɒndʌkt]

libreta (f) de notas	school report	[skuːl rɪ'pɔːt]
lápiz (m)	pencil	['pensəl]
goma (f) de borrar	rubber	['rʌbə(r)]
tiza (f)	chalk	[ʧɔːk]
cartuchera (f)	pencil case	['pensəl keɪs]
mochila (f)	schoolbag	['skuːlbæg]
bolígrafo (m)	pen	[pen]
cuaderno (m)	exercise book	['eksəsaɪz bʊk]
manual (m)	textbook	['tekstbʊk]
compás (m)	compasses	['kʌmpəsɪz]
trazar (vi, vt)	to make technical drawings	[tʊ meɪk 'teknɪkəl 'drɔːɪŋs]
dibujo (m) técnico	technical drawing	['teknɪkəl 'drɔːɪŋ]
poema (m), poesía (f)	poem	['pəʊɪm]
de memoria (adv)	by heart	[baɪ hɑːt]
aprender de memoria	to learn by heart	[tʊ lɜːn baɪ hɑːt]
vacaciones (f pl)	school holidays	[skuːl 'hɒlɪdeɪz]
estar de vacaciones	to be on holiday	[tʊ biː ɒn 'hɒlɪdeɪ]
pasar las vacaciones	to spend holidays	[tʊ spend 'hɒlɪdeɪz]
prueba (f) escrita	test	[test]
composición (f)	essay	['eseɪ]
dictado (m)	dictation	[dɪk'teɪʃən]
examen (m)	exam	[ɪg'zæm]
hacer un examen	to do an exam	[tʊ duː ən ɪg'zæm]
experimento (m)	experiment	[ɪk'sperɪmənt]

143. Los institutos. La Universidad

academia (f)	academy	[ə'kædəmɪ]
universidad (f)	university	[juːnɪ'vɜːsətɪ]
facultad (f)	faculty	['fækəltɪ]
estudiante (m)	student	['stjuːdənt]
estudiante (f)	student	['stjuːdənt]
profesor (m)	lecturer	['lekʧərə(r)]
aula (f)	lecture hall	['lekʧə hɔːl]
graduado (m)	graduate	['grædʒʊət]
diploma (m)	diploma	[dɪ'pləʊmə]
tesis (f) de grado	dissertation	[dɪsə'teɪʃən]
estudio (m)	study	['stʌdɪ]
laboratorio (m)	laboratory	[lə'bɒrətrɪ]
clase (f)	lecture	['lekʧə(r)]
compañero (m) de curso	coursemate	[kɔːsmeɪt]
beca (f)	scholarship, bursary	['skɒləʃɪp], ['bɜːsərɪ]
grado (m) académico	academic degree	[ækə'demɪk dɪ'griː]

144. Las ciencias. Las disciplinas

matemáticas (f pl)	mathematics	[mæθə'mætɪks]
álgebra (f)	algebra	['ældʒɪbrə]
geometría (f)	geometry	[dʒɪ'ɒmətrɪ]
astronomía (f)	astronomy	[ə'strɒnəmɪ]
biología (f)	biology	[baɪ'ɒlədʒɪ]
geografía (f)	geography	[dʒɪ'ɒgrəfɪ]
geología (f)	geology	[dʒɪ'ɒlədʒɪ]
historia (f)	history	['hɪstərɪ]
medicina (f)	medicine	['medsɪn]
pedagogía (f)	pedagogy	['pedəgɒdʒɪ]
derecho (m)	law	[lɔ:]
física (f)	physics	['fɪzɪks]
química (f)	chemistry	['kemɪstrɪ]
filosofía (f)	philosophy	[fɪ'lɒsəfɪ]
psicología (f)	psychology	[saɪ'kɒlədʒɪ]

145. Los sistemas de escritura. La ortografía

gramática (f)	grammar	['græmə(r)]
vocabulario (m)	vocabulary	[və'kæbjʊlərɪ]
fonética (f)	phonetics	[fə'netɪks]
sustantivo (m)	noun	[naʊn]
adjetivo (m)	adjective	['ædʒɪktɪv]
verbo (m)	verb	[vɜ:b]
adverbio (m)	adverb	['ædvɜ:b]
pronombre (m)	pronoun	['prəʊnaʊn]
interjección (f)	interjection	[ɪntə'dʒekʃən]
preposición (f)	preposition	[prepə'zɪʃən]
raíz (f), radical (m)	root	[ru:t]
desinencia (f)	ending	['endɪŋ]
prefijo (m)	prefix	['pri:fɪks]
sílaba (f)	syllable	['sɪləbəl]
sufijo (m)	suffix	['sʌfɪks]
acento (m)	stress mark	[stres mɑ:k]
apóstrofo (m)	apostrophe	[ə'pɒstrəfɪ]
punto (m)	full stop	[fʊl stɒp]
coma (m)	comma	['kɒmə]
punto y coma	semicolon	['semɪkəʊlən]
dos puntos (m pl)	colon	['kəʊlən]
puntos (m pl) suspensivos	ellipsis	[ɪ'lɪpsɪs]
signo (m) de interrogación	question mark	['kwestʃən mɑ:k]
signo (m) de admiración	exclamation mark	[eksklə'meɪʃən mɑ:k]

comillas (f pl)	inverted commas	[ɪn'vɜːtɪd 'kɒməs]
entre comillas	in inverted commas	[ɪn ɪn'vɜːtɪd 'kɒməs]
paréntesis (m)	parenthesis	[pə'renθɪsɪs]
entre paréntesis	in parenthesis	[ɪn pə'renθɪsɪs]
guión (m)	hyphen	['haɪfən]
raya (f)	dash	[dæʃ]
blanco (m)	space	[speɪs]
letra (f)	letter	['letə(r)]
letra (f) mayúscula	capital letter	['kæpɪtəl 'letə(r)]
vocal (f)	vowel	['vaʊəl]
consonante (m)	consonant	['kɒnsənənt]
oración (f)	sentence	['sentəns]
sujeto (m)	subject	['sʌbdʒɪkt]
predicado (m)	predicate	['predɪkət]
línea (f)	line	[laɪn]
en una nueva línea	on a new line	[ɒn ə nju: laɪn]
párrafo (m)	paragraph	['pærəgrɑːf]
palabra (f)	word	[wɜːd]
combinación (f) de palabras	group of words	[gruːp əf wɜːdz]
expresión (f)	expression	[ɪk'spreʃən]
sinónimo (m)	synonym	['sɪnənɪm]
antónimo (m)	antonym	['æntənɪm]
regla (f)	rule	[ruːl]
excepción (f)	exception	[ɪk'sepʃən]
correcto (adj)	correct	[kə'rekt]
conjugación (f)	conjugation	[kɒndʒʊ'geɪʃən]
caso (m)	nominal case	['nɒmɪnəl keɪs]
pregunta (f)	question	['kwestʃən]
subrayar (vt)	to underline (vt)	[tʊ ʌndə'laɪn]
línea (f) de puntos	dotted line	['dɒtɪd laɪn]

146. Los idiomas extranjeros

lengua (f)	language	['læŋgwɪdʒ]
extranjero (adj)	foreign	['fɒrən]
estudiar (vt)	to study (vt)	[tʊ 'stʌdɪ]
aprender (ingles, etc.)	to learn (vt)	[tʊ lɜːn]
leer (vi, vt)	to read (vi, vt)	[tʊ riːd]
hablar (vi, vt)	to speak (vi, vt)	[tʊ spiːk]
comprender (vt)	to understand (vt)	[tʊ ʌndə'stænd]
escribir (vt)	to write (vt)	[tʊ raɪt]
rápidamente (adv)	quickly, fast	['kwɪklɪ], [fɑːst]
lentamente (adv)	slowly	['sləʊlɪ]
con fluidez (adv)	fluently	['fluːəntlɪ]

reglas (f pl)	rules	[ru:lz]
gramática (f)	grammar	['græmə(r)]
vocabulario (m)	vocabulary	[və'kæbjulərɪ]
fonética (f)	phonetics	[fə'netɪks]

manual (m)	textbook	['tekstbʊk]
diccionario (m)	dictionary	['dɪkʃənərɪ]
manual (m) autodidáctico	teach-yourself book	[ti:tʃ jɔ:'self bʊk]
guía (f) de conversación	phrasebook	['freɪzbʊk]

casete (m)	cassette, tape	[kæ'set], [teɪp]
videocasete (f)	videotape	['vɪdɪəʊˌteɪp]
disco compacto, CD (m)	CD, compact disc	[si:'di:], [kəm'pækt dɪsk]
DVD (m)	DVD	[di:vi:'di:]

alfabeto (m)	alphabet	['ælfəbet]
deletrear (vt)	to spell (vt)	[tʊ spel]
pronunciación (f)	pronunciation	[prənʌnsɪ'eɪʃən]

acento (m)	accent	['æksent]
con acento	with an accent	[wɪð ən 'æksent]
sin acento	without an accent	[wɪ'ðaʊt ən 'æksent]

| palabra (f) | word | [wɜ:d] |
| significado (m) | meaning | ['mi:nɪŋ] |

cursos (m pl)	course	[kɔ:s]
inscribirse (vr)	to sign up (vi)	[tʊ saɪn ʌp]
profesor (m) (~ de inglés)	teacher	['ti:tʃə(r)]

traducción (f) (texto)	translation	[træns'leɪʃən]
traductor (m)	translator	[træns'leɪtə(r)]
intérprete (m)	interpreter	[ɪn'tɜ:prɪtə(r)]

| políglota (m) | polyglot | ['pɒlɪglɒt] |
| memoria (f) | memory | ['memərɪ] |

147. Los personajes de los cuentos de hadas

Papá Noel (m)	Father Christmas	['fɑ:ðə(r) 'krɪsməs]
Cenicienta (f)	Cinderella	[sɪndə'relə]
sirena (f)	mermaid	['mɜ:meɪd]
Neptuno (m)	Neptune	['neptju:n]

mago (m)	magician	[mə'dʒɪʃən]
maga (f)	fairy	['feərɪ]
mágico (adj)	magic	['mædʒɪk]
varita (f) mágica	magic wand	['mædʒɪk wɒnd]

cuento (m) de hadas	fairy tale	['feərɪ teɪl]
milagro (m)	miracle	['mɪrəkəl]
enano (m)	dwarf	[dwɔ:f]
transformarse en ...	to turn into ... (vi)	[tʊ tɜ:n 'ɪntʊ ...]
espíritu (m) (fantasma)	ghost	[gəʊst]

fantasma (m)	phantom	['fæntəm]
monstruo (m)	monster	['mɒnstə(r)]
dragón (m)	dragon	['drægən]
gigante (m)	giant	['dʒaɪənt]

148. Los signos de zodiaco

Aries (m)	Aries	['eəriːz]
Tauro (m)	Taurus	['tɔːrəs]
Géminis (m pl)	Gemini	['dʒemɪnaɪ]
Cáncer (m)	Cancer	['kænsə(r)]
Leo (m)	Leo	['liːəʊ]
Virgo (m)	Virgo	['vɜːgəʊ]

Libra (f)	Libra	['liːbrə]
Escorpio (m)	Scorpio	['skɔːpɪəʊ]
Sagitario (m)	Sagittarius	[ˌsædʒɪ'teərɪəs]
Capricornio (m)	Capricorn	['kæprɪkɔːn]
Acuario (m)	Aquarius	[ə'kweərɪəs]
Piscis (m pl)	Pisces	['paɪsiːz]

carácter (m)	character	['kærəktə(r)]
rasgos (m pl) de carácter	character traits	['kærəktə treɪts]
conducta (f)	behaviour	[bɪ'heɪvjə(r)]
decir la buenaventura	to tell fortunes	[tʊ tel 'fɔːtʃuːnz]
adivinadora (f)	fortune-teller	['fɔːtʃuːn 'telə(r)]
horóscopo (m)	horoscope	['hɒrəskəʊp]

El arte

149. El teatro

teatro (m)	theatre	['θɪətə(r)]
ópera (f)	opera	['ɒpərə]
opereta (f)	operetta	[ɒpə'retə]
ballet (m)	ballet	['bæleɪ]
cartelera (f)	theatre poster	['θɪətə 'pəʊstə(r)]
compañía (f) de teatro	company	['kʌmpənɪ]
gira (f) artística	tour	['tʊə(r)]
hacer una gira artística	to be on tour	[tʊ bi ɒn tʊə(r)]
ensayar (vi, vt)	to rehearse (vi, vt)	[tʊ rɪ'hɜːs]
ensayo (m)	rehearsal	[rɪ'hɜːsəl]
repertorio (m)	repertoire	['repətwɑː(r)]
representación (f)	performance	[pə'fɔːməns]
espectáculo (m)	show, play	[ʃəʊ], [pleɪ]
pieza (f) de teatro	play	[pleɪ]
billet (m)	ticket	['tɪkɪt]
taquilla (f)	booking office	['bʊkɪŋ 'ɒfɪs]
vestíbulo (m)	lobby	['lɒbɪ]
guardarropa (f)	coat check	[kəʊt tʃek]
ficha (f) de guardarropa	cloakroom ticket	['kləʊkrʊm 'tɪkɪt]
gemelos (m pl)	binoculars	[bɪ'nɒkjʊləz]
acomodador (m)	usher	['ʌʃə(r)]
patio (m) de butacas	stalls	[stɔːlz]
balconcillo (m)	balcony	['bælkənɪ]
entresuelo (m)	dress circle	[dres 'sɜːkəl]
palco (m)	box	[bɒks]
fila (f)	row	[rəʊ]
asiento (m)	seat	[siːt]
público (m)	audience	['ɔːdɪəns]
espectador (m)	spectator	[spek'teɪtə(r)]
aplaudir (vi, vt)	to clap (vi, vt)	[tʊ klæp]
aplausos (m pl)	applause	[ə'plɔːz]
ovación (f)	ovation	[əʊ'veɪʃən]
escenario (m)	stage	[steɪdʒ]
telón (m)	curtain	['kɜːtən]
decoración (f)	scenery	['siːnərɪ]
bastidores (m pl)	backstage	[ˌbæk'steɪdʒ]
escena (f)	scene	[siːn]
acto (m)	act	[ækt]
entreacto (m)	interval	['ɪntəvəl]

150. El cine

| actor (m) | actor | ['æktə(r)] |
| actriz (f) | actress | ['æktrɪs] |

cine (m) (industria)	cinema	['sɪnəmə]
película (f)	film	[fɪlm]
episodio (m)	episode	['epɪsəʊd]

película (f) policíaca	detective	[dɪ'tektɪv]
película (f) de acción	action film	['ækʃən fɪlm]
película (f) de aventura	adventure film	[əd'ventʃə fɪlm]
película (f) de ciencia ficción	science fiction film	['saɪəns 'fɪkʃən fɪlm]
película (f) de horror	horror film	['hɒrə fɪlm]

película (f) cómica	comedy film	['kɒmədɪ fɪlm]
melodrama (m)	melodrama	['melədrɑːmə]
drama (m)	drama	['drɑːmə]

película (f) de ficción	fictional film	['fɪkʃənəl fɪlm]
documental (m)	documentary	[dɒkjʊ'mentərɪ]
dibujos (m pl) animados	cartoon	[kɑː'tuːn]
cine (m) mudo	silent films	['saɪlənt fɪlmz]

papel (m)	role	[rəʊl]
papel (m) principal	leading role	['liːdɪŋ rəʊl]
interpretar (vt)	to play (vi, vt)	[tʊ pleɪ]

estrella (f) de cine	film star	[fɪlm stɑː]
conocido (adj)	well-known	[wel'nəʊn]
famoso (adj)	famous	['feɪməs]
popular (adj)	popular	['pɒpjʊlə(r)]

guión (m) de cine	script	[skrɪpt]
guionista (m)	scriptwriter	['skrɪpt,raɪtə(r)]
director (m) de cine	film director	[fɪlm dɪ'rektə(r)]
productor (m)	producer	[prə'djuːsə(r)]
asistente (m)	assistant	[ə'sɪstənt]
operador (m) de cámara	cameraman	['kæmərəmæn]
doble (m) de riesgo	stuntman	[stʌnt mæn]

filmar una película	to shoot a film	[tʊ ʃuːt ə fɪlm]
audición (f)	audition	[ɔː'dɪʃən]
rodaje (m)	shooting	['ʃuːtɪŋ]
equipo (m) de rodaje	film crew	[fɪlm kruː]
plató (m) de rodaje	film set	[fɪlm set]
cámara (f)	camera	['kæmərə]

cine (m) (iremos al ~)	cinema	['sɪnəmə]
pantalla (f)	screen	[skriːn]
mostrar la película	to show a film	[tʊ ʃəʊ ə fɪlm]

pista (f) sonora	soundtrack	['saʊndtræk]
efectos (m pl) especiales	special effects	['speʃəl ɪ'fekts]
subtítulos (m pl)	subtitles	['sʌbtaɪtəlz]

| créditos (m pl) | credits | ['kredɪts] |
| traducción (f) | translation | [træns'leɪʃən] |

151. La pintura

arte (m)	art	[ɑːt]
bellas artes (f pl)	fine arts	['faɪn ɑːts]
galería (f) de arte	art gallery	[ɑːt 'gælərɪ]
exposición (f) de arte	art exhibition	[ɑːt eksɪ'bɪʃən]

pintura (f) (tipo de arte)	painting	['peɪntɪŋ]
gráfica (f)	graphic art	['græfɪk ɑːt]
abstraccionismo (m)	abstract art	['æbstrækt ɑːt]
impresionismo (m)	impressionism	[ɪm'preʃənɪzəm]

pintura (f) (cuadro)	picture	['pɪktʃə(r)]
dibujo (m)	drawing	['drɔːɪŋ]
pancarta (f)	poster	['pəʊstə(r)]

ilustración (f)	illustration	[ɪlə'streɪʃən]
miniatura (f)	miniature	['mɪnətʃə(r)]
copia (f)	copy	['kɒpɪ]
reproducción (f)	reproduction	[riːprə'dʌkʃən]

mosaico (m)	mosaic	[məʊ'zeɪɪk]
vitral (m)	stained glass window	[steɪnd glɑːs 'wɪndəʊ]
fresco (m)	fresco	['freskəʊ]
grabado (m)	engraving	[ɪn'greɪvɪŋ]

busto (m)	bust	[bʌst]
escultura (f)	sculpture	['skʌlptʃə(r)]
estatua (f)	statue	['stætʃuː]
yeso (m)	plaster of Paris	['plɑːstər əv 'pærɪs]
en yeso (adj)	plaster	['plɑːstə(r)]

retrato (m)	portrait	['pɔːtreɪt]
autorretrato (m)	self-portrait	[self 'pɔːtreɪt]
paisaje (m)	landscape	['lændskeɪp]
naturaleza (f) muerta	still life	[stɪl laɪf]
caricatura (f)	caricature	['kærɪkətʃʊə]

pintura (f) (material)	paint	[peɪnt]
acuarela (f)	watercolor paint	['wɔːtəkʌlə peɪnt]
óleo (m)	oil	[ɔɪl]
lápiz (m)	pencil	['pensəl]
tinta (f) china	Indian ink	['ɪndɪən ɪŋk]
carboncillo (m)	charcoal	['tʃɑːkəʊl]

| dibujar (vi, vt) | to draw (vi, vt) | [tʊ drɔː] |
| pintar (vi, vt) | to paint (vi, vt) | [tʊ peɪnt] |

posar (vi)	to pose (vi)	[tʊ pəʊz]
modelo (m)	artist's model	['ɑːtɪsts 'mɒdəl]
modelo (f)	artist's model	['ɑːtɪsts 'mɒdəl]

pintor (m)	artist, painter	['ɑ:tɪst], ['peɪntə(r)]
obra (f) de arte	work of art	[wɜ:k əv ɑ:t]
obra (f) maestra	masterpiece	['mɑ:stəpi:s]
estudio (m) (de un artista)	studio	['stju:dɪəʊ]

lienzo (m)	canvas	['kænvəs]
caballete (m)	easel	['i:zəl]
paleta (f)	palette	['pælət]

marco (m)	frame	[freɪm]
restauración (f)	restoration	[restə'reɪʃən]
restaurar (vt)	to restore (vt)	[tʊ rɪ'stɔ:(r)]

152. La literatura y la poesía

literatura (f)	literature	['lɪtrətʃə]
autor (m) (escritor)	author	['ɔ:θə]
seudónimo (m)	pseudonym	['sju:dəʊnɪm]

libro (m)	book	[bʊk]
tomo (m)	volume	['vɒlju:m]
tabla (f) de contenidos	table of contents	['teɪbəl əv 'kɒntents]
página (f)	page	[peɪdʒ]
héroe (m) principal	main character	[meɪn 'kærəktə(r)]
autógrafo (m)	autograph	['ɔ:təgrɑ:f]

relato (m) corto	short story	[ʃɔ:t 'stɔ:rɪ]
cuento (m)	story	['stɔ:rɪ]
novela (f)	novel	['nɒvəl]
obra (f) literaria	work	[wɜ:k]
fábula (f)	fable	['feɪbəl]
novela (f) policíaca	detective novel	[dɪ'tektɪv 'nɒvəl]

verso (m)	poem, verse	['pəʊɪm], [vɜ:s]
poesía (f)	poetry	['pəʊɪtrɪ]
poema (m)	poem	['pəʊɪm]
poeta (m)	poet	['pəʊɪt]

bellas letras (f pl)	fiction	['fɪkʃən]
ciencia ficción (f)	science fiction	['saɪəns 'fɪkʃən]
aventuras (f pl)	adventures	[əd'ventʃəz]
literatura (f) didáctica	educational literature	[edʒʊ'keɪʃənəl 'lɪtrətʃə]
literatura (f) infantil	children's literature	['tʃɪldrənz 'lɪtrətʃə]

153. El circo

circo (m)	circus	['sɜ:kəs]
circo (m) ambulante	travelling circus	['trævəlɪŋ 'sɜ:kəs]
programa (m)	programme	['prəʊgræm]
representación (f)	performance	[pə'fɔ:məns]
número (m)	act	[ækt]
arena (f)	circus ring	['sɜ:kəs rɪŋ]

| pantomima (f) | pantomime | ['pæntəmaɪm] |
| payaso (m) | clown | [klaʊn] |

acróbata (m)	acrobat	['ækrəbæt]
acrobacia (f)	acrobatics	[ækrə'bætɪks]
gimnasta (m)	gymnast	['dʒɪmnæst]
gimnasia (f) acrobática	acrobatic gymnastics	[ækrə'bætɪk dʒɪm'næstɪks]
salto (m)	somersault	['sʌməsɔːlt]

forzudo (m)	strongman	['strɒŋmæn]
domador (m)	tamer	['teɪmə(r)]
caballista (m)	rider	['raɪdə(r)]
asistente (m)	assistant	[ə'sɪstənt]

truco (m)	stunt	[stʌnt]
truco (m) de magia	magic trick	['mædʒɪk trɪk]
ilusionista (m)	magician	[mə'dʒɪʃən]

malabarista (m)	juggler	['dʒʌglə(r)]
malabarear (vt)	to juggle (vi, vt)	[tʊ 'dʒʌgəl]
amaestrador (m)	animal trainer	['ænɪməl 'treɪnə(r)]
amaestramiento (m)	animal training	['ænɪməl 'treɪnɪŋ]
amaestrar (vt)	to train (vt)	[tʊ treɪn]

154. La música. La música popular

música (f)	music	['mjuːzɪk]
músico (m)	musician	[mjuː'zɪʃən]
instrumento (m) musical	musical instrument	['mjuːzɪkəl 'ɪnstrʊmənt]
tocar ...	to play ...	[tʊ pleɪ ...]

guitarra (f)	guitar	[gɪ'tɑː(r)]
violín (m)	violin	[vaɪə'lɪn]
violonchelo (m)	cello	['tʃeləʊ]
contrabajo (m)	double bass	['dʌbəl beɪs]
arpa (f)	harp	[hɑːp]

piano (m)	piano	[pɪ'ænəʊ]
piano (m) de cola	grand piano	[grænd pɪ'ænəʊ]
órgano (m)	organ	['ɔːgən]

instrumentos (m pl) de viento	wind instruments	[wɪnd 'ɪnstrʊmənts]
oboe (m)	oboe	['əʊbəʊ]
saxofón (m)	saxophone	['sæksəfəʊn]
clarinete (m)	clarinet	[klærə'net]
flauta (f)	flute	[fluːt]
trompeta (f)	trumpet	['trʌmpɪt]

| acordeón (m) | accordion | [ə'kɔːdɪən] |
| tambor (m) | drum | [drʌm] |

dúo (m)	duo	['djuːəʊ]
trío (m)	trio	['triːəʊ]
cuarteto (m)	quartet	[kwɔː'tet]

| coro (m) | choir | ['kwaɪə(r)] |
| orquesta (f) | orchestra | ['ɔːkɪstrə] |

música (f) pop	pop music	[pɒp 'mjuːzɪk]
música (f) rock	rock music	[rɒk 'mjuːzɪk]
grupo (m) de rock	rock group	[rɒk gruːp]
jazz (m)	jazz	[dʒæz]

| ídolo (m) | idol | ['aɪdəl] |
| admirador (m) | admirer, fan | [əd'maɪərə], [fæn] |

concierto (m)	concert	['kɒnsət]
sinfonía (f)	symphony	['sɪmfənɪ]
composición (f)	composition	[kɒmpə'zɪʃən]
escribir (vt)	to compose (vt)	[tʊ kəm'pəʊz]

canto (m)	singing	['sɪŋɪŋ]
canción (f)	song	[sɒŋ]
melodía (f)	tune	[tjuːn]
ritmo (m)	rhythm	['rɪðəm]
blues (m)	blues	[bluːz]

notas (f pl)	sheet music	[ʃiːt 'mjuːzɪk]
batuta (f)	baton	['bætən]
arco (m)	bow	['bəʊ]
cuerda (f)	string	[strɪŋ]
estuche (m)	case	[keɪs]

El descanso. El entretenimiento. El viaje

155. Las vacaciones. El viaje

turismo (m)	**tourism, travel**	['tʊərɪzəm], ['trævəl]
turista (m)	**tourist**	['tʊərɪst]
viaje (m)	**trip**	[trɪp]
aventura (f)	**adventure**	[əd'ventʃə(r)]
viaje (m) (p.ej. ~ en coche)	**trip, journey**	[trɪp], ['dʒɜːnɪ]
vacaciones (f pl)	**holiday**	['hɒlɪdeɪ]
estar de vacaciones	**to be on holidays**	[tʊ bi ɒn 'hɒlɪdeɪz]
descanso (m)	**rest**	[rest]
tren (m)	**train**	[treɪn]
en tren	**by train**	[baɪ treɪn]
avión (m)	**aeroplane**	['eərəpleɪn]
en avión	**by aeroplane**	[baɪ 'eərəpleɪn]
en coche	**by car**	[baɪ kɑː(r)]
en barco	**by ship**	[baɪ ʃɪp]
equipaje (m)	**luggage**	['lʌgɪdʒ]
maleta (f)	**suitcase**	['suːtkeɪs]
carrito (m) de equipaje	**luggage trolley**	['lʌgɪdʒ 'trɒlɪ]
pasaporte (m)	**passport**	['pɑːspɔːt]
visado (m)	**visa**	['viːzə]
billete (m)	**ticket**	['tɪkɪt]
billete (m) de avión	**air ticket**	['eə 'tɪkɪt]
guía (f) (libro)	**guidebook**	['gaɪdbʊk]
mapa (m)	**map**	[mæp]
área (f) (~ rural)	**area**	['eərɪə]
lugar (m)	**place, site**	[pleɪs], [saɪt]
exotismo (m)	**exotica**	[ɪg'zɒtɪkə]
exótico (adj)	**exotic**	[ɪg'zɒtɪk]
asombroso (adj)	**amazing**	[ə'meɪzɪŋ]
grupo (m)	**group**	[gruːp]
excursión (f)	**excursion**	[ɪk'skɜːʃən]
guía (m) (persona)	**guide**	[gaɪd]

156. El hotel

hotel (m)	**hotel**	[həʊ'tel]
motel (m)	**motel**	[məʊ'tel]
de tres estrellas	**three-star**	[θri: stɑː(r)]

| de cinco estrellas | five-star | [faɪv stɑː(r)] |
| hospedarse (vr) | to stay (vi) | [tʊ steɪ] |

habitación (f)	room	[ruːm]
habitación (f) individual	single room	['sɪŋɡəl rʊm]
habitación (f) doble	double room	['dʌbəl rʊm]
reservar una habitación	to book a room	[tʊ bʊk ə ruːm]

| media pensión (f) | half board | [hɑːf bɔːd] |
| pensión (f) completa | full board | [fʊl bɔːd] |

con baño	with bath	[wɪð bɑːθ]
con ducha	with shower	[wɪð 'ʃaʊə(r)]
televisión (f) satélite	satellite television	['sætəlaɪt 'telɪvɪʒən]
climatizador (m)	air-conditioner	[eə kən'dɪʃənə]
toalla (f)	towel	['taʊəl]
llave (f)	key	[kiː]

administrador (m)	administrator	[əd'mɪnɪstreɪtə(r)]
camarera (f)	chambermaid	['tʃeɪmbəˌmeɪd]
maletero (m)	porter	['pɔːtə(r)]
portero (m)	doorman	['dɔːmən]

restaurante (m)	restaurant	['restrɒnt]
bar (m)	pub	[pʌb]
desayuno (m)	breakfast	['brekfəst]
cena (f)	dinner	['dɪnə(r)]
buffet (m) libre	buffet	['bʊfeɪ]

ascensor (m)	lift	[lɪft]
NO MOLESTAR	DO NOT DISTURB	[du nɒt dɪ'stɜːb]
PROHIBIDO FUMAR	NO SMOKING	[nəʊ 'sməʊkɪŋ]

157. Los libros. La lectura

libro (m)	book	[bʊk]
autor (m)	author	['ɔːθə]
escritor (m)	writer	['raɪtə(r)]
escribir (~ un libro)	to write (vt)	[tʊ raɪt]

lector (m)	reader	['riːdə(r)]
leer (vi, vt)	to read (vi, vt)	[tʊ riːd]
lectura (f)	reading	['riːdɪŋ]

| en silencio | silently | ['saɪləntlɪ] |
| en voz alta | aloud | [ə'laʊd] |

editar (vt)	to publish (vt)	[tʊ 'pʌblɪʃ]
edición (f) (~ de libros)	publishing	['pʌblɪʃɪŋ]
editor (m)	publisher	['pʌblɪʃə(r)]
editorial (f)	publishing house	['pʌblɪʃɪŋ haʊs]

| salir (libro) | to come out | [tʊ kʌm aʊt] |
| salida (f) (de un libro) | release | [rɪ'liːs] |

tirada (f)	**print run**	[prɪnt rʌn]
librería (f)	**bookshop**	['bʊkʃɒp]
biblioteca (f)	**library**	['laɪbrərɪ]
cuento (m)	**story**	['stɔːrɪ]
relato (m) corto	**short story**	[ʃɔːt 'stɔːrɪ]
novela (f)	**novel**	['nɒvəl]
novela (f) policíaca	**detective novel**	[dɪ'tektɪv 'nɒvəl]
memorias (f pl)	**memoirs**	['memwɑːz]
leyenda (f)	**legend**	['ledʒənd]
mito (m)	**myth**	[mɪθ]
versos (m pl)	**poetry, poems**	['pəʊɪtrɪ], ['pəʊɪmz]
autobiografía (f)	**autobiography**	[ɔːtəbaɪ'ɒgrəfɪ]
obras (f pl) escogidas	**selected works**	[sɪ'lektɪd wɜːks]
ciencia ficción (f)	**science fiction**	['saɪəns 'fɪkʃən]
título (m)	**title**	['taɪtəl]
introducción (f)	**introduction**	[ɪntrə'dʌkʃən]
portada (f)	**title page**	['taɪtəl peɪdʒ]
capítulo (m)	**chapter**	['tʃæptə(r)]
extracto (m)	**extract**	['ekstrækt]
episodio (m)	**episode**	['epɪsəʊd]
sujeto (m)	**plot, storyline**	[plɒt], ['stɔːrɪlaɪn]
contenido (m)	**contents**	['kɒntents]
héroe (m) principal	**main character**	[meɪn 'kærəktə(r)]
tomo (m)	**volume**	['vɒljuːm]
cubierta (f)	**cover**	['kʌvə(r)]
marcador (m) de libro	**bookmark**	['bʊkmɑːk]
página (f)	**page**	[peɪdʒ]
hojear (vt)	**to page through**	[tʊ peɪdʒ θruː]
márgenes (m pl)	**margins**	['mɑːdʒɪnz]
anotación (f)	**annotation**	[ænə'teɪʃən]
nota (f) a pie de página	**footnote**	['fʊtnəʊt]
texto (m)	**text**	[tekst]
fuente (f)	**type, fount**	[taɪp], [fɒnt]
errata (f)	**misprint, typo**	['mɪsprɪnt], ['taɪpəʊ]
traducción (f)	**translation**	[træns'leɪʃən]
traducir (vt)	**to translate** (vt)	[tʊ træns'leɪt]
original (m)	**original**	[ɒ'rɪdʒɪnəl]
famoso (adj)	**famous**	['feɪməs]
desconocido (adj)	**unknown**	[ʌn'nəʊn]
interesante (adj)	**interesting**	['ɪntrəstɪŋ]
best-seller (m)	**bestseller**	[best 'selə(r)]
diccionario (m)	**dictionary**	['dɪkʃənərɪ]
manual (m)	**textbook**	['tekstbʊk]
enciclopedia (f)	**encyclopedia**	[ɪnsaɪkləʊ'piːdjə]

158. La caza. La pesca

caza (f)	hunting	['hʌntɪŋ]
cazar (vi, vt)	to hunt (vi, vt)	[tʊ hʌnt]
cazador (m)	hunter	['hʌntə(r)]
tirar (vi)	to shoot (vi)	[tʊ ʃuːt]
fusil (m)	rifle	['raɪfəl]
cartucho (m)	bullet, cartridge	['bʊlɪt], ['kɑːtrɪdʒ]
perdigón (m)	shot	[ʃɒt]
cepo (m)	jaw trap	[dʒɔː træp]
trampa (f)	snare	[sneə(r)]
caer en el cepo	to fall into a jaw trap	[tə fɔːl ˌɪntʊ ə 'dʒɔː træp]
poner un cepo	to lay a jaw trap	[tə ˌleɪ ə 'dʒɔː træp]
cazador (m) furtivo	poacher	['pəʊtʃə(r)]
caza (f) menor	game	[geɪm]
perro (m) de caza	hound dog	[haʊnd dɒg]
safari (m)	safari	[sə'fɑːrɪ]
animal (m) disecado	mounted animal	['maʊntɪd 'ænɪməl]
pescador (m)	fisherman	['fɪʃəmən]
pesca (f)	fishing	['fɪʃɪŋ]
pescar (vi)	to fish (vi)	[tʊ fɪʃ]
caña (f) de pescar	fishing rod	['fɪʃɪŋ rɒd]
sedal (m)	fishing line	['fɪʃɪŋ laɪn]
anzuelo (m)	hook	[hʊk]
flotador (m)	float	[fləʊt]
cebo (m)	bait	[beɪt]
lanzar el anzuelo	to cast a line	[tʊ kɑːst ə laɪn]
picar (vt)	to bite (vi)	[tʊ baɪt]
pesca (f) (lo pescado)	catch of fish	[kætʃ əv fɪʃ]
agujero (m) en el hielo	ice-hole	['aɪs həʊl]
red (f)	net	[net]
barca (f)	boat	[bəʊt]
pescar con la red	to net (vi, vt)	[tʊ net]
tirar la red	to cast the net	[tʊ kɑːst ðə net]
sacar la red	to haul the net in	[tʊ hɔːl ðə net ɪn]
caer en la red	to fall into the net	[tʊ fɔːl 'ɪntʊ ðə net]
ballenero (m) (persona)	whaler	['weɪlə(r)]
ballenero (m) (barco)	whaleboat	['weɪlbəʊt]
arpón (m)	harpoon	[hɑː'puːn]

159. Los juegos. El billar

billar (m)	billiards	['bɪljədz]
sala (f) de billar	billiard room	['bɪljədz ruːm]
bola (f) de billar	ball	[bɔːl]

entronerar la bola	to pocket a ball	[tʊ 'pɒkɪt ə bɔːl]
taco (m)	cue	[kjuː]
tronera (f)	pocket	['pɒkɪt]

160. Los juegos. Las cartas

carta (f)	playing card	['pleɪɪŋ kɑːd]
cartas (f pl)	cards	[kɑːdz]
baraja (f)	pack of cards	[pæk əv 'kɑːdz]
triunfo (m)	trump	[trʌmp]

cuadrados (m pl)	diamonds	['daɪəməndz]
picas (f pl)	spades	[speɪdz]
corazones (m pl)	hearts	[hɑːts]
tréboles (m pl)	clubs	[klʌbz]

as (m)	ace	[eɪs]
rey (m)	king	[kɪŋ]
dama (f)	queen	[kwiːn]
sota (f)	jack, knave	[dʒæk], [neɪv]

dar, distribuir (repartidor)	to deal (vi, vt)	[tʊ diːl]
barajar (vt) (mezclar las cartas)	to shuffle (vt)	[tʊ 'ʃʌfəl]
jugada (f) (turno)	lead, turn	[led], [tɜːn]
punto (m)	point	[pɔɪnt]
fullero (m)	cardsharp	['kɑːdʃɑːp]

161. El casino. La ruleta

casino (m)	casino	[kə'siːnəʊ]
ruleta (f)	roulette	[ruː'let]
puesta (f)	bet	[bet]
apostar (vt)	to place bets	[tʊ pleɪs bets]

rojo (m)	red	[red]
negro (m)	black	[blæk]
apostar al rojo	to bet on red	[tʊ bet ɒn red]
apostar al negro	to bet on black	[tʊ bet ɒn blæk]

crupier (m, f)	croupier	['kruːpɪə(r)]
girar la ruleta	to spin the wheel	[tʊ spɪn ðə wiːl]
reglas (f pl) de juego	rules	[ruːlz]
ficha (f)	chip	[tʃɪp]

| ganar (vi, vt) | to win (vi, vt) | [tʊ wɪn] |
| ganancia (f) | win | [wɪn] |

perder (vi)	to lose (vt)	[tʊ luːz]
pérdida (f)	loss	[lɒs]
jugador (m)	player	['pleɪə(r)]
black jack (m)	blackjack	['blækˌdʒæk]

juego (m) de dados	craps, dice	[kræps], [daɪs]
dados (m pl)	dice	[daɪs]
tragaperras (f)	fruit machine	[fruːt məˈʃiːn]

162. El descanso. Los juegos. Miscelánea

pasear (vi)	to stroll (vi, vt)	[tʊ strəʊl]
paseo (m) (caminata)	walk, stroll	[wɔːk], [strəʊl]
paseo (m) (en coche)	car ride	[kɑː raɪd]
aventura (f)	adventure	[ədˈventʃə(r)]
picnic (m)	picnic	[ˈpɪknɪk]
juego (m)	game	[geɪm]
jugador (m)	player	[ˈpleɪə(r)]
partido (m)	game	[geɪm]
coleccionista (m)	collector	[kəˈlektə(r)]
coleccionar (vt)	to collect (vt)	[tʊ kəˈlekt]
colección (f)	collection	[kəˈlekʃən]
crucigrama (m)	crossword puzzle	[ˈkrɒswɜːd ˈpʌzəl]
hipódromo (m)	racecourse	[ˈreɪskɔːs]
discoteca (f)	disco	[ˈdɪskəʊ]
sauna (f)	sauna	[ˈsɔːnə]
lotería (f)	lottery	[ˈlɒtərɪ]
marcha (f)	camping trip	[ˈkæmpɪŋ trɪp]
campo (m)	camp	[kæmp]
campista (m)	camper	[ˈkæmpə(r)]
tienda (f) de campaña	tent	[tent]
brújula (f)	compass	[ˈkʌmpəs]
ver (la televisión)	to watch (vt)	[tʊ wɒtʃ]
telespectador (m)	viewer	[ˈvjuːə(r)]
programa (m) de televisión	TV program	[ˌtiːˈviː ˈprəʊgræm]

163. La fotografía

cámara (f) fotográfica	camera	[ˈkæmərə]
fotografía (f) (una foto)	photo, picture	[ˈfəʊtəʊ], [ˈpɪktʃə(r)]
fotógrafo (m)	photographer	[fəˈtɒgrəfə(r)]
estudio (m) fotográfico	photo studio	[ˈfəʊtəʊ ˈstjuːdɪəʊ]
álbum (m) de fotos	photo album	[ˈfəʊtəʊ ˈælbəm]
objetivo (m)	camera lens	[ˈkæmərə lenz]
teleobjetivo (m)	telephoto lens	[ˈtelɪfəʊtəʊ lenz]
filtro (m)	filter	[ˈfɪltə(r)]
lente (m)	lens	[lenz]
óptica (f)	optics	[ˈɒptɪks]
diafragma (m)	diaphragm, aperture	[ˈdaɪəfræm], [ˈæpətʃə]

| tiempo (m) de exposición | exposure time | [ɪk'spəʊʒə taɪm] |
| visor (m) | viewfinder | ['vjuːfaɪndə(r)] |

cámara (f) digital	digital camera	['dɪdʒɪtəl 'kæmərə]
trípode (m)	tripod	['traɪpɒd]
flash (m)	flash	[flæʃ]

| fotografiar (vt) | to photograph (vt) | [tʊ 'fəʊtəgrɑːf] |
| hacer fotos | to take pictures | [tʊ teɪk 'pɪktʃəz] |

foco (m)	focus	['fəʊkəs]
enfocar (vt)	to focus	[tʊ 'fəʊkəs]
nítido (adj)	sharp	[ʃɑːp]
nitidez (f)	sharpness	['ʃɑːpnɪs]

| contraste (m) | contrast | ['kɒntrɑːst] |
| de alto contraste (adj) | contrast | ['kɒntrɑːst] |

foto (f)	picture	['pɪktʃə(r)]
negativo (m)	negative	['negətɪv]
película (f) fotográfica	film	[fɪlm]
fotograma (m)	frame	[freɪm]
imprimir (vt)	to print (vt)	[tʊ prɪnt]

164. La playa. La natación

playa (f)	beach	[biːtʃ]
arena (f)	sand	[sænd]
desierto (playa ~a)	deserted	[dɪ'zɜːtɪd]

bronceado (m)	suntan	['sʌntæn]
broncearse (vr)	to get a tan	[tʊ get ə tæn]
bronceado (adj)	tanned	[tænd]
protector (m) solar	sunscreen	['sʌnskriːn]

bikini (m)	bikini	[bɪ'kiːnɪ]
traje (m) de baño	swimsuit	['swɪmsuːt]
bañador (m)	swim trunks	['swɪm trʌŋks]

piscina (f)	swimming pool	['swɪmɪŋ puːl]
nadar (vi)	to swim (vi)	[tʊ swɪm]
ducha (f)	shower	['ʃaʊə(r)]
cambiarse (vr)	to change (vi)	[tʊ tʃeɪndʒ]
toalla (f)	towel	['taʊəl]

| barca (f) | boat | [bəʊt] |
| lancha (f) motora | motorboat | ['məʊtəbəʊt] |

esquís (m pl) acuáticos	water ski	['wɔːtə skiː]
bicicleta (f) acuática	pedalo	['pedələʊ]
surf (m)	surfing	['sɜːfɪŋ]
surfista (m)	surfer	['sɜːfə(r)]
equipo (m) de buceo	scuba set	['skuːbə set]
aletas (f pl)	flippers	['flɪpəz]

máscara (f) de buceo	**mask**	[mɑːsk]
buceador (m)	**diver**	['daɪvə(r)]
bucear (vi)	**to dive** (vi)	[tʊ daɪv]
bajo el agua (adv)	**underwater**	[ʌndə'wɔːtə(r)]

sombrilla (f)	**beach umbrella**	[biːtʃ ʌm'brelə]
tumbona (f)	**beach chair**	[biːtʃ tʃeə]
gafas (f pl) de sol	**sunglasses**	['sʌnglɑːsɪz]
colchoneta (f) inflable	**air mattress**	[eə 'mætrɪs]

jugar (divertirse)	**to play** (vi)	[tʊ pleɪ]
bañarse (vr)	**to go for a swim**	[tʊ gəʊ fɔrə swɪm]

pelota (f) de playa	**beach ball**	[biːtʃ bɔːl]
inflar (vt)	**to inflate** (vt)	[tʊ ɪn'fleɪt]
inflable (colchoneta ~)	**inflatable, air**	[ɪn'fleɪtəbəl], [eə]

ola (f)	**wave**	[weɪv]
boya (f)	**buoy**	[bɔɪ]
ahogarse (vr)	**to drown** (vi)	[tʊ draʊn]

salvar (vt)	**to save, to rescue**	[tʊ seɪv], [tʊ 'reskjuː]
chaleco (m) salvavidas	**life jacket**	[laɪf 'dʒækɪt]
observar (vt)	**to observe, to watch**	[əb'zɜːv], [tʊ wɒtʃ]

EL EQUIPO TÉCNICO. EL TRANSPORTE

El equipo técnico

165. El computador

ordenador (m)	computer	[kəm'pju:tə(r)]
ordenador (m) portátil	notebook, laptop	['nəʊtbʊk], ['læptɒp]
encender (vt)	to switch on (vt)	[tʊ swɪtʃ ɒn]
apagar (vt)	to turn off (vt)	[tʊ tɜ:n ɒf]
teclado (m)	keyboard	['ki:bɔ:d]
tecla (f)	key	[ki:]
ratón (m)	mouse	[maʊs]
alfombrilla (f) para ratón	mouse mat	[maʊs mæt]
botón (m)	button	['bʌtən]
cursor (m)	cursor	['kɜ:sə(r)]
monitor (m)	monitor	['mɒnɪtə(r)]
pantalla (f)	screen	[skri:n]
disco (m) duro	hard disk	[hɑ:d dɪsk]
volumen (m) de disco duro	hard disk capacity	[hɑ:d dɪsk kə'pæsɪtɪ]
memoria (f)	memory	['memərɪ]
memoria (f) operativa	random access memory	['rændəm 'ækses 'memərɪ]
archivo, fichero (m)	file	[faɪl]
carpeta (f)	folder	['fəʊldə(r)]
abrir (vt)	to open (vt)	[tʊ 'əʊpən]
cerrar (vt)	to close (vt)	[tʊ kləʊz]
guardar (un archivo)	to save (vt)	[tʊ seɪv]
borrar (vt)	to delete (vt)	[tʊ dɪ'li:t]
copiar (vt)	to copy (vt)	[tʊ 'kɒpɪ]
ordenar (vt) (~ de A a Z, etc.)	to sort (vt)	[tʊ sɔ:t]
programa (m)	programme	['prəʊgræm]
software (m)	software	['sɒftweə(r)]
programador (m)	programmer	['prəʊgræmə(r)]
programar (vt)	to program (vt)	[tʊ 'prəʊgræm]
hacker (m)	hacker	['hækə(r)]
contraseña (f)	password	['pɑ:swɜ:d]
virus (m)	virus	['vaɪrəs]
detectar (vt)	to find, to detect	[tʊ faɪnd], [tʊ dɪ'tekt]
octeto, byte (m)	byte	[baɪt]
megaocteto (m)	megabyte	['megəbaɪt]

| datos (m pl) | data | ['deɪtə] |
| base (f) de datos | database | ['deɪtəbeɪs] |

cable (m)	cable	['keɪbəl]
desconectar (vt)	to disconnect (vt)	[tʊ dɪskə'nekt]
conectar (vt)	to connect (vt)	[tʊ kə'nekt]

166. El internet. El correo electrónico

internet (m), red (f)	Internet	['ɪntənet]
navegador (m)	browser	['braʊzə(r)]
buscador (m)	search engine	[sɜːtʃ 'endʒɪn]
proveedor (m)	provider	[prə'vaɪdə(r)]

webmaster (m)	webmaster	['webmɑːstə(r)]
sitio (m) web	website	['websaɪt]
página (f) web	web page	[web peɪdʒ]

| dirección (f) | address | [ə'dres] |
| libro (m) de direcciones | address book | [ə'dres bʊk] |

buzón (m)	postbox	['pəʊstbɒks]
correo (m)	post	[pəʊst]
lleno (adj)	full	[fʊl]

mensaje (m)	message	['mesɪdʒ]
correo (m) entrante	incoming messages	['ɪnkʌmɪŋ 'mesɪdʒɪz]
correo (m) saliente	outgoing messages	['aʊtgəʊɪŋ 'mesɪdʒɪz]
expedidor (m)	sender	['sendə(r)]
enviar (vt)	to send (vt)	[tʊ send]
envío (m)	sending	['sendɪŋ]

| destinatario (m) | receiver | [rɪ'siːvə(r)] |
| recibir (vt) | to receive (vt) | [tʊ rɪ'siːv] |

| correspondencia (f) | correspondence | [kɒrɪ'spɒndəns] |
| escribirse con ... | to correspond (vi) | [tʊ kɒrɪ'spɒnd] |

archivo, fichero (m)	file	[faɪl]
descargar (vt)	to download (vt)	[tʊ 'daʊnləʊd]
crear (vt)	to create (vt)	[tʊ kriː'eɪt]
borrar (vt)	to delete (vt)	[tʊ dɪ'liːt]
borrado (adj)	deleted	[dɪ'liːtɪd]

conexión (f) (ADSL, etc.)	connection	[kə'nekʃən]
velocidad (f)	speed	[spiːd]
módem (m)	modem	['məʊdem]
acceso (m)	access	['ækses]
puerto (m)	port	[pɔːt]

conexión (f) (establecer la ~)	connection	[kə'nekʃən]
conectarse a ...	to connect to ...	[tʊ kə'nekt tʊ ...]
seleccionar (vt)	to select (vt)	[tʊ sɪ'lekt]
buscar (vt)	to search for ...	[tʊ sɜːtʃ fɔː ...]

167. La electricidad

electricidad (f)	electricity	[ɪlek'trɪsəti]
eléctrico (adj)	electric, electrical	[ɪ'lektrɪk], [ɪ'lektrɪkəl]
central (f) eléctrica	electric power station	[ɪ'lektrɪk 'paʊə 'steɪʃən]
energía (f)	energy	['enədʒi]
energía (f) eléctrica	electric power	[ɪ'lektrɪk 'paʊə]
bombilla (f)	light bulb	['laɪt bʌlb]
linterna (f)	torch	[tɔ:ʧ]
farola (f)	street light	['stri:t laɪt]
luz (f)	light	[laɪt]
encender (vt)	to turn on (vt)	[tʊ tɜ:n ɒn]
apagar (vt)	to turn off (vt)	[tʊ tɜ:n ɒf]
apagar la luz	to turn off the light	[tʊ tɜ:n ɒf ðə laɪt]
quemarse (vr)	to burn out (vi)	[tʊ bɜ:n aʊt]
circuito (m) corto	short circuit	[ʃɔ:t 'sɜ:kɪt]
ruptura (f)	broken wire	['brəʊkən 'waɪə]
contacto (m)	contact	['kɒntækt]
interruptor (m)	switch	[swɪʧ]
enchufe (m)	socket outlet	['sɒkɪt 'aʊtlet]
clavija (f)	plug	[plʌg]
alargador (m)	extension lead	[ɪk'stenʃən led]
fusible (m)	fuse	[fju:z]
cable, hilo (m)	cable, wire	['keɪbəl], ['waɪə]
instalación (f) eléctrica	wiring	['waɪərɪŋ]
amperio (m)	ampere	['æmpeə(r)]
amperaje (m)	amperage	['æmpərɪdʒ]
voltio (m)	volt	[vəʊlt]
voltaje (m)	voltage	['vəʊltɪdʒ]
aparato (m) eléctrico	electrical device	[ɪ'lektrɪkəl dɪ'vaɪs]
indicador (m)	indicator	['ɪndɪkeɪtə(r)]
electricista (m)	electrician	[ɪlek'trɪʃən]
soldar (vt)	to solder (vt)	[tʊ 'səʊldə]
soldador (m)	soldering iron	['səʊldərɪŋ 'aɪrən]
corriente (f)	current	['kʌrənt]

168. Las herramientas

instrumento (m)	tool, instrument	[tu:l], ['ɪnstrʊmənt]
instrumentos (m pl)	tools	[tu:lz]
maquinaria (f)	equipment	[ɪ'kwɪpmənt]
martillo (m)	hammer	['hæmə(r)]
destornillador (m)	screwdriver	['skru:draɪvə(r)]
hacha (f)	axe	[æks]

147

sierra (f)	saw	[sɔ:]
serrar (vt)	to saw (vt)	[tʊ sɔ:]
cepillo (m)	plane	[pleɪn]
cepillar (vt)	to plane (vt)	[tʊ pleɪn]
soldador (m)	soldering iron	['səʊldərɪŋ 'aɪrən]
soldar (vt)	to solder (vt)	[tʊ 'səʊldə]

lima (f)	file	[faɪl]
tenazas (f pl)	carpenter pincers	['kɑ:pəntə 'pɪnsəz]
alicates (m pl)	combination pliers	[ˌkɒmbɪ'neɪʃən 'plaɪəz]
escoplo (m)	chisel	['ʧɪzəl]

broca (f)	drill bit	[drɪl bɪt]
taladro (m)	electric drill	[ɪ'lektrɪk drɪl]
taladrar (vi, vt)	to drill (vi, vt)	[tʊ drɪl]

| cuchillo (m) | knife | [naɪf] |
| filo (m) | blade | [bleɪd] |

agudo (adj)	sharp	[ʃɑ:p]
embotado (adj)	dull, blunt	[dʌl], [blʌnt]
embotarse (vr)	to get blunt	[tʊ get blʌnt]
afilar (vt)	to sharpen (vt)	[tʊ 'ʃɑ:pən]

perno (m)	bolt	[bəʊlt]
tuerca (f)	nut	[nʌt]
filete (m)	thread	[θred]
tornillo (m)	wood screw	[wʊd skru:]

| clavo (m) | nail | [neɪl] |
| cabeza (f) del clavo | nailhead | ['neɪlhed] |

regla (f)	ruler	['ru:lə(r)]
cinta (f) métrica	tape measure	[teɪp 'meʒə(r)]
nivel (m) de burbuja	spirit level	['spɪrɪt 'levəl]
lupa (f)	magnifying glass	['mægnɪfaɪɪŋ glɑ:s]

aparato (m) de medida	measuring instrument	['meʒərɪŋ 'ɪnstrʊmənt]
medir (vt)	to measure (vt)	[tʊ 'meʒə(r)]
escala (f) (~ métrica)	scale	[skeɪl]
lectura (f)	readings	['ri:dɪŋz]

| compresor (m) | compressor | [kəm'presə] |
| microscopio (m) | microscope | ['maɪkrəskəʊp] |

bomba (f) (~ de agua)	pump	[pʌmp]
robot (m)	robot	['rəʊbɒt]
láser (m)	laser	['leɪzə(r)]

llave (f) de tuerca	spanner	['spænə(r)]
cinta (f) adhesiva	adhesive tape	[əd'hi:sɪv teɪp]
cola (f), pegamento (m)	glue	[glu:]

papel (m) de lija	sandpaper	['sænd,peɪpə(r)]
resorte (m)	spring	[sprɪŋ]
imán (m)	magnet	['mægnɪt]

guantes (m pl)	gloves	[glʌvz]
cuerda (f)	rope	['rəʊp]
cordón (m)	cord	[kɔ:d]
hilo (m) (~ eléctrico)	wire	['waɪə(r)]
cable (m)	cable	['keɪbəl]

almádana (f)	sledgehammer	['sledʒhæmə(r)]
barra (f)	prybar	['praɪbɑ:(r)]
escalera (f) portátil	ladder	['lædə]
escalera (f) de tijera	stepladder	['step‚lædə(r)]

atornillar (vt)	to screw (vt)	[tʊ skru:]
destornillar (vt)	to unscrew (vt)	[tʊ ʌn'skru:]
apretar (vt)	to tighten (vt)	[tʊ 'taɪtən]
pegar (vt)	to glue, to stick	[tʊ glu:], [tʊ stɪk]
cortar (vt)	to cut (vt)	[tʊ kʌt]

fallo (m)	malfunction	[mæl'fʌŋkʃən]
reparación (f)	repair	[rɪ'peə(r)]
reparar (vt)	to repair (vt)	[tʊ rɪ'peə(r)]
regular, ajustar (vt)	to adjust (vt)	[tʊ ə'dʒʌst]

verificar (vt)	to check (vt)	[tʊ tʃek]
control (m)	checking	['tʃekɪŋ]
lectura (f) (~ del contador)	readings	['ri:dɪŋz]

| fiable (máquina) | reliable | [rɪ'laɪəbəl] |
| complicado (adj) | complex | ['kɒmpleks] |

oxidarse (vr)	to rust (vi)	[tʊ rʌst]
oxidado (adj)	rusty	['rʌstɪ]
óxido (m)	rust	[rʌst]

El transporte

avión (m)	aeroplane	['eərəpleɪn]
billete (m) de avión	air ticket	['eə 'tɪkɪt]
compañía (f) aérea	airline	['eəlaɪn]
aeropuerto (m)	airport	['eəpɔ:t]
supersónico (adj)	supersonic	[su:pə'sɒnɪk]
comandante (m)	captain	['kæptɪn]
tripulación (f)	crew	[kru:]
piloto (m)	pilot	['paɪlət]
azafata (f)	stewardess	['stjʊədɪs]
navegador (m)	navigator	['nævɪgeɪtə(r)]
alas (f pl)	wings	[wɪŋz]
cola (f)	tail	[teɪl]
cabina (f)	cockpit	['kɒkpɪt]
motor (m)	engine	['endʒɪn]
tren (m) de aterrizaje	landing gear	['lændɪŋ gɪə(r)]
turbina (f)	turbine	['tɜ:baɪn]
hélice (f)	propeller	[prə'pelə(r)]
caja (f) negra	black box	[blæk bɒks]
timón (m)	yoke, control column	[jəʊk], [kən'trəʊl 'kɒləm]
combustible (m)	fuel	[fju:əl]
instructivo (m) de seguridad	safety card	['seɪftɪ kɑ:d]
respirador (m) de oxígeno	oxygen mask	['ɒksɪdʒən mɑ:sk]
uniforme (m)	uniform	['junɪfɔ:m]
chaleco (m) salvavidas	lifejacket	[laɪf 'dʒækɪt]
paracaídas (m)	parachute	['pærəʃu:t]
despegue (m)	takeoff	['teɪkɒf]
despegar (vi)	to take off (vi)	[tʊ teɪk ɒf]
pista (f) de despegue	runway	['rʌnweɪ]
visibilidad (f)	visibility	[vɪzɪ'bɪlɪtɪ]
vuelo (m)	flight	[flaɪt]
altura (f)	altitude	['æltɪtju:d]
pozo (m) de aire	air pocket	[eə 'pɒkɪt]
asiento (m)	seat	[si:t]
auriculares (m pl)	headphones	['hedfəʊnz]
mesita (f) plegable	folding tray	['fəʊldɪŋ treɪ]
ventana (f)	window	['wɪndəʊ]
pasillo (m)	aisle	[aɪl]

170. El tren

tren (m)	train	[treɪn]
tren (m) de cercanías	commuter train	[kə'mju:tə(r) treɪn]
tren (m) rápido	express train	[ɪk'spres treɪn]
locomotora (f) diésel	diesel locomotive	['di:zəl ləʊkə'məʊtɪv]
tren (m) de vapor	steam locomotive	[sti:m ləʊkə'məʊtɪv]
coche (m)	coach, carriage	[kəʊtʃ], ['kærɪdʒ]
coche (m) restaurante	buffet car	['bʊfeɪ kɑ:(r)]
rieles (m pl)	rails	[reɪlz]
ferrocarril (m)	railway	['reɪlweɪ]
traviesa (f)	sleeper	['sli:pə(r)]
plataforma (f)	platform	['plætfɔ:m]
vía (f)	platform	['plætfɔ:m]
semáforo (m)	semaphore	['seməfɔ:(r)]
estación (f)	station	['steɪʃən]
maquinista (m)	train driver	[treɪn 'draɪvə(r)]
maletero (m)	porter	['pɔ:tə(r)]
mozo (m) del vagón	carriage attendant	[kɑ:r ə'tendənt]
pasajero (m)	passenger	['pæsɪndʒə(r)]
revisor (m)	ticket inspector	['tɪkɪt ɪn'spektə]
corredor (m)	corridor	['kɒrɪdɔ:(r)]
freno (m) de urgencia	emergency brake	[ɪ'mɜ:dʒənsɪ breɪk]
compartimiento (m)	compartment	[kəm'pɑ:tmənt]
litera (f)	berth	[bɜ:θ]
litera (f) de arriba	upper berth	['ʌpə bɜ:θ]
litera (f) de abajo	lower berth	['ləʊə bɜ:θ]
ropa (f) de cama	bed linen, bedding	[bed 'lɪnɪn], ['bedɪŋ]
billete (m)	ticket	['tɪkɪt]
horario (m)	timetable	['taɪm,teɪbəl]
pantalla (f) de información	information display	[ɪnfə'meɪʃən dɪ'spleɪ]
partir (vi)	to leave, to depart	[tʊ li:v], [tʊ dɪ'pɑ:t]
partida (f) (del tren)	departure	[dɪ'pɑ:tʃə(r)]
llegar (tren)	to arrive (vi)	[tʊ ə'raɪv]
llegada (f)	arrival	[ə'raɪvəl]
llegar en tren	to arrive by train	[tʊ ə'raɪv baɪ treɪn]
tomar el tren	to get on the train	[tʊ ,get ɒn ðə 'treɪn]
bajar del tren	to get off the train	[tʊ get ɒv ðə treɪn]
descarrilamiento (m)	train crash	[treɪn kræʃ]
descarrilarse (vr)	to derail (vi)	[tʊ dɪ'reɪl]
tren (m) de vapor	steam locomotive	[sti:m ləʊkə'məʊtɪv]
fogonero (m)	stoker, fireman	['stəʊkə], ['faɪəmən]
hogar (m)	firebox	['faɪəbɒks]
carbón (m)	coal	[kəʊl]

171. El barco

| barco, buque (m) | ship | [ʃɪp] |
| navío (m) | vessel | ['vesəl] |

buque (m) de vapor	steamship	['stiːmʃɪp]
motonave (f)	riverboat	['rɪvəbəut]
trasatlántico (m)	cruise ship	[kruːz ʃɪp]
crucero (m)	cruiser	['kruːzə(r)]

yate (m)	yacht	[jɒt]
remolcador (m)	tugboat	['tʌgbəut]
barcaza (f)	barge	[bɑːdʒ]
ferry (m)	ferry	['ferɪ]

| velero (m) | sailing ship | ['seɪlɪŋ ʃɪp] |
| bergantín (m) | brigantine | ['brɪɡəntiːn] |

| rompehielos (m) | ice breaker | ['aɪs ˌbreɪkə(r)] |
| submarino (m) | submarine | [sʌbmə'riːn] |

bote (m) de remo	boat	[bəut]
bote (m)	dinghy	['dɪŋɡɪ]
bote (m) salvavidas	lifeboat	['laɪfbəut]
lancha (f) motora	motorboat	['məutəbəut]

capitán (m)	captain	['kæptɪn]
marinero (m)	seaman	['siːmən]
marino (m)	sailor	['seɪlə(r)]
tripulación (f)	crew	[kruː]

contramaestre (m)	boatswain	['bəusən]
grumete (m)	ship's boy	[ʃɪps bɔɪ]
cocinero (m) de abordo	cook	[kʊk]
médico (m) del buque	ship's doctor	[ʃɪps 'dɒktə(r)]

cubierta (f)	deck	[dek]
mástil (m)	mast	[mɑːst]
vela (f)	sail	[seɪl]

bodega (f)	hold	[həuld]
proa (f)	bow	['bəu]
popa (f)	stern	[stɜːn]
remo (m)	oar	[ɔː(r)]
hélice (f)	propeller	[prə'pelə(r)]

camarote (m)	cabin	['kæbɪn]
sala (f) de oficiales	wardroom	['wɔːdrum]
sala (f) de máquinas	engine room	['endʒɪn rum]
puente (m) de mando	bridge	[brɪdʒ]
sala (f) de radio	radio room	['reɪdɪəu rum]
onda (f)	wave	[weɪv]
cuaderno (m) de bitácora	logbook	['lɒgbuk]
anteojo (m)	spyglass	['spaɪglɑːs]
campana (f)	bell	[bel]

bandera (f)	flag	[flæg]
cabo (m) (maroma)	hawser	['hɔːzə(r)]
nudo (m)	knot	[nɒt]

| pasamano (m) | deckrails | ['dekreɪlz] |
| pasarela (f) | gangway | ['gæŋweɪ] |

ancla (f)	anchor	['æŋkə(r)]
levar ancla	to weigh anchor	[tʊ weɪ 'æŋkə(r)]
echar ancla	to drop anchor	[tʊ drɒp 'æŋkə(r)]
cadena (f) del ancla	anchor chain	['æŋkə ʧeɪn]

puerto (m)	port	[pɔːt]
embarcadero (m)	quay, wharf	[kiː], [wɔːf]
amarrar (vt)	to berth, to moor	[tʊ bɜːθ], [tʊ mɔː(r)]
desamarrar (vt)	to cast off	[tʊ kɑːst ɒf]

viaje (m)	trip	[trɪp]
crucero (m) (viaje)	cruise	[kruːz]
derrota (f) (rumbo)	course	[kɔːs]
itinerario (m)	route	[ruːt]

canal (m) navegable	fairway	['feəweɪ]
bajío (m)	shallows	['ʃæləʊz]
encallar (vi)	to run aground	[tʊ rʌn ə'graʊnd]

tempestad (f)	storm	[stɔːm]
señal (f)	signal	['sɪgnəl]
hundirse (vr)	to sink (vi)	[tʊ sɪŋk]
¡Hombre al agua!	Man overboard!	[mæn 'əʊvəbɔːd]
SOS	SOS	[es əʊ es]
aro (m) salvavidas	ring buoy	[rɪŋ bɔɪ]

172. El aeropuerto

aeropuerto (m)	airport	['eəpɔːt]
avión (m)	aeroplane	['eərəpleɪn]
compañía (f) aérea	airline	['eəlaɪn]
controlador (m) aéreo	air traffic controller	['eə 'træfɪk kən'trəʊlə]

despegue (m)	departure	[dɪ'pɑːʧə(r)]
llegada (f)	arrival	[ə'raɪvəl]
llegar (en avión)	to arrive (vi)	[tʊ ə'raɪv]

| hora (f) de salida | departure time | [dɪ'pɑːʧə taɪm] |
| hora (f) de llegada | arrival time | [ə'raɪvəl taɪm] |

| retrasarse (vr) | to be delayed | [tʊ bi dɪ'leɪd] |
| retraso (m) de vuelo | flight delay | [flaɪt dɪ'leɪ] |

pantalla (f) de información	information board	[ɪnfə'meɪʃən bɔːd]
información (f)	information	[ɪnfə'meɪʃən]
anunciar (vt)	to announce (vt)	[tʊ ə'naʊns]
vuelo (m)	flight	[flaɪt]

aduana (f)	customs	['kʌstəmz]
aduanero (m)	customs officer	['kʌstəmz 'ɒfɪsə(r)]
declaración (f) de aduana	customs declaration	['kʌstəmz deklə'reɪʃən]
rellenar (vt)	to fill in (vt)	[tʊ fɪl ɪn]
rellenar la declaración	to fill in the declaration	[tʊ fɪl ɪn ðə deklə'reɪʃən]
control (m) de pasaportes	passport control	['pɑːspɔːt kən'trəʊl]
equipaje (m)	luggage	['lʌgɪdʒ]
equipaje (m) de mano	hand luggage	[hænd 'lʌgɪdʒ]
carrito (m) de equipaje	luggage trolley	['lʌgɪdʒ 'trɒlɪ]
aterrizaje (m)	landing	['lændɪŋ]
pista (f) de aterrizaje	landing strip	['lændɪŋ strɪp]
aterrizar (vi)	to land (vi)	[tʊ lænd]
escaleras (f pl) (de avión)	airstair	[eə'steə]
facturación (f) (check-in)	check-in	[tʃek ɪn]
mostrador (m) de facturación	check-in counter	[tʃek ɪn 'kaʊntə(r)]
hacer el check-in	to check-in (vi)	[tʊ tʃek ɪn]
tarjeta (f) de embarque	boarding card	['bɔːdɪŋ kɑːd]
puerta (f) de embarque	departure gate	[dɪ'pɑːtʃə geɪt]
tránsito (m)	transit	['trænsɪt]
esperar (aguardar)	to wait (vt)	[tʊ weɪt]
zona (f) de preembarque	departure lounge	[dɪ'pɑːtʃə laʊndʒ]

173. La bicicleta. La motocicleta

bicicleta (f)	bicycle	['baɪsɪkəl]
scooter (m)	scooter	['skuːtə(r)]
motocicleta (f)	motorbike	['məʊtəbaɪk]
ir en bicicleta	to go by bicycle	[tʊ gəʊ baɪ 'baɪsɪkəl]
manillar (m)	handlebars	['hændəlˌbɑːz]
pedal (m)	pedal	['pedəl]
frenos (m pl)	brakes	[breɪks]
sillín (m)	bicycle seat, saddle	['baɪsɪkəl siːt], ['sædəl]
bomba (f)	pump	[pʌmp]
portaequipajes (m)	pannier rack	['pænɪə ræk]
faro (m)	front lamp	[frʌnt læmp]
casco (m)	helmet	['helmɪt]
rueda (f)	wheel	[wiːl]
guardabarros (m)	mudguard	['mʌdgɑːd]
llanta (f)	rim	[rɪm]
rayo (m)	spoke	[spəʊk]

Los coches

coche (m)	car	[kɑ:(r)]
coche (m) deportivo	sports car	['spɔ:ts kɑ:(r)]
limusina (f)	limousine	['lɪməzi:n]
todoterreno (m)	off-road vehicle	[ɒf'rəʊd 'vi:ɪkəl]
cabriolé (m)	drophead coupé	['drɒphed 'ku:peɪ]
microbús (m)	minibus	['mɪnɪbʌs]
ambulancia (f)	ambulance	['æmbjʊləns]
quitanieves (m)	snowplough	['snəʊplaʊ]
camión (m)	lorry	['lɒrɪ]
camión (m) cisterna	road tanker	[rəʊd 'tæŋkə]
camioneta (f)	van	[væn]
cabeza (f) tractora	tractor unit	['træktə(r) 'ju:nɪt]
remolque (m)	trailer	['treɪlə(r)]
confortable (adj)	comfortable	['kʌmfətəbəl]
de ocasión (adj)	used	[ju:zd]

capó (m)	bonnet	['bɒnɪt]
guardabarros (m)	wing	[wɪŋ]
techo (m)	roof	[ru:f]
parabrisas (m)	windscreen	['wɪndskri:n]
espejo (m) retrovisor	rear-view mirror	['rɪə vju: 'mɪrə(r)]
limpiador (m)	windscreen washer	['wɪndskri:n 'wɒʃə(r)]
limpiaparabrisas (m)	windscreen wipers	['wɪndskri:n 'waɪpəz]
ventana (f) lateral	side window	[saɪd 'wɪndəʊ]
elevalunas (m)	electric window	[ɪ'lektrɪk 'wɪndəʊ]
antena (f)	aerial	['eərɪəl]
techo (m) solar	sunroof	['sʌnru:f]
parachoques (m)	bumper	['bʌmpə(r)]
maletero (m)	boot	[bu:t]
baca (f) (portaequipajes)	roof luggage rack	[ru:f 'lʌgɪdʒ ræk]
puerta (f)	door	[dɔ:(r)]
tirador (m) de puerta	door handle	[dɔ: 'hændəl]
cerradura (f)	door lock	[dɔ: lɒk]
matrícula (f)	number plate	['nʌmbə pleɪt]
silenciador (m)	silencer	['saɪlənsə(r)]

| tanque (m) de gasolina | petrol tank | ['petrəl tæŋk] |
| tubo (m) de escape | exhaust pipe | [ɪg'zɔ:st paɪp] |

acelerador (m)	accelerator	[ək'seləreɪtə(r)]
pedal (m)	pedal	['pedəl]
pedal (m) de acelerador	accelerator pedal	[ək'seləreɪtə 'pedəl]

freno (m)	brake	[breɪk]
pedal (m) de freno	brake pedal	[breɪk 'pedəl]
frenar (vi)	to brake (vi)	[tʊ breɪk]
freno (m) de mano	handbrake	['hænd,breɪk]

embrague (m)	clutch	[klʌʧ]
pedal (m) de embrague	clutch pedal	[klʌʧ 'pedəl]
disco (m) de embrague	clutch disc	[klʌʧ dɪsk]
amortiguador (m)	shock absorber	[ʃɒk əb'sɔ:bə]

rueda (f)	wheel	[wi:l]
rueda (f) de repuesto	spare tyre	[speə 'taɪə(r)]
neumático (m)	tyre	['taɪə(r)]
tapacubo (m)	wheel cover	[wi:l 'kʌvə(r)]

ruedas (f pl) motrices	driving wheels	['draɪvɪŋ wi:lz]
de tracción delantera	front-wheel drive	[frʌnt wi:l draɪv]
de tracción trasera	rear-wheel drive	[rɪə wi:l draɪv]
de tracción integral	all-wheel drive	[ɔ:l wi:l draɪv]

caja (f) de cambios	gearbox	['gɪəbɒks]
automático (adj)	automatic	[ɔ:tə'mætɪk]
mecánico (adj)	mechanical	[mɪ'kænɪkəl]
palanca (f) de cambios	gear lever	[gɪə 'li:və]

| faro (m) delantero | headlamp | ['hedlæmp] |
| faros (m pl) | headlights | ['hedlaɪts] |

luz (f) de cruce	dipped headlights	[dɪpt 'hedlaɪts]
luz (f) de carretera	full headlights	[fʊl 'hedlaɪts]
luz (f) de freno	brake light	['breɪk laɪt]

luz (f) de posición	sidelights	['saɪdlaɪts]
luces (f pl) de emergencia	hazard lights	['hæzəd laɪts]
luces (f pl) antiniebla	fog lights	[fɒg laɪts]
intermitente (m)	turn indicator	[tɜ:n 'ɪndɪkeɪtə(r)]
luz (f) de marcha atrás	reversing light	[rɪ'vɜ:sɪŋ laɪt]

176. El coche. El compartimiento de pasajeros

habitáculo (m)	car interior	[kɑ:rɪn'tɪrɪə]
de cuero (adj)	leather	['leðə(r)]
de felpa (adj)	velour	[və'lʊə(r)]
tapizado (m)	upholstery	[ʌp'həʊlstərɪ]

| instrumento (m) | instrument | ['ɪnstrʊmənt] |
| salpicadero (m) | dashboard | ['dæʃbɔ:d] |

velocímetro (m)	speedometer	[spɪ'dɒmɪtə(r)]
aguja (f)	needle	['ni:dəl]
cuentakilómetros (m)	mileometer	[maɪ'lɒmɪtə(r)]
indicador (m)	indicator, sensor	['ɪndɪkeɪtə], ['sensə]
nivel (m)	level	['levəl]
testigo (m) (~ luminoso)	warning light	['wɔːnɪŋ laɪt]
volante (m)	steering wheel	['stɪərɪŋ wiːl]
bocina (f)	horn	[hɔːn]
botón (m)	button	['bʌtən]
interruptor (m)	switch	[swɪtʃ]
asiento (m)	seat	[siːt]
respaldo (m)	backrest	['bækrest]
reposacabezas (m)	headrest	['hedrest]
cinturón (m) de seguridad	seat belt	[siːt belt]
abrocharse el cinturón	to fasten the belt	[tʊ 'fɑːsən ðə belt]
reglaje (m)	adjustment	[ə'dʒʌstmənt]
bolsa (f) de aire (airbag)	airbag	['eəbæg]
climatizador (m)	air-conditioner	[eə kən'dɪʃənə]
radio (m)	radio	['reɪdɪəʊ]
reproductor (m) de CD	CD Player	[siː'diː 'pleɪə(r)]
encender (vt)	to turn on (vt)	[tʊ tɜːn ɒn]
antena (f)	aerial	['eərɪəl]
guantera (f)	glove box	[glʌv bɒks]
cenicero (m)	ashtray	['æʃtreɪ]

177. El coche. El motor

motor (m)	motor, engine	['məʊtə(r)], ['endʒɪn]
diésel (adj)	diesel	['diːzəl]
a gasolina (adj)	petrol	['petrəl]
volumen (m) del motor	engine volume	['endʒɪn 'vɒljuːm]
potencia (f)	power	['paʊə(r)]
caballo (m) de fuerza	horsepower	['hɔːs,paʊə(r)]
pistón (m)	piston	['pɪstən]
cilindro (m)	cylinder	['sɪlɪndə(r)]
válvula (f)	valve	[vælv]
inyector (m)	injector	[ɪn'dʒektə(r)]
generador (m)	generator	['dʒenəreɪtə(r)]
carburador (m)	carburettor	['kɑːbəretə(r)]
aceite (m) de motor	motor oil	['məʊtə(r) ɔɪl]
radiador (m)	radiator	['reɪdɪeɪtə(r)]
liquido (m) refrigerante	coolant	['kuːlənt]
ventilador (m)	cooling fan	['kuːlɪŋ fæn]
estárter (m)	starter	['stɑːtə(r)]
encendido (m)	ignition	[ɪg'nɪʃən]

| bujía (f) | sparking plug | ['spɑːkɪŋ plʌg] |
| fusible (m) | fuse | [fjuːz] |

batería (f)	battery	['bætərɪ]
terminal (m)	terminal	['tɜːmɪnəl]
terminal (m) positivo	positive terminal	['pɒzɪtɪv 'tɜːmɪnəl]
terminal (m) negativo	negative terminal	['negətɪv 'tɜːmɪnəl]

filtro (m) de aire	air filter	[eə 'fɪltə(r)]
filtro (m) de aceite	oil filter	[ɔɪl 'fɪltə(r)]
filtro (m) de combustible	fuel filter	[fjuːəl 'fɪltə(r)]

178. El coche. Accidente de tráfico. La reparación

accidente (m)	car crash	[kɑː kræʃ]
accidente (m) de tráfico	traffic accident	['træfɪk 'æksɪdənt]
chocar contra ...	to crash (vi)	[tʊ kræʃ]
tener un accidente	to get smashed up	[tʊ get smæʃt ʌp]
daño (m)	damage	['dæmɪdʒ]
intacto (adj)	intact	[ɪn'tækt]

pana (f)	breakdown	['breɪkdaʊn]
averiarse (vr)	to break down (vi)	[tʊ breɪk daʊn]
remolque (m) (cuerda)	towrope	['təʊrəʊp]

pinchazo (m)	puncture	['pʌŋktʃə]
desinflarse (vr)	to have a puncture	[tʊ hæv ə 'pʌŋktʃə]
inflar (vt)	to pump up	[tʊ pʌmp ʌp]
presión (f)	pressure	['preʃə(r)]
verificar (vt)	to check (vt)	[tʊ tʃek]

reparación (f)	repair	[rɪ'peə(r)]
taller (m)	garage	[ga'rɑːʒ]
parte (f) de repuesto	spare part	[speə pɑːt]
parte (f)	part	[pɑːt]

perno (m)	bolt	[bəʊlt]
tornillo (m)	screw	[skruː]
tuerca (f)	nut	[nʌt]
arandela (f)	washer	['wɒʃə(r)]
rodamiento (m)	bearing	['beərɪŋ]

tubo (m)	tube	[tjuːb]
junta (f)	gasket	['gæskɪt]
cable, hilo (m)	cable, wire	['keɪbəl], ['waɪə]

gato (m)	jack	[dʒæk]
llave (f) de tuerca	spanner	['spænə(r)]
martillo (m)	hammer	['hæmə(r)]
bomba (f)	pump	[pʌmp]
destornillador (m)	screwdriver	['skruːdraɪvə(r)]

| extintor (m) | fire extinguisher | ['faɪər ɪk'stɪŋgwɪʃə(r)] |
| triángulo (m) de avería | warning triangle | ['wɔːnɪŋ 'traɪæŋgəl] |

pararse, calarse (vr)	to stall (vi)	[tʊ stɔːl]
parada (f) (del motor)	stall	[ˈstɔːl]
estar averiado	to be broken	[tʊ bi ˈbrəʊkən]

recalentarse (vr)	to overheat (vi)	[tʊ əʊvəˈhiːt]
estar atascado	to be clogged up	[tʊ biː klɒgd ʌp]
congelarse (vr)	to freeze up	[tʊ friːz ʌp]
reventar (vi)	to burst (vi)	[tʊ bɜːst]

presión (f)	pressure	[ˈpreʃə(r)]
nivel (m)	level	[ˈlevəl]
flojo (correa ~a)	slack	[slæk]

abolladura (f)	dent	[dent]
ruido (m) (en el motor)	knocking noise	[ˈnɒkɪŋ nɔɪz]
grieta (f)	crack	[kræk]
rozadura (f)	scratch	[skrætʃ]

179. El coche. El camino

camino (m)	road	[rəʊd]
autovía (f)	motorway	[ˈməʊtəweɪ]
carretera (f)	highway	[ˈhaɪweɪ]
dirección (f)	direction	[dɪˈrekʃən]
distancia (f)	distance	[ˈdɪstəns]

puente (m)	bridge	[brɪdʒ]
aparcamiento (m)	car park	[kɑː pɑːk]
plaza (f)	square	[skweə(r)]
intercambiador (m)	road junction	[rəʊd ˈdʒʌŋkʃən]
túnel (m)	tunnel	[ˈtʌnəl]

gasolinera (f)	petrol station	[ˈpetrəl ˈsteɪʃən]
surtidor (m)	petrol pump	[ˈpetrəl pʌmp]
taller (m)	auto repair shop	[ˈɔːtəʊ rɪˈpeə ʃɒp]
cargar gasolina	to fill up	[tʊ fɪl ʌp]
combustible (m)	fuel	[fjuːəl]
bidón (m) de gasolina	jerrycan	[ˈdʒerɪkæn]

asfalto (m)	asphalt, tarmac	[ˈæsfælt], [ˈtɑːmæk]
señalización (f) vial	road markings	[rəʊd ˈmɑːkɪŋz]
bordillo (m)	kerb	[kɜːb]
barrera (f) de seguridad	crash barrier	[kræʃ ˈbærɪə(r)]
cuneta (f)	ditch	[dɪtʃ]
borde (m) de la carretera	roadside	[ˈrəʊdsaɪd]
farola (f)	lamppost	[ˈlæmp‚pəʊst]

conducir (vi, vt)	to drive (vi, vt)	[tʊ draɪv]
girar (~ a la izquierda)	to turn (vi)	[tʊ tɜːn]
girar en U	to make a U-turn	[tʊ meɪk ə juː tɜːn]
marcha (f) atrás	reverse	[rɪˈvɜːs]

tocar la bocina	to honk (vi)	[tʊ hɒŋk]
bocinazo (m)	honk	[hɒŋk]

atascarse (vr)	to get stuck	[tʊ get stʌk]
patinar (vi)	to spin the wheels	[tʊ spɪn ðə wiːlz]
parar (el motor)	to stop, to turn off	[tʊ stɒp], [tʊ tɜːn ɒf]

velocidad (f)	speed	[spiːd]
exceder la velocidad	to exceed the speed limit	[tʊ ɪk'siːd ðə spiːd 'lɪmɪt]
multar (vt)	to give sb a ticket	[tʊ gɪv … ə 'tɪkɪt]
semáforo (m)	traffic lights	['træfɪk laɪts]
permiso (m) de conducir	driving licence	['draɪvɪŋ ˌlaɪsəns]

paso (m) a nivel	level crossing	['levəl 'krɒsɪŋ]
cruce (m)	crossroads	['krɒsrəʊdz]
paso (m) de peatones	zebra crossing	['zebrə ˌkrɒsɪŋ]
zona (f) de peatones	pedestrian precinct	[pɪ'destrɪən 'priːsɪŋkt]

180. Las señales de tráfico

reglas (f pl) de tránsito	Highway Code	['haɪweɪ kəʊd]
señal (m) de tráfico	traffic sign	['træfɪk saɪn]
adelantamiento (m)	overtaking	[ˌəʊvə'teɪkɪŋ]
curva (f)	curve	[kɜːv]
vuelta (f) en U	U-turn	[juː tɜːn]
rotonda (f)	roundabout	['raʊndəbaʊt]

Prohibido el paso	No entry	[nəʊ 'entrɪ]
Circulación prohibida	All vehicles prohibited	[ɔːl 'viːɪkəl prəʊɪ'bɪtɪd]
Prohibido adelantar	No overtaking	[nəʊ ˌəʊvə'teɪkɪŋ]
Prohibido aparcar	No parking	[nəʊ 'pɑːkɪŋ]
Prohibido parar	No stopping	[nəʊ 'stɒpɪŋ]

curva (f) peligrosa	dangerous curve	['deɪndʒərəs kɜːv]
bajada con fuerte pendiente	steep descent	[stiːp dɪ'sent]
sentido (m) único	one-way traffic	[wʌn weɪ 'træfɪk]
paso (m) de peatones	zebra crossing	['zebrə ˌkrɒsɪŋ]
pavimento (m) deslizante	slippery road	['slɪpərɪ rəʊd]
ceda el paso	GIVE WAY	[gɪv weɪ]

LA GENTE. ACONTECIMIENTOS DE LA VIDA

181. Los días festivos. Los eventos

fiesta (f)	celebration, holiday	[selɪ'breɪʃən], ['hɒlɪdeɪ]
fiesta (f) nacional	national day	['næʃənəl deɪ]
día (m) de fiesta	public holiday	['pʌblɪk 'hɒlɪdeɪ]
celebrar (vt)	to commemorate (vt)	[tʊ kə'meməreɪt]
evento (m)	event	[ɪ'vent]
medida (f)	event	[ɪ'vent]
banquete (m)	banquet	['bæŋkwɪt]
recepción (f)	reception	[rɪ'sepʃən]
festín (m)	feast	[fiːst]
aniversario (m)	anniversary	[ænɪ'vɜːsərɪ]
jubileo (m)	jubilee	['dʒuːbɪliː]
Año (m) Nuevo	New Year	[njuː jɪə]
¡Feliz Año Nuevo!	Happy New Year!	['hæpɪ njuː jɪə]
Papá Noel (m)	Father Christmas	['fɑːðə(r) 'krɪsməs]
Navidad (f)	Christmas	['krɪsməs]
¡Feliz Navidad!	Merry Christmas!	[ˌmerɪ 'krɪsməs]
árbol (m) de Navidad	Christmas tree	['krɪsməs triː]
fuegos (m pl) artificiales	fireworks	['faɪəwɜːks]
boda (f)	wedding	['wedɪŋ]
novio (m)	groom	[gruːm]
novia (f)	bride	[braɪd]
invitar (vt)	to invite (vt)	[tʊ ɪn'vaɪt]
tarjeta (f) de invitación	invitation card	[ɪnvɪ'teɪʃən kɑːd]
invitado (m)	guest	[gest]
visitar (vt) (a los amigos)	to visit with …	[tʊ 'vɪzɪt wɪð …]
recibir a los invitados	to meet the guests	[tʊ miːt ðə gests]
regalo (m)	gift, present	[gɪft], ['prezənt]
regalar (vt)	to give (vt)	[tʊ gɪv]
recibir regalos	to receive gifts	[tʊ rɪ'siːv gɪfts]
ramo (m) de flores	bouquet	[bʊ'keɪ]
felicitación (f)	congratulations	[kəngrætʃu'leɪʃənz]
felicitar (vt)	to congratulate (vt)	[tʊ kən'grætjʊleɪt]
tarjeta (f) de felicitación	greetings card	['griːtɪŋz kɑːd]
enviar una tarjeta	to send a postcard	[tʊ send ə 'pəʊstkɑːd]
recibir una tarjeta	to get a postcard	[tʊ get ə 'pəʊstkɑːd]
brindis (m)	toast	[təʊst]

ofrecer (~ una copa)	to offer (vt)	[tʊ 'ɒfə(r)]
champaña (f)	champagne	[ʃæm'peɪn]

divertirse (vr)	to enjoy oneself	[tʊ ɪn'ʤɔɪ wʌn'self]
diversión (f)	merriment, gaiety	['merɪmənt], ['geɪətɪ]
alegría (f) (emoción)	joy	[ʤɔɪ]

baile (m)	dance	[dɑ:ns]
bailar (vi, vt)	to dance (vi, vt)	[tʊ dɑ:ns]

vals (m)	waltz	[wɔ:ls]
tango (m)	tango	['tæŋgəʊ]

182. Los funerales. El entierro

cementerio (m)	cemetery	['semɪtrɪ]
tumba (f)	grave, tomb	[greɪv], [tu:m]
lápida (f)	gravestone	['greɪvstəʊn]
verja (f)	fence	[fens]
capilla (f)	chapel	['ʧæpəl]

muerte (f)	death	[deθ]
morir (vi)	to die (vi)	[tʊ daɪ]
difunto (m)	the deceased	[ðə dɪ'si:st]
luto (m)	mourning	['mɔ:nɪŋ]

enterrar (vt)	to bury (vt)	[tʊ 'berɪ]
funeraria (f)	undertakers	['ʌndəˌteɪkəs]
entierro (m)	funeral	['fju:nərəl]

corona (f) funeraria	wreath	[ri:θ]
ataúd (m)	coffin	['kɒfɪn]
coche (m) fúnebre	hearse	[hɜ:s]
mortaja (f)	shroud	[ʃraʊd]

cortejo (m) fúnebre	funeral procession	['fju:nərəl prə'seʃən]
urna (f) funeraria	funerary urn	['fju:nərərɪ ɜ:n]
crematorio (m)	crematorium	[kremə'tɔ:rɪəm]

necrología (f)	obituary	[ə'bɪʧʊərɪ]
llorar (vi)	to cry (vi)	[tʊ kraɪ]
sollozar (vi)	to sob (vi)	[tʊ sɒb]

183. La guerra. Los soldados

sección (f)	platoon	[plə'tu:n]
compañía (f)	company	['kʌmpənɪ]
regimiento (m)	regiment	['reʤɪmənt]
ejército (m)	army	['ɑ:mɪ]
división (f)	division	[dɪ'vɪʒən]
destacamento (m)	section, squad	['sekʃən], [skwɒd]
hueste (f)	host	[həʊst]

soldado (m)	soldier	['səʊldʒə(r)]
oficial (m)	officer	['ɒfɪsə(r)]
soldado (m) raso	private	['praɪvɪt]
sargento (m)	sergeant	['sɑ:dʒənt]
teniente (m)	lieutenant	[lefˈtenənt]
capitán (m)	captain	['kæptɪn]
mayor (m)	major	['meɪdʒə(r)]
coronel (m)	colonel	['kɜ:nəl]
general (m)	general	['dʒenərəl]
marino (m)	sailor	['seɪlə(r)]
capitán (m)	captain	['kæptɪn]
contramaestre (m)	boatswain	['bəʊsən]
artillero (m)	artilleryman	[ɑ:ˈtɪlərɪmən]
paracaidista (m)	paratrooper	['pærətru:pə(r)]
piloto (m)	pilot	['paɪlət]
navegador (m)	navigator	['nævɪɡeɪtə(r)]
mecánico (m)	mechanic	[mɪˈkænɪk]
zapador (m)	pioneer	[paɪəˈnɪə(r)]
paracaidista (m)	parachutist	['pærəʃu:tɪst]
explorador (m)	scout	[skaʊt]
francotirador (m)	sniper	['snaɪpə(r)]
patrulla (f)	patrol	[pəˈtrəʊl]
patrullar (vi, vt)	to patrol (vi, vt)	[tʊ pəˈtrəʊl]
centinela (m)	sentry, guard	['sentrɪ], [ɡɑ:d]
guerrero (m)	warrior	['wɒrɪə(r)]
patriota (m)	patriot	['pætrɪət]
héroe (m)	hero	['hɪərəʊ]
heroína (f)	heroine	['herəʊɪn]
traidor (m)	traitor	['treɪtə(r)]
traicionar (vt)	to betray (vt)	[tʊ bɪˈtreɪ]
desertor (m)	deserter	[dɪˈzɜ:tə(r)]
desertar (vi)	to desert (vi)	[tʊ dɪˈzɜ:t]
mercenario (m)	mercenary	['mɜ:sɪnərɪ]
recluta (m)	recruit	[rɪˈkru:t]
voluntario (m)	volunteer	[vɒlənˈtɪə(r)]
muerto (m)	dead	[ded]
herido (m)	wounded	['wu:ndɪd]
prisionero (m)	prisoner of war	['prɪzənə əv wɔ:]

184. La guerra. El ámbito militar. Unidad 1

guerra (f)	war	[wɔ:(r)]
estar en guerra	to be at war	[tʊ bi ət wɔ:]
guerra (f) civil	civil war	['sɪvəl wɔ:]

pérfidamente (adv)	treacherously	['tretʃərəslɪ]
declaración (f) de guerra	declaration of war	[dekləˈreɪʃən əv wɔ:]
declarar (~ la guerra)	to declare (vt)	[tʊ dɪˈkleə(r)]
agresión (f)	aggression	[əˈgreʃən]
atacar (~ a un país)	to attack (vt)	[tʊ əˈtæk]
invadir (vt)	to invade (vt)	[tʊ ɪnˈveɪd]
invasor (m)	invader	[ɪnˈveɪdə(r)]
conquistador (m)	conqueror	[ˈkɒŋkərə(r)]
defensa (f)	defence	[dɪˈfens]
defender (vt)	to defend (vt)	[tʊ dɪˈfend]
defenderse (vr)	to defend (against ...)	[tʊ dɪˈfend ...]
enemigo (m)	enemy	[ˈenəmɪ]
adversario (m)	adversary	[ˈædvəsərɪ]
enemigo (adj)	enemy	[ˈenəmɪ]
estrategia (f)	strategy	[ˈstrætɪdʒɪ]
táctica (f)	tactics	[ˈtæktɪks]
orden (f)	order	[ˈɔ:də(r)]
comando (m)	command	[kəˈmɑ:nd]
ordenar (vt)	to order (vt)	[tʊ ˈɔ:də(r)]
misión (f)	mission	[ˈmɪʃən]
secreto (adj)	secret	[ˈsi:krɪt]
batalla (f)	battle	[ˈbætəl]
combate (m)	combat	[ˈkɒmbæt]
ataque (m)	attack	[əˈtæk]
asalto (m)	charge	[tʃɑ:dʒ]
tomar por asalto	to storm (vt)	[tʊ stɔ:m]
asedio (m), sitio (m)	siege	[si:dʒ]
ofensiva (f)	offensive	[əˈfensɪv]
tomar la ofensiva	to go on the offensive	[tʊ gəʊ ɒn ðɪ əˈfensɪv]
retirada (f)	retreat	[rɪˈtri:t]
retirarse (vr)	to retreat (vi)	[tʊ rɪˈtri:t]
envolvimiento (m)	encirclement	[ɪnˈsɜ:kəlmənt]
cercar (vt)	to encircle (vt)	[tʊ ɪnˈsɜ:kəl]
bombardeo (m)	bombing	[ˈbɒmɪŋ]
lanzar una bomba	to drop a bomb	[tʊ drɒp ə bɒm]
bombear (vt)	to bomb (vt)	[tʊ bɒm]
explosión (f)	explosion	[ɪkˈspləʊʒən]
tiro (m), disparo (m)	shot	[ʃɒt]
disparar (vi)	to fire a shot	[tʊ ˈfaɪə ə ʃɒt]
tiro (m) (de artillería)	firing	[ˈfaɪərɪŋ]
apuntar a ...	to aim (vt)	[tʊ eɪm]
encarar (apuntar)	to point (vt)	[tʊ pɔɪnt]
alcanzar (el objetivo)	to hit (vt)	[tʊ hɪt]

hundir (vt)	to sink (vt)	[tʊ sɪŋk]
brecha (f) (~ en el casco)	hole	[həʊl]
hundirse (vr)	to founder, to sink (vi)	[tʊ 'faʊndə(r)], [tʊ sɪŋk]
frente (m)	front	[frʌnt]
evacuación (f)	evacuation	[ɪvækjʊ'eɪʃən]
evacuar (vt)	to evacuate (vt)	[tʊ ɪ'vækjʊeɪt]
trinchera (f)	trench	[trentʃ]
alambre (m) de púas	barbed wire	['bɑ:bd 'waɪə(r)]
barrera (f) (~ antitanque)	barrier	['bærɪə(r)]
torre (f) de vigilancia	watchtower	['wɒtʃtaʊə(r)]
hospital (m)	hospital	['hɒspɪtəl]
herir (vt)	to wound (vt)	[tʊ wu:nd]
herida (f)	wound	[wu:nd]
herido (m)	wounded	['wu:ndɪd]
recibir una herida	to be wounded	[tʊ bi 'wu:ndɪd]
grave (herida)	serious	['sɪərɪəs]

185. La guerra. El ámbito militar. Unidad 2

cautiverio (m)	captivity	[kæp'tɪvətɪ]
capturar (vt)	to take sb captive	[tʊ teɪk … 'kæptɪv]
estar en cautiverio	to be held captive	[tʊ bi held 'kæptɪv]
caer prisionero	to be taken captive	[tʊ bi 'teɪkən 'kæptɪv]
campo (m) de concentración	concentration camp	[kɒnsən'treɪʃən kæmp]
prisionero (m)	prisoner of war	['prɪzənə əv wɔ:]
escapar (de cautiverio)	to escape (vi)	[tʊ ɪ'skeɪp]
fusilar (vt)	to execute (vt)	[tʊ 'eksɪkju:t]
fusilamiento (m)	execution	[eksɪ'kju:ʃən]
equipo (m) (uniforme, etc.)	equipment	[ɪ'kwɪpmənt]
hombrera (f)	shoulder board	['ʃəʊldə bɔ:d]
máscara (f) antigás	gas mask	[gæs mɑ:sk]
radio transmisor (m)	field radio	[fi:ld 'reɪdɪəʊ]
cifra (f) (código)	cipher, code	['saɪfə(r)], [kəʊd]
conspiración (f)	secrecy	['si:krəsɪ]
contraseña (f)	password	['pɑ:swɜ:d]
mina (f) terrestre	land mine	[lænd maɪn]
minar (poner minas)	to mine (vt)	[tʊ maɪn]
campo (m) minado	minefield	['maɪnfi:ld]
alarma (f) aérea	air-raid warning	[eə reɪd 'wɔ:nɪŋ]
alarma (f)	alarm	[ə'lɑ:m]
señal (f)	signal	['sɪgnəl]
cohete (m) de señales	signal flare	['sɪgnəl fleə(r)]
estado (m) mayor	headquarters	[hed'kwɔ:təz]
reconocimiento (m)	reconnaissance	[rɪ'kɒnɪsəns]

situación (f)	situation	[sɪtjʊ'eɪʃən]
informe (m)	report	[rɪ'pɔ:t]
emboscada (f)	ambush	['æmbʊʃ]
refuerzo (m)	reinforcement	[ri:ɪn'fɔ:smənt]

blanco (m)	target	['tɑ:gɪt]
terreno (m) de prueba	training area	['treɪnɪŋ 'eərɪə]
maniobras (f pl)	military exercise	['mɪlɪtərɪ 'eksəsaɪz]

pánico (m)	panic	['pænɪk]
devastación (f)	devastation	[devə'steɪʃən]
destrucciones (f pl)	destruction, ruins	[dɪ'strʌkʃən], ['ru:ɪnz]
destruir (vt)	to destroy (vt)	[tʊ dɪ'strɔɪ]

sobrevivir (vi, vt)	to survive (vi, vt)	[tʊ sə'vaɪv]
desarmar (vt)	to disarm (vt)	[tʊ dɪs'ɑ:m]
manejar (un arma)	to handle (vt)	[tʊ 'hændəl]

| ¡Firmes! | Attention! | [ə'tenʃən] |
| ¡Descanso! | At ease! | [ət 'i:z] |

hazaña (f)	feat, act of courage	[fi:t], [ækt əv 'kʌrɪdʒ]
juramento (m)	oath	[əʊθ]
jurar (vt)	to swear (vi, vt)	[tʊ sweə(r)]

condecoración (f)	decoration	[dekə'reɪʃən]
condecorar (vt)	to award (vt)	[tʊ ə'wɔ:d]
medalla (f)	medal	['medəl]
orden (m) (~ de Merito)	order	['ɔ:də(r)]

victoria (f)	victory	['vɪktərɪ]
derrota (f)	defeat	[dɪ'fi:t]
armisticio (m)	armistice	['ɑ:mɪstɪs]

bandera (f)	standard	['stændəd]
gloria (f)	glory	['glɔ:rɪ]
desfile (m) militar	parade	[pə'reɪd]
marchar (desfilar)	to march (vi)	[tʊ mɑ:tʃ]

186. Las armas

arma (f)	weapons	['wepənz]
arma (f) de fuego	firearms	['faɪərɑ:mz]
arma (f) blanca	cold weapons	[kəʊld 'wepənz]

arma (f) química	chemical weapons	['kemɪkəl 'wepənz]
nuclear (adj)	nuclear	['nju:klɪə(r)]
arma (f) nuclear	nuclear weapons	['nju:klɪə 'wepənz]

| bomba (f) | bomb | [bɒm] |
| bomba (f) atómica | atomic bomb | [ə'tɒmɪk bɒm] |

| pistola (f) | pistol | ['pɪstəl] |
| fusil (m) | rifle | ['raɪfəl] |

| metralleta (f) | submachine gun | [sʌbmə'ʃi:n gʌn] |
| ametralladora (f) | machine gun | [mə'ʃi:n gʌn] |

boca (f)	muzzle	['mʌzəl]
cañón (m) (del arma)	barrel	['bærəl]
calibre (m)	calibre	['kælɪbə(r)]

| gatillo (m) | trigger | ['trɪgə(r)] |
| alza (f) | sight | [saɪt] |

| cargador (m) | magazine | [mægə'zi:n] |
| culata (f) | butt | [bʌt] |

| granada (f) de mano | hand grenade | [hænd grə'neɪd] |
| explosivo (m) | explosive | [ɪk'spləʊsɪv] |

| bala (f) | bullet | ['bʊlɪt] |
| cartucho (m) | cartridge | ['kɑ:trɪdʒ] |

| carga (f) | charge | [tʃɑ:dʒ] |
| pertrechos (m pl) | ammunition | [æmjʊ'nɪʃən] |

bombardero (m)	bomber	['bɒmə(r)]
avión (m) de caza	fighter	['faɪtə(r)]
helicóptero (m)	helicopter	['helɪkɒptə(r)]

antiaéreo (m)	anti-aircraft gun	['æntɪ 'eəkrɑ:ft gʌn]
tanque (m)	tank	[tæŋk]
cañón (m) (de un tanque)	tank gun	[tæŋk gʌn]

| artillería (f) | artillery | [ɑ:'tɪlərɪ] |
| cañón (m) (arma) | cannon | ['kænən] |

| mortero (m) | mortar | ['mɔ:tə(r)] |
| bomba (f) de mortero | mortar bomb | ['mɔ:tə bɒm] |

| obús (m) | shell | [ʃel] |
| trozo (m) de obús | splinter | ['splɪntə(r)] |

submarino (m)	submarine	[sʌbmə'ri:n]
torpedo (m)	torpedo	[tɔ:'pi:dəʊ]
misil (m)	missile	['mɪsaɪl]

| cargar (pistola) | to load (vt) | [tʊ ləʊd] |
| tirar (vi) | to shoot (vi) | [tʊ ʃu:t] |

| apuntar a ... | to take aim at ... | [tʊ teɪk eɪm ət ...] |
| bayoneta (f) | bayonet | ['beɪənɪt] |

espada (f) (duelo a ~)	rapier	['reɪpɪə(r)]
sable (m)	sabre	['seɪbə(r)]
lanza (f)	spear	[spɪə(r)]
arco (m)	bow	['bəʊ]
flecha (f)	arrow	['ærəʊ]
mosquete (m)	musket	['mʌskɪt]
ballesta (f)	crossbow	['krɒsbəʊ]

187. Los pueblos antiguos

primitivo (adj)	primitive	['prɪmɪtɪv]
prehistórico (adj)	prehistoric	[pri:hɪ'stɒrɪk]
antiguo (adj)	ancient	['eɪnʃənt]
Edad (f) de Piedra	Stone Age	['stəʊn eɪdʒ]
Edad (f) de Bronce	Bronze Age	['brɒnz eɪdʒ]
Edad (f) de Hielo	Ice Age	['aɪs eɪdʒ]
tribu (f)	tribe	[traɪb]
caníbal (m)	cannibal	['kænɪbəl]
cazador (m)	hunter	['hʌntə(r)]
cazar (vi, vt)	to hunt (vi, vt)	[tʊ hʌnt]
mamut (m)	mammoth	['mæməθ]
caverna (f)	cave	[keɪv]
fuego (m)	fire	['faɪə(r)]
hoguera (f)	campfire	['kæmpfaɪə(r)]
pintura (f) rupestre	cave painting	[keɪv 'peɪntɪŋ]
herramienta (f), útil (m)	tool	[tu:l]
lanza (f)	spear	[spɪə(r)]
hacha (f) de piedra	stone axe	['stəʊn æks]
estar en guerra	to be at war	[tʊ bi ət wɔ:]
domesticar (vt)	to domesticate (vt)	[tʊ də'mestɪkeɪt]
ídolo (m)	idol	['aɪdəl]
adorar (vt)	to worship (vt)	[tʊ 'wɜ:ʃɪp]
superstición (f)	superstition	[su:pə'stɪʃən]
rito (m)	rite	[raɪt]
evolución (f)	evolution	[i:və'lu:ʃən]
desarrollo (m)	development	[dɪ'veləpmənt]
desaparición (f)	disappearance	[dɪsə'pɪərəns]
adaptarse (vr)	to adapt oneself	[tʊ ə'dæpt wʌn'self]
arqueología (f)	archaeology	[ɑ:kɪ'ɒlədʒɪ]
arqueólogo (m)	archaeologist	[ɑ:kɪ'ɒlədʒɪst]
arqueológico (adj)	archaeological	[ɑ:kɪə'lɒdʒɪkəl]
sitio (m) de excavación	excavation site	[ekskə'veɪʃən saɪt]
excavaciones (f pl)	excavations	[ekskə'veɪʃənz]
hallazgo (m)	find	[faɪnd]
fragmento (m)	fragment	['frægmənt]

188. La Edad Media

pueblo (m)	people	['pi:pəl]
pueblos (m pl)	peoples	['pi:pəlz]
tribu (f)	tribe	[traɪb]
tribus (f pl)	tribes	[traɪbz]
bárbaros (m pl)	barbarians	[bɑ:'beərɪənz]

galos (m pl)	Gauls	[gɔ:lz]
godos (m pl)	Goths	[gɒθs]
eslavos (m pl)	Slavs	[slɑ:vz]
vikingos (m pl)	Vikings	['vaɪkɪŋz]

| romanos (m pl) | Romans | ['rəʊmənz] |
| romano (adj) | Roman | ['rəʊmən] |

bizantinos (m pl)	Byzantines	[bɪ'zæntaɪnz]
Bizancio (m)	Byzantium	[bɪ'zæntɪəm]
bizantino (adj)	Byzantine	[bɪ'zæntaɪn]

emperador (m)	emperor	['empərə(r)]
jefe (m)	leader, chief	['li:də], [ʧi:f]
poderoso (adj)	powerful	['paʊəfʊl]
rey (m)	king	[kɪŋ]
gobernador (m)	ruler	['ru:lə(r)]

caballero (m)	knight	[naɪt]
señor (m) feudal	feudal lord	['fju:dəl lɔ:d]
feudal (adj)	feudal	['fju:dəl]
vasallo (m)	vassal	['væsəl]

duque (m)	duke	[dju:k]
conde (m)	earl	[ɜ:l]
barón (m)	baron	['bærən]
obispo (m)	bishop	['bɪʃəp]

armadura (f)	armour	['ɑ:mə(r)]
escudo (m)	shield	[ʃi:ld]
espada (f) (danza de ~s)	sword	[sɔ:d]
visera (f)	visor	['vaɪzə(r)]
cota (f) de malla	chainmail	[ʧeɪn meɪl]

| cruzada (f) | Crusade | [kru:'seɪd] |
| cruzado (m) | crusader | [kru:'seɪdə(r)] |

territorio (m)	territory	['terɪtərɪ]
atacar (~ a un país)	to attack (vt)	[tʊ ə'tæk]
conquistar (vt)	to conquer (vt)	[tʊ 'kɒŋkə(r)]
ocupar (invadir)	to occupy (vt)	[tʊ 'ɒkjʊpaɪ]

asedio (m), sitio (m)	siege	[si:dʒ]
sitiado (adj)	besieged	[bɪ'si:dʒd]
asediar, sitiar (vt)	to besiege (vt)	[tʊ bɪ'si:dʒ]

inquisición (f)	inquisition	[ɪnkwɪ'zɪʃən]
inquisidor (m)	inquisitor	[ɪn'kwɪzɪtə(r)]
tortura (f)	torture	['tɔ:ʧə(r)]
cruel (adj)	cruel	[krʊəl]
hereje (m)	heretic	['herətɪk]
herejía (f)	heresy	['herəsɪ]

navegación (f) marítima	seafaring	['si:feərɪŋ]
pirata (m)	pirate	['paɪrət]
piratería (f)	piracy	['paɪrəsɪ]

abordaje (m)	boarding	['bɔːdɪŋ]
botín (m)	loot	[luːt]
tesoros (m pl)	treasure	['treʒə]

descubrimiento (m)	discovery	[dɪ'skʌvərɪ]
descubrir (tierras nuevas)	to discover (vt)	[tʊ dɪ'skʌvə(r)]
expedición (f)	expedition	[ekspɪ'dɪʃən]

mosquetero (m)	musketeer	[mʌskɪ'tɪə(r)]
cardenal (m)	cardinal	['kɑːdɪnəl]
heráldica (f)	heraldry	['herəldrɪ]
heráldico (adj)	heraldic	[he'rældɪk]

189. El líder. El jefe. Las autoridades

rey (m)	king	[kɪŋ]
reina (f)	queen	[kwiːn]
real (adj)	royal	['rɔɪəl]
reino (m)	kingdom	['kɪŋdəm]

| príncipe (m) | prince | [prɪns] |
| princesa (f) | princess | [prɪn'ses] |

presidente (m)	president	['prezɪdənt]
vicepresidente (m)	vice-president	[vaɪs 'prezɪdənt]
senador (m)	senator	['senətə(r)]

monarca (m)	monarch	['mɒnək]
gobernador (m)	ruler	['ruːlə(r)]
dictador (m)	dictator	[dɪk'teɪtə(r)]
tirano (m)	tyrant	['taɪrənt]
magnate (m)	magnate	['mægneɪt]

director (m)	director	[dɪ'rektə(r)]
jefe (m)	chief	[ʧiːf]
gerente (m)	manager	['mænɪʤə(r)]
amo (m)	boss	[bɒs]
dueño (m)	owner	['əʊnə(r)]

jefe (m), líder (m)	leader	['liːdə(r)]
jefe (m) (~ de delegación)	head	[hed]
autoridades (f pl)	authorities	[ɔː'θɒrətɪz]
superiores (m pl)	superiors	[suː'pɪərɪərz]

gobernador (m)	governor	['gʌvənə(r)]
cónsul (m)	consul	['kɒnsəl]
diplomático (m)	diplomat	['dɪpləmæt]
alcalde (m)	mayor	[meə(r)]
sheriff (m)	sheriff	['ʃerɪf]

emperador (m)	emperor	['empərə(r)]
zar (m)	tsar	[zɑː(r)]
faraón (m)	pharaoh	['feərəʊ]
jan (m), kan (m)	khan	[kɑːn]

190. La calle. El camino. Las direcciones

camino (m)	road	[rəʊd]
vía (f)	way	[weɪ]
carretera (f)	highway	['haɪweɪ]
autovía (f)	motorway	['məʊtəweɪ]
camino (m) nacional	trunk road	[trʌŋk rəʊd]
camino (m) principal	main road	[meɪn rəʊd]
camino (m) de tierra	dirt road	[dɜːt rəʊd]
sendero (m)	pathway	['pɑːθweɪ]
senda (f)	footpath	['fʊtpɑːθ]
¿Dónde?	Where?	[weə]
¿A dónde?	Where?	[weə]
¿De dónde?	From where?	[frɒm 'weə]
dirección (f)	direction	[dɪ'rekʃən]
mostrar (~ el camino)	to point (vt)	[tʊ pɔɪnt]
a la izquierda (girar ~)	to the left	[tʊ ðə left]
a la derecha (girar)	to the right	[tʊ ðə raɪt]
todo recto (adv)	straight ahead	[streɪt ə'hed]
atrás (adv)	back	[bæk]
curva (f)	bend, curve	[bend], [kɜːv]
girar (~ a la izquierda)	to turn (vi)	[tʊ tɜːn]
girar en U	to make a U-turn	[tʊ meɪk ə ju: tɜːn]
divisarse (vr)	to be visible	[tʊ bi 'vɪzəbəl]
aparecer (vi)	to appear (vi)	[tʊ ə'pɪə(r)]
alto (m)	stop, halt	[stɒp], [hɔːlt]
descansar (vi)	to rest, to pause (vi)	[tʊ rest], [tʊ pɔːz]
reposo (m)	rest	[rest]
perderse (vr)	to lose one's way	[tʊ lu:z wʌnz weɪ]
llevar a … (el camino)	to lead to …	[tʊ li:d tʊ …]
llegar a …	to come out	[tʊ kʌm aʊt]
tramo (m) (~ del camino)	stretch	[stretʃ]
asfalto (m)	asphalt	['æsfælt]
bordillo (m)	kerb	[kɜːb]
cuneta (f)	ditch	[dɪtʃ]
pozo (m) de alcantarillado	manhole	['mænhəʊl]
arcén (m)	roadside	['rəʊdsaɪd]
bache (m)	pit, pothole	[pɪt], ['pɒthəʊl]
ir (a pie)	to go (vi)	[tʊ gəʊ]
adelantar (vt)	to overtake (vt)	[tʊ ˌəʊvə'teɪk]
paso (m)	step	[step]
a pie	on foot	[ɒn fʊt]

bloquear (vt)	to block (vt)	[tʊ blɒk]
barrera (f) (~ automática)	boom gate	[bu:m geɪt]
callejón (m) sin salida	dead end	[ded end]

191. Violar la ley. Los criminales. Unidad 1

bandido (m)	bandit	['bændɪt]
crimen (m)	crime	[kraɪm]
criminal (m)	criminal	['krɪmɪnəl]

ladrón (m)	thief	[θi:f]
robar (vt)	to steal (vt)	[tʊ sti:l]
robo (m) (actividad)	stealing	['sti:lɪŋ]
robo (m) (hurto)	theft	[θeft]

secuestrar (vt)	to kidnap (vt)	[tʊ 'kɪdnæp]
secuestro (m)	kidnapping	['kɪdnæpɪŋ]
secuestrador (m)	kidnapper	['kɪdnæpə(r)]

| rescate (m) | ransom | ['rænsəm] |
| exigir un rescate | to demand ransom | [tʊ dɪ'mɑ:nd 'rænsəm] |

robar (vt)	to rob (vt)	[tʊ rɒb]
robo (m)	robbery	['rɒbərɪ]
atracador (m)	robber	['rɒbə(r)]

extorsionar (vt)	to extort (vt)	[tʊ ɪk'stɔ:t]
extorsionista (m)	extortionist	[ɪk'stɔ:ʃənɪst]
extorsión (f)	extortion	[ɪk'stɔ:ʃən]

matar, asesinar (vt)	to murder (vt)	[tʊ 'mɜ:də(r)]
asesinato (m)	murder	['mɜ:də(r)]
asesino (m)	murderer	['mɜ:dərə(r)]

tiro (m), disparo (m)	gunshot	['gʌnʃɒt]
disparar (vi)	to fire a shot	[tʊ 'faɪə ə ʃɒt]
matar (a tiros)	to shoot to death	[tʊ ʃu:t tə deθ]
tirar (vi)	to shoot (vi)	[tʊ ʃu:t]
tiroteo (m)	shooting	['ʃu:tɪŋ]

incidente (m)	incident	['ɪnsɪdənt]
pelea (f)	fight, brawl	[faɪt], [brɔ:l]
¡Socorro!	Help!	[help]
víctima (f)	victim	['vɪktɪm]

perjudicar (vt)	to damage (vt)	[tʊ 'dæmɪdʒ]
daño (m)	damage	['dæmɪdʒ]
cadáver (m)	dead body, corpse	[ded 'bɒdɪ], [kɔ:ps]
grave (un delito ~)	grave	[greɪv]

atacar (vt)	to attack (vt)	[tʊ ə'tæk]
pegar (golpear)	to beat (vt)	[tʊ bi:t]
apporear (vt)	to beat ... up	[tʊ bi:t ... ʌp]
quitar (robar)	to take (vt)	[tʊ teɪk]

acuchillar (vt)	to stab to death	[tʊ stæb tə deθ]
mutilar (vt)	to maim (vt)	[tʊ meɪm]
herir (vt)	to wound (vt)	[tʊ wuːnd]
chantaje (m)	blackmail	['blækmeɪl]
hacer chantaje	to blackmail (vt)	[tʊ 'blækmeɪl]
chantajista (m)	blackmailer	['blækmeɪlə(r)]
extorsión (f)	protection racket	[prə'tekʃən 'rækɪt]
extorsionador (m)	racketeer	[rækə'tɪə(r)]
gángster (m)	gangster	['gæŋstə(r)]
mafia (f)	mafia	['mæfɪə]
carterista (m)	pickpocket	['pɪkpɒkɪt]
ladrón (m) de viviendas	burglar	['bɜːglə]
contrabandismo (m)	smuggling	['smʌglɪŋ]
contrabandista (m)	smuggler	['smʌglə(r)]
falsificación (f)	forgery	['fɔːdʒərɪ]
falsificar (vt)	to forge (vt)	[tʊ fɔːdʒ]
falso (falsificado)	fake, forged	[feɪk], [fɔːdʒd]

192. Violar la ley. Los criminales. Unidad 2

violación (f)	rape	[reɪp]
violar (vt)	to rape (vt)	[tʊ reɪp]
violador (m)	rapist	['reɪpɪst]
maniaco (m)	maniac	['meɪnɪæk]
prostituta (f)	prostitute	['prɒstɪtjuːt]
prostitución (f)	prostitution	[ˌprɒstɪ'tjuːʃən]
chulo (m), proxeneta (m)	pimp	[pɪmp]
drogadicto (m)	drug addict	['drʌg ˌædɪkt]
narcotraficante (m)	drug dealer	['drʌg ˌdiːlə(r)]
hacer explotar	to blow up (vt)	[tʊ bləʊ ʌp]
explosión (f)	explosion	[ɪk'spləʊʒən]
incendiar (vt)	to set fire	[tʊ set 'faɪə(r)]
incendiario (m)	arsonist	['ɑːsənɪst]
terrorismo (m)	terrorism	['terərɪzəm]
terrorista (m)	terrorist	['terərɪst]
rehén (m)	hostage	['hɒstɪdʒ]
estafar (vt)	to swindle (vt)	[tʊ 'swɪndəl]
estafa (f)	swindle, deception	['swɪndəl], [dɪ'sepʃən]
estafador (m)	swindler	['swɪndlə(r)]
sobornar (vt)	to bribe (vt)	[tʊ braɪb]
soborno (m) (delito)	bribery	['braɪbərɪ]
soborno (m) (dinero, etc.)	bribe	[braɪb]
veneno (m)	poison	['pɔɪzən]
envenenar (vt)	to poison (vt)	[tʊ 'pɔɪzən]

envenenarse (vr)	to poison oneself	[tʊ 'pɔɪzən wʌn'self]
suicidio (m)	suicide	['suːɪsaɪd]
suicida (m, f)	suicide	['suːɪsaɪd]

amenazar (vt)	to threaten (vt)	[tʊ 'θretən]
amenaza (f)	threat	[θret]
atentar (vi)	to make an attempt	[tʊ meɪk ən ə'tempt]
atentado (m)	attempt	[ə'tempt]

robar (un coche)	to steal (vt)	[tʊ stiːl]
secuestrar (un avión)	to hijack (vt)	[tʊ 'haɪdʒæk]

venganza (f)	revenge	[rɪ'vendʒ]
vengar (vt)	to avenge (vt)	[tʊ ə'vendʒ]

torturar (vt)	to torture (vt)	[tʊ 'tɔːtʃə(r)]
tortura (f)	torture	['tɔːtʃə(r)]
atormentar (vt)	to torment (vt)	[tʊ tɔː'ment]

pirata (m)	pirate	['paɪrət]
gamberro (m)	hooligan	['huːlɪgən]
armado (adj)	armed	[ɑːmd]
violencia (f)	violence	['vaɪələns]
ilegal (adj)	illegal	[ɪ'liːgəl]

espionaje (m)	spying, espionage	['spaɪɪŋ], ['espɪənɑːʒ]
espiar (vi, vt)	to spy (vi)	[tʊ spaɪ]

193. La policía. La ley. Unidad 1

justicia (f)	justice	['dʒʌstɪs]
tribunal (m)	court	[kɔːt]

juez (m)	judge	[dʒʌdʒ]
jurados (m pl)	jurors	['dʒʊərəz]
tribunal (m) de jurados	jury trial	['dʒʊərɪ 'traɪəl]
juzgar (vt)	to judge (vt)	[tʊ dʒʌdʒ]

abogado (m)	lawyer, barrister	['lɔːjə(r)], ['bærɪstə(r)]
acusado (m)	defendant	[dɪ'fendənt]
banquillo (m) de los acusados	dock	[dɒk]

inculpación (f)	charge	[tʃɑːdʒ]
inculpado (m)	accused	[ə'kjuːzd]

sentencia (f)	sentence	['sentəns]
sentenciar (vt)	to sentence (vt)	[tʊ 'sentəns]

castigar (vt)	to punish (vt)	[tʊ 'pʌnɪʃ]
castigo (m)	punishment	['pʌnɪʃmənt]

multa (f)	fine	[faɪn]
cadena (f) perpetua	life imprisonment	[laɪf ɪm'prɪzənmənt]
pena (f) de muerte	death penalty	['deθ 'penəltɪ]

silla (f) eléctrica	electric chair	[ɪ'lektrɪk 'tʃeə(r)]
horca (f)	gallows	['gæləʊz]
ejecutar (vt)	to execute (vt)	[tʊ 'eksɪkju:t]
ejecución (f)	execution	[eksɪ'kju:ʃən]
prisión (f)	prison	['prɪzən]
celda (f)	cell	[sel]
escolta (f)	escort	['eskɔ:t]
guardia (m) de prisiones	prison officer	['prɪzən 'ɒfɪsə(r)]
prisionero (m)	prisoner	['prɪzənə(r)]
esposas (f pl)	handcuffs	['hændkʌfs]
esposar (vt)	to handcuff (vt)	[tʊ 'hændkʌf]
escape (m)	prison break	['prɪzən breɪk]
escaparse (vr)	to break out (vi)	[tʊ breɪk aʊt]
desaparecer (vi)	to disappear (vi)	[tʊ dɪsə'pɪə(r)]
liberar (vt)	to release (vt)	[tʊ rɪ'li:s]
amnistía (f)	amnesty	['æmnəstɪ]
policía (f) (~ nacional)	police	[pə'li:s]
policía (m)	police officer	[pə'li:s 'ɒfɪsə(r)]
comisaría (f) de policía	police station	[pə'li:s 'steɪʃən]
porra (f)	truncheon	['trʌntʃən]
megáfono (m)	loudhailer	[ˌlaʊd'heɪlə(r)]
coche (m) patrulla	patrol car	[pə'trəʊl kɑ:(r)]
sirena (f)	siren	['saɪərən]
poner la sirena	to turn on the siren	[tʊ tɜ:n ɒn ðə 'saɪərən]
sonido (m) de sirena	siren call	['saɪərən kɔ:l]
escena (f) del delito	crime scene	[kraɪm si:n]
testigo (m)	witness	['wɪtnɪs]
libertad (f)	freedom	['fri:dəm]
cómplice (m)	accomplice	[ə'kʌmplɪs]
rastro (m)	trace	[treɪs]

194. La policía. La ley. Unidad 2

búsqueda (f)	search	[sɜ:tʃ]
buscar (~ el criminal)	to look for ...	[tʊ lʊk fɔ:(r) ...]
sospecha (f)	suspicion	[sə'spɪʃən]
sospechoso (adj)	suspicious	[sə'spɪʃəs]
parar (~ en la calle)	to stop (vt)	[tʊ stɒp]
retener (vt)	to detain (vt)	[tʊ dɪ'teɪn]
causa (f) (~ penal)	case	[keɪs]
investigación (f)	investigation	[ɪnvestɪ'geɪʃən]
detective (m)	detective	[dɪ'tektɪv]
investigador (m)	investigator	[ɪn'vestɪgeɪtə(r)]
versión (f)	hypothesis	[haɪ'pɒθɪsɪs]
motivo (m)	motive	['məʊtɪv]

interrogatorio (m)	interrogation	[ɪnterə'ɡeɪʃən]
interrogar (vt)	to interrogate (vt)	[tʊ ɪn'terəɡeɪt]
interrogar (al testigo)	to question (vt)	[tʊ 'kwestʃən]
control (m) (de vehículos, etc.)	check	[tʃek]
redada (f)	round-up	['raʊnd ʌp]
registro (m) (~ de la casa)	search	[sɜːtʃ]
persecución (f)	chase	[tʃeɪs]
perseguir (vt)	to pursue, to chase	[tʊ pə'sjuː], [tʊ tʃeɪs]
rastrear (~ al criminal)	to track (vt)	[tʊ træk]
arresto (m)	arrest	[ə'rest]
arrestar (vt)	to arrest (vt)	[tʊ ə'rest]
capturar (vt)	to catch (vt)	[tʊ kætʃ]
captura (f)	capture	['kæptʃə(r)]
documento (m)	document	['dɒkjʊmənt]
prueba (f)	proof	[pruːf]
probar (vt)	to prove (vt)	[tʊ pruːv]
huella (f) (pisada)	footprint	['fʊtprɪnt]
huellas (f pl) digitales	fingerprints	['fɪŋɡəprɪnts]
elemento (m) de prueba	piece of evidence	[piːs ɒf 'evɪdəns]
coartada (f)	alibi	['ælɪbaɪ]
inocente (no culpable)	innocent	['ɪnəsənt]
injusticia (f)	injustice	[ɪn'dʒʌstɪs]
injusto (adj)	unjust, unfair	[ʌn'dʒʌst], [ʌn'feə(r)]
criminal (adj)	criminal	['krɪmɪnəl]
confiscar (vt)	to confiscate (vt)	[tʊ 'kɒnfɪskeɪt]
narcótico (m)	drug	[drʌg]
arma (f)	weapon, gun	['wepən], [gʌn]
desarmar (vt)	to disarm (vt)	[tʊ dɪs'ɑːm]
ordenar (vt)	to order (vt)	[tʊ 'ɔːdə(r)]
desaparecer (vi)	to disappear (vi)	[tʊ dɪsə'pɪə(r)]
ley (f)	law	[lɔː]
legal (adj)	legal, lawful	['liːɡəl], ['lɔːfʊl]
ilegal (adj)	illegal, illicit	[ɪ'liːɡəl], [ɪ'lɪsɪt]
responsabilidad (f)	responsibility	[rɪspɒnsə'bɪlɪtɪ]
responsable (adj)	responsible	[rɪ'spɒnsəbəl]

LA NATURALEZA

La tierra. Unidad 1

cosmos (m)	space	[speɪs]
espacial, cósmico (adj)	space	[speɪs]
espacio (m) cósmico	outer space	['aʊtə speɪs]
mundo (m)	world	[wɜ:ld]
universo (m)	universe	['ju:nɪvɜ:s]
galaxia (f)	galaxy	['gæləksɪ]
estrella (f)	star	[stɑ:(r)]
constelación (f)	constellation	[kɒnstə'leɪʃən]
planeta (m)	planet	['plænɪt]
satélite (m)	satellite	['sætəlaɪt]
meteorito (m)	meteorite	['mi:tjəraɪt]
cometa (m)	comet	['kɒmɪt]
asteroide (m)	asteroid	['æstərɔɪd]
órbita (f)	orbit	['ɔ:bɪt]
girar (vi)	to rotate (vi)	[tʊ rəʊ'teɪt]
atmósfera (f)	atmosphere	['ætməsfɪə(r)]
Sol (m)	the Sun	[sʌn]
sistema (m) solar	solar system	['səʊlə 'sɪstəm]
eclipse (m) de Sol	solar eclipse	['səʊlə ɪ'klɪps]
Tierra (f)	the Earth	[ði ɜ:θ]
Luna (f)	the Moon	[ðə mu:n]
Marte (m)	Mars	[mɑ:z]
Venus (f)	Venus	['vi:nəs]
Júpiter (m)	Jupiter	['dʒu:pɪtə(r)]
Saturno (m)	Saturn	['sætən]
Mercurio (m)	Mercury	['mɜ:kjʊrɪ]
Urano (m)	Uranus	['jʊərənəs]
Neptuno (m)	Neptune	['neptju:n]
Plutón (m)	Pluto	['plu:təʊ]
la Vía Láctea	the Milky Way	[ðə 'mɪlkɪ weɪ]
la Osa Mayor	the Great Bear	[ðə greɪt 'beə(r)]
la Estrella Polar	the North Star	[ðə nɔ:θ stɑ:(r)]
marciano (m)	Martian	['mɑ:ʃən]
extraterrestre (m)	extraterrestrial	[ekstrətə'restrɪəl]

| planetícola (m) | alien | ['eɪljən] |
| platillo (m) volante | flying saucer | ['flaɪɪŋ 'sɔ:sə(r)] |

nave (f) espacial	spaceship	['speɪsʃɪp]
estación (f) orbital	space station	[speɪs 'steɪʃən]
despegue (m)	blast-off	[blɑ:st ɒf]

motor (m)	engine	['endʒɪn]
tobera (f)	nozzle	['nɒzəl]
combustible (m)	fuel	[fju:əl]

carlinga (f)	cockpit	['kɒkpɪt]
antena (f)	aerial	['eərɪəl]
ventana (f)	porthole	['pɔ:theʊl]
batería (f) solar	solar panel	['səʊlə 'pænəl]
escafandra (f)	spacesuit	['speɪssu:t]

| ingravidez (f) | weightlessness | ['weɪtlɪsnɪs] |
| oxígeno (m) | oxygen | ['ɒksɪdʒən] |

| atraque (m) | docking | ['dɒkɪŋ] |
| realizar el atraque | to dock (vi, vt) | [tʊ dɒk] |

observatorio (m)	observatory	[əb'zɜ:vətrɪ]
telescopio (m)	telescope	['telɪskəʊp]
observar (vt)	to observe (vt)	[tʊ əb'zɜ:v]
explorar (~ el universo)	to explore (vt)	[tʊ ɪk'splɔ:(r)]

196. La tierra

Tierra (f)	the Earth	[ði ɜ:θ]
globo (m) terrestre	the globe	[ðə gləʊb]
planeta (m)	planet	['plænɪt]

atmósfera (f)	atmosphere	['ætməsfɪə(r)]
geografía (f)	geography	[dʒɪ'ɒgrəfɪ]
naturaleza (f)	nature	['neɪtʃə(r)]

globo (m) terráqueo	globe	[gləʊb]
mapa (m)	map	[mæp]
atlas (m)	atlas	['ætləs]

| Europa (f) | Europe | ['jʊərəp] |
| Asia (f) | Asia | ['eɪʒə] |

| África (f) | Africa | ['æfrɪkə] |
| Australia (f) | Australia | [ɒ'streɪljə] |

América (f)	America	[ə'merɪkə]
América (f) del Norte	North America	[nɔ:θ ə'merɪkə]
América (f) del Sur	South America	[saʊθ ə'merɪkə]

| Antártida (f) | Antarctica | [æn'tɑ:ktɪkə] |
| Ártico (m) | the Arctic | [ði 'ɑrktɪk] |

197. Los puntos cardinales

norte (m)	north	[nɔ:θ]
al norte	to the north	[tʊ ðə nɔ:θ]
en el norte	in the north	[ɪn ðə nɔ:θ]
del norte (adj)	northern	['nɔ:ðən]
sur (m)	south	[saʊθ]
al sur	to the south	[tʊ ðə saʊθ]
en el sur	in the south	[ɪn ðə saʊθ]
del sur (adj)	southern	['sʌðən]
oeste (m)	west	[west]
al oeste	to the west	[tʊ ðə west]
en el oeste	in the west	[ɪn ðə west]
del oeste (adj)	western	['westən]
este (m)	east	[i:st]
al este	to the east	[tʊ ði i:st]
en el este	in the east	[ɪn ði i:st]
del este (adj)	eastern	['i:stən]

198. El mar. El océano

mar (m)	sea	[si:]
océano (m)	ocean	['əʊʃən]
golfo (m)	gulf	[gʌlf]
estrecho (m)	straits	[streɪts]
tierra (f) firme	land	[lænd]
continente (m)	continent	['kɒntɪnənt]
isla (f)	island	['aɪlənd]
península (f)	peninsula	[pə'nɪnsjʊlə]
archipiélago (m)	archipelago	[ɑ:kɪ'pelɪgəʊ]
bahía (f)	bay	[beɪ]
ensenada, bahía (f)	harbour	['hɑ:bə(r)]
laguna (f)	lagoon	[lə'gu:n]
cabo (m)	cape	[keɪp]
atolón (m)	atoll	['ætɒl]
arrecife (m)	reef	[ri:f]
coral (m)	coral	['kɒrəl]
arrecife (m) de coral	coral reef	['kɒrəl ri:f]
profundo (adj)	deep	[di:p]
profundidad (f)	depth	[depθ]
abismo (m)	abyss	[ə'bɪs]
fosa (f) oceánica	trench	[trentʃ]
corriente (f)	current	['kʌrənt]
bañar (rodear)	to surround (vt)	[tʊ sə'raʊnd]
orilla (f)	shore	[ʃɔ:(r)]

costa (f)	coast	[kəʊst]
flujo (m)	flow	[fləʊ]
reflujo (m)	ebb	[eb]
banco (m) de arena	shoal	[ʃəʊl]
fondo (m)	bottom	['bɒtəm]

ola (f)	wave	[weɪv]
cresta (f) de la ola	crest	[krest]
espuma (f)	foam, spume	[fəʊm], [spju:m]

tempestad (f)	storm	[stɔ:m]
huracán (m)	hurricane	['hʌrɪkən]
tsunami (m)	tsunami	[tsu:'nɑ:mɪ]
bonanza (f)	calm	[kɑ:m]
calmo, tranquilo	quiet, calm	['kwaɪət], [kɑ:m]

| polo (m) | pole | [pəʊl] |
| polar (adj) | polar | ['pəʊlə(r)] |

latitud (f)	latitude	['lætɪtju:d]
longitud (f)	longitude	['lɒndʒɪtju:d]
paralelo (m)	parallel	['pærəlel]
ecuador (m)	equator	[ɪ'kweɪtə(r)]

cielo (m)	sky	[skaɪ]
horizonte (m)	horizon	[hə'raɪzən]
aire (m)	air	[eə]

faro (m)	lighthouse	['laɪthaʊs]
bucear (vi)	to dive (vi)	[tʊ daɪv]
hundirse (vr)	to sink (vi)	[tʊ sɪŋk]
tesoros (m pl)	treasure	['treʒə]

199. Los nombres de los mares y los océanos

océano (m) Atlántico	the Atlantic Ocean	[ðɪ ət'læntɪk 'əʊʃən]
océano (m) Índico	the Indian Ocean	[ðɪ 'ɪndɪən 'əʊʃən]
océano (m) Pacífico	the Pacific Ocean	[ðə pə'sɪfɪk 'əʊʃən]
océano (m) Glacial Ártico	the Arctic Ocean	[ðɪ 'ɑrktɪk 'əʊʃən]

mar (m) Negro	the Black Sea	[ðə 'blæk si:]
mar (m) Rojo	the Red Sea	[ðə red si:]
mar (m) Amarillo	the Yellow Sea	[ðɪ 'jeləʊ si:]
mar (m) Blanco	the White Sea	[ðə waɪt si:]

mar (m) Caspio	the Caspian Sea	[ðə 'kæspɪən si:]
mar (m) Muerto	the Dead Sea	[ðə 'ded si:]
mar (m) Mediterráneo	the Mediterranean Sea	[ðə ˌmedɪtə'reɪnɪən si:]

| mar (m) Egeo | the Aegean Sea | [ðɪ i:'dʒi:ən si:] |
| mar (m) Adriático | the Adriatic Sea | [ðɪ ˌeɪdrɪ'ætɪk si:] |

| mar (m) Arábigo | the Arabian Sea | [ðɪ ə'reɪbɪən si:] |
| mar (m) del Japón | the Sea of Japan | [ðə si: əv dʒə'pæn] |

| mar (m) de Bering | the Bering Sea | [ðə 'berɪŋ si:] |
| mar (m) de la China Meridional | the South China Sea | [ðə sauθ 'ʧaɪnə si:] |

mar (m) del Coral	the Coral Sea	[ðə 'kɒrəl si:]
mar (m) de Tasmania	the Tasman Sea	[ðə 'tæzmən si:]
mar (m) Caribe	the Caribbean Sea	[ðə kæ'rɪbɪən si:]

| mar (m) de Barents | the Barents Sea | [ðə 'bærənts si:] |
| mar (m) de Kara | the Kara Sea | [ðə 'kɑːrə si:] |

mar (m) del Norte	the North Sea	[ðə nɔ:θ si:]
mar (m) Báltico	the Baltic Sea	[ðə 'bɔ:ltɪk si:]
mar (m) de Noruega	the Norwegian Sea	[ðə nɔ:'wi:dʒən si:]

200. Las montañas

montaña (f)	mountain	['mauntɪn]
cadena (f) de montañas	mountain range	['mauntɪn reɪndʒ]
cresta (f) de montañas	mountain ridge	['mauntɪn rɪdʒ]

cima (f)	summit, top	['sʌmɪt], [tɒp]
pico (m)	peak	[pi:k]
pie (m)	foot	[fʊt]
cuesta (f)	slope	[sləʊp]

volcán (m)	volcano	[vɒl'keɪnəʊ]
volcán (m) activo	active volcano	['æktɪv vɒl'kenəʊ]
volcán (m) apagado	dormant volcano	['dɔ:mənt vɒl'kenəʊ]

erupción (f)	eruption	[ɪ'rʌpʃən]
cráter (m)	crater	['kreɪtə(r)]
magma (m)	magma	['mægmə]
lava (f)	lava	['lɑ:və]
fundido (lava ~a)	molten	['məʊltən]

cañón (m)	canyon	['kænjən]
desfiladero (m)	gorge	[gɔ:dʒ]
grieta (f)	crevice	['krevɪs]
precipicio (m)	abyss	[ə'bɪs]

puerto (m) (paso)	pass, col	[pɑ:s], [kɒl]
meseta (f)	plateau	['plætəʊ]
roca (f)	cliff	[klɪf]
colina (f)	hill	[hɪl]

glaciar (m)	glacier	['glæsjə(r)]
cascada (f)	waterfall	['wɔ:təfɔ:l]
geiser (m)	geyser	['gi:zə(r)]
lago (m)	lake	[leɪk]

llanura (f)	plain	[pleɪn]
paisaje (m)	landscape	['lændskeɪp]
eco (m)	echo	['ekəʊ]

alpinista (m)	alpinist	['ælpɪnɪst]
escalador (m)	rock climber	[rɒk 'klaɪmə(r)]
conquistar (vt)	conquer (vt)	['kɒŋkə(r)]
ascensión (f)	climb	[klaɪm]

201. Los nombres de las montañas

Alpes (m pl)	The Alps	[ði ælps]
Montblanc (m)	Mont Blanc	[mɒŋ blaŋ]
Pirineos (m pl)	The Pyrenees	[ðə pɪrə'niːz]

Cárpatos (m pl)	The Carpathians	[ðə kɑː'peɪθɪənz]
Urales (m pl)	The Ural Mountains	[ði 'jʊərəl 'maʊntɪnz]
Cáucaso (m)	The Caucasus Mountains	[ðə 'kɔːkəsəs 'maʊntɪnz]
Elbrus (m)	Mount Elbrus	['maʊnt elbə'ruːs]

Altai (m)	The Altai Mountains	[ði ɑːl'taɪ 'maʊntɪnz]
Tian-Shan (m)	The Tian Shan	[ðə tjɛn ʃaːn]
Pamir (m)	The Pamirs	[ðə pə'mɪəz]
Himalayos (m pl)	The Himalayas	[ðə hɪmə'leɪəz]
Everest (m)	Mount Everest	['maʊnt 'evərɪst]

| Andes (m pl) | The Andes | [ði 'ændiːz] |
| Kilimanjaro (m) | Mount Kilimanjaro | ['maʊnt kɪlɪmən'dʒɑːrəʊ] |

202. Los ríos

río (m)	river	['rɪvə(r)]
manantial (m)	spring	[sprɪŋ]
lecho (m) (curso de agua)	riverbed	['rɪvəbed]
cuenca (f) fluvial	basin	['beɪsən]
desembocar en ...	to flow into ...	[tʊ fləʊ 'ɪntʊ ...]

| afluente (m) | tributary | ['trɪbjʊtrɪ] |
| ribera (f) | bank | [bæŋk] |

corriente (f)	current, stream	['kʌrənt], [striːm]
río abajo (adv)	downstream	['daʊnstriːm]
río arriba (adv)	upstream	['ʌpstriːm]

inundación (f)	inundation	[ɪnʌn'deɪʃən]
riada (f)	flooding	['flʌdɪŋ]
desbordarse (vr)	to overflow (vi)	[tʊ əʊvə'fləʊ]
inundar (vt)	to flood (vt)	[tʊ flʌd]

| bajo (m) arenoso | shallow | ['ʃæləʊ] |
| rápido (m) | rapids | ['ræpɪdz] |

presa (f)	dam	[dæm]
canal (m)	canal	[kə'næl]
lago (m) artificiale	reservoir	['rezəvwɑː(r)]
esclusa (f)	sluice, lock	[sluːs], [lɒk]

cuerpo (m) de agua	water body	['wɔːtə 'bɒdɪ]
pantano (m)	swamp	[swɒmp]
ciénaga (f)	bog, marsh	[bɒg], [mɑːʃ]
remolino (m)	whirlpool	['wɜːlpuːl]
arroyo (m)	stream	[striːm]
potable (adj)	drinking	['drɪŋkɪŋ]
dulce (agua ~)	fresh	[freʃ]
hielo (m)	ice	[aɪs]
helarse (el lago, etc.)	to freeze over	[tʊ friːz 'əʊvə(r)]

203. Los nombres de los ríos

Sena (m)	the Seine	[ðə seɪn]
Loira (m)	the Loire	[ðə lwɑːr]
Támesis (m)	the Thames	[ðə temz]
Rin (m)	the Rhine	[ðə raɪn]
Danubio (m)	the Danube	[ðə 'dænjuːb]
Volga (m)	the Volga	[ðə 'vɒlgə]
Don (m)	the Don	[ðə dɒn]
Lena (m)	the Lena	[ðə 'leɪnə]
Río (m) Amarillo	the Yellow River	[ðɪ 'jeləʊ 'rɪvə(r)]
Río (m) Azul	the Yangtze	[ðɪ 'jæŋtsɪ]
Mekong (m)	the Mekong	[ðə 'miːkɒŋ]
Ganges (m)	the Ganges	[ðə 'gændʒiːz]
Nilo (m)	the Nile River	[ðə naɪl 'rɪvə(r)]
Congo (m)	the Congo River	[ðə 'kɒŋgəʊ 'rɪvə(r)]
Okavango (m)	the Okavango River	[ðɪ ˌɒkə'væŋgəʊ'rɪvə(r)]
Zambeze (m)	the Zambezi River	[ðə zæm'biːzɪ 'rɪvə(r)]
Limpopo (m)	the Limpopo River	[ðə lɪm'pəʊpəʊ 'rɪvə(r)]
Misisipi (m)	the Mississippi River	[ðə mɪsɪ'sɪpi 'rɪvə(r)]

204. El bosque

bosque (m)	forest, wood	['fɒrɪst], [wʊd]
de bosque (adj)	forest	['fɒrɪst]
espesura (f)	thick forest	[θɪk 'fɒrɪst]
bosquecillo (m)	grove	[grəʊv]
claro (m)	clearing	['klɪərɪŋ]
maleza (f)	thicket	['θɪkɪt]
matorral (m)	scrubland	['skrʌblænd]
senda (f)	footpath	['fʊtpɑːθ]
barranco (m)	gully	['gʌlɪ]
árbol (m)	tree	[triː]

| hoja (f) | leaf | [li:f] |
| follaje (m) | leaves | [li:vz] |

caída (f) de hojas	fall of leaves	[fɔ:l əv li:vz]
caer (las hojas)	to fall (vi)	[tʊ fɔ:l]
cima (f)	top	[tɒp]

rama (f)	branch	[brɑ:nʧ]
rama (f) (gruesa)	bough	[baʊ]
brote (m)	bud	[bʌd]
aguja (f)	needle	['ni:dəl]
piña (f)	fir cone	[fɜ: kəʊn]

| agujero (m) | tree hollow | [tri: 'hɒləʊ] |
| nido (m) | nest | [nest] |

tronco (m)	trunk	[trʌŋk]
raíz (f)	root	[ru:t]
corteza (f)	bark	[bɑ:k]
musgo (m)	moss	[mɒs]

extirpar (vt)	to uproot (vt)	[tʊ ʌp'ru:t]
talar (vt)	to chop down	[tʊ ʧɒp daʊn]
deforestar (vt)	to deforest (vt)	[tʊ di:'fɒrɪst]
tocón (m)	tree stump	[tri: stʌmp]

hoguera (f)	campfire	['kæmpfaɪə(r)]
incendio (m) forestal	forest fire	['fɒrɪst 'faɪə(r)]
apagar (~ el incendio)	to extinguish (vt)	[tʊ ɪk'stɪŋgwɪʃ]

guarda (m) forestal	forest ranger	['fɒrɪst 'reɪndʒə]
protección (f)	protection	[prə'tekʃən]
proteger (vt)	to protect (vt)	[tʊ prə'tekt]
cazador (m) furtivo	poacher	['pəʊʧə(r)]
cepo (m)	jaw trap	[dʒɔ: træp]

| recoger (setas, bayas) | to gather, to pick (vt) | [tʊ 'gæðə(r)], [tʊ pɪk] |
| perderse (vr) | to lose one's way | [tʊ lu:z wʌnz weɪ] |

205. Los recursos naturales

recursos (m pl) naturales	natural resources	['næʧərəl rɪ'sɔ:sɪz]
recursos (m pl) subterráneos	minerals	['mɪnərəlz]
depósitos (m pl)	deposits	[dɪ'pɒzɪts]
yacimiento (m)	field	[fi:ld]

extraer (vt)	to mine (vt)	[tʊ maɪn]
extracción (f)	mining	['maɪnɪŋ]
mena (f)	ore	[ɔ:(r)]
mina (f)	mine	[maɪn]
pozo (m) de mina	shaft	[ʃɑ:ft]
minero (m)	miner	['maɪnə(r)]
gas (m)	gas	[gæs]
gasoducto (m)	gas pipeline	[gæs 'paɪplaɪn]

petróleo (m)	oil, petroleum	[ɔɪl], [pɪ'trəʊlɪəm]
oleoducto (m)	oil pipeline	[ɔɪl 'paɪplaɪn]
pozo (m) de petróleo	oil well	[ɔɪl wel]
torre (f) de sondeo	derrick	['derɪk]
petrolero (m)	tanker	['tæŋkə(r)]

arena (f)	sand	[sænd]
caliza (f)	limestone	['laɪmstəʊn]
grava (f)	gravel	['grævəl]
turba (f)	peat	[piːt]
arcilla (f)	clay	[kleɪ]
carbón (m)	coal	[kəʊl]

hierro (m)	iron	['aɪən]
oro (m)	gold	[gəʊld]
plata (f)	silver	['sɪlvə(r)]
níquel (m)	nickel	['nɪkəl]
cobre (m)	copper	['kɒpə(r)]

zinc (m)	zinc	[zɪŋk]
manganeso (m)	manganese	['mæŋgəniːz]
mercurio (m)	mercury	['mɜːkjʊrɪ]
plomo (m)	lead	[led]

mineral (m)	mineral	['mɪnərəl]
cristal (m)	crystal	['krɪstəl]
mármol (m)	marble	['mɑːbəl]
uranio (m)	uranium	[jʊ'reɪnɪəm]

La tierra. Unidad 2

206. El tiempo

tiempo (m)	**weather**	['weðə(r)]
previsión (f) del tiempo	**weather forecast**	['weðə 'fɔːkɑːst]
temperatura (f)	**temperature**	['temprətʃə(r)]
termómetro (m)	**thermometer**	[θəˈmɒmɪtə(r)]
barómetro (m)	**barometer**	[bəˈrɒmɪtə(r)]
húmedo (adj)	**humid**	['hjuːmɪd]
humedad (f)	**humidity**	[hjuːˈmɪdətɪ]
bochorno (m)	**heat**	[hiːt]
tórrido (adj)	**hot**	[hɒt]
hace mucho calor	**it's hot**	[ɪts hɒt]
hace calor (templado)	**it's warm**	[ɪts wɔːm]
templado (adj)	**warm**	[wɔːm]
hace frío	**it's cold**	[ɪts kəʊld]
frío (adj)	**cold**	[kəʊld]
sol (m)	**sun**	[sʌn]
brillar (vi)	**to shine** (vi)	[tʊ ʃaɪn]
soleado (un día ~)	**sunny**	['sʌnɪ]
elevarse (el sol)	**to come up** (vi)	[tʊ kʌm ʌp]
ponerse (vr)	**to set** (vi)	[tʊ set]
nube (f)	**cloud**	[klaʊd]
nuboso (adj)	**cloudy**	['klaʊdɪ]
nubarrón (m)	**rain cloud**	[reɪn klaʊd]
nublado (adj)	**sombre**	['sɒmbə(r)]
lluvia (f)	**rain**	[reɪn]
está lloviendo	**it's raining**	[ɪts 'reɪnɪŋ]
lluvioso (adj)	**rainy**	['reɪnɪ]
lloviznar (vi)	**to drizzle** (vi)	[tʊ 'drɪzəl]
aguacero (m)	**pouring rain**	['pɔːrɪŋ reɪn]
chaparrón (m)	**downpour**	['daʊnpɔː(r)]
fuerte (la lluvia ~)	**heavy**	['hevɪ]
charco (m)	**puddle**	['pʌdəl]
mojarse (vr)	**to get wet**	[tʊ get wet]
niebla (f)	**fog, mist**	[fɒg], [mɪst]
nebuloso (adj)	**foggy**	['fɒgɪ]
nieve (f)	**snow**	[snəʊ]
está nevando	**it's snowing**	[ɪts 'snəʊɪŋ]

207. Los eventos climáticos severos. Los desastres naturales

tormenta (f)	thunderstorm	['θʌndəstɔːm]
relámpago (m)	lightning	['laɪtnɪŋ]
relampaguear (vi)	to flash (vi)	[tʊ flæʃ]
trueno (m)	thunder	['θʌndə(r)]
tronar (vi)	to thunder (vi)	[tʊ 'θʌndə(r)]
está tronando	it's thundering	[ɪts 'θʌndərɪŋ]
granizo (m)	hail	[heɪl]
está granizando	it's hailing	[ɪts heɪlɪŋ]
inundar (vt)	to flood (vt)	[tʊ flʌd]
inundación (f)	flood	[flʌd]
terremoto (m)	earthquake	['ɜːθkweɪk]
sacudida (f)	tremor, shock	['tremə(r)], [ʃɒk]
epicentro (m)	epicentre	['epɪsentə(r)]
erupción (f)	eruption	[ɪ'rʌpʃən]
lava (f)	lava	['lɑːvə]
torbellino (m)	twister	['twɪstə(r)]
tornado (m)	tornado	[tɔː'neɪdəʊ]
tifón (m)	typhoon	[taɪ'fuːn]
huracán (m)	hurricane	['hʌrɪkən]
tempestad (f)	storm	[stɔːm]
tsunami (m)	tsunami	[tsuː'nɑːmɪ]
ciclón (m)	cyclone	['saɪkləʊn]
mal tiempo (m)	bad weather	[bæd 'weðə(r)]
incendio (m)	fire	['faɪə(r)]
catástrofe (f)	disaster	[dɪ'zɑːstə(r)]
meteorito (m)	meteorite	['miːtjəraɪt]
avalancha (f)	avalanche	['ævəlɑːnʃ]
alud (m) de nieve	snowslide	['snəʊslaɪd]
ventisca (f)	blizzard	['blɪzəd]
nevasca (f)	snowstorm	['snəʊstɔːm]

208. Los ruidos. Los sonidos

silencio (m)	quiet, silence	['kwaɪət], ['saɪləns]
sonido (m)	sound	[saʊnd]
ruido (m)	noise	[nɔɪz]
hacer ruido	to make noise	[tʊ meɪk 'nɔɪz]
ruidoso (adj)	noisy	['nɔɪzɪ]
alto (adv)	loudly	['laʊdlɪ]
fuerte (~ voz)	loud	[laʊd]
constante (ruido, etc.)	constant	['kɒnstənt]

grito (m)	cry, shout	[kraɪ], [ʃaʊt]
gritar (vi)	to cry, to shout (vi)	[tʊ kraɪ], [tʊ ʃaʊt]
susurro (m)	whisper	['wɪspə(r)]
susurrar (vi, vt)	to whisper (vi, vt)	[tʊ 'wɪspə(r)]

| ladrido (m) | barking | ['bɑːkɪŋ] |
| ladrar (vi) | to bark (vi) | [tʊ bɑːk] |

gemido (m)	groan	[grəʊn]
gemir (vi)	to groan (vi)	[tʊ grəʊn]
tos (f)	cough	[kɒf]
toser (vi)	to cough (vi)	[tʊ kɒf]

silbido (m)	whistle	['wɪsəl]
silbar (vi)	to whistle (vi)	[tʊ 'wɪsəl]
toque (m) en la puerta	knock	[nɒk]
golpear (la puerta)	to knock (vi)	[tʊ nɒk]

| crepitar (vi) | to crack (vi) | [tʊ kræk] |
| crepitación (f) | crack | [kræk] |

sirena (f)	siren	['saɪərən]
pito (m) (de la fábrica)	whistle	['wɪsəl]
pitar (un tren, etc.)	to whistle (vi)	[tʊ 'wɪsəl]
bocinazo (m)	honk	[hɒŋk]
tocar la bocina	to honk (vi)	[tʊ hɒŋk]

209. El invierno

invierno (m)	winter	['wɪntə(r)]
de invierno (adj)	winter	['wɪntə(r)]
en invierno	in winter	[ɪn 'wɪntə(r)]

nieve (f)	snow	[snəʊ]
está nevando	it's snowing	[ɪts 'snəʊɪŋ]
nevada (f)	snowfall	['snəʊfɔːl]
montón (m) de nieve	snowdrift	['snəʊdrɪft]

copo (m) de nieve	snowflake	['snəʊfleɪk]
bola (f) de nieve	snowball	['snəʊbɔːl]
monigote (m) de nieve	snowman	['snəʊmæn]
carámbano (m)	icicle	['aɪsɪkəl]

diciembre (m)	December	[dɪ'sembə(r)]
enero (m)	January	['dʒænjʊərɪ]
febrero (m)	February	['febrʊərɪ]

| helada (f) | frost | [frɒst] |
| helado (~a noche) | frosty | ['frɒstɪ] |

bajo cero (adv)	below zero	[bɪ'ləʊ 'zɪərəʊ]
primeras heladas (f pl)	first frost	[fɜːst frɒst]
escarcha (f)	hoarfrost	['hɔːfrɒst]
frío (m)	cold	[kəʊld]

hace frío   **it's cold**   [ɪts kəʊld]
abrigo (m) de piel   **fur coat**   [fɜ: kəʊt]
manoplas (f pl)   **mittens**   ['mɪtənz]

enfermarse (vr)   **to fall ill**   [tʊ fɔ:l 'ɪl]
resfriado (m)   **cold**   [kəʊld]
resfriarse (vr)   **to catch a cold**   [tʊ kætʃ ə kəʊld]

hielo (m)   **ice**   [aɪs]
hielo (m) negro   **black ice**   [blæk 'aɪs]
helarse (el lago, etc.)   **to freeze over**   [tʊ fri:z 'əʊvə(r)]
bloque (m) de hielo   **ice floe**   ['aɪs fləʊ]

esquís (m pl)   **skis**   [ski:z]
esquiador (m)   **skier**   ['ski:ə(r)]
esquiar (vi)   **to ski** (vi)   [tʊ ski:]
patinar (vi)   **to skate** (vi)   [tʊ skeɪt]

La fauna

carnívoro (m)	predator	['predətə(r)]
tigre (m)	tiger	['taɪgə(r)]
león (m)	lion	['laɪən]
lobo (m)	wolf	[wʊlf]
zorro (m)	fox	[fɒks]
jaguar (m)	jaguar	['dʒægjʊə(r)]
leopardo (m)	leopard	['lepəd]
guepardo (m)	cheetah	['tʃi:tə]
pantera (f)	black panther	[blæk 'pænθə(r)]
puma (f)	puma	['pju:mə]
leopardo (m) de las nieves	snow leopard	[snəʊ 'lepəd]
lince (m)	lynx	[lɪnks]
coyote (m)	coyote	[kaɪ'əʊtɪ]
chacal (m)	jackal	['dʒækəl]
hiena (f)	hyena	[haɪ'i:nə]

animal (m)	animal	['ænɪməl]
bestia (f)	beast	[bi:st]
ardilla (f)	squirrel	['skwɪrəl]
erizo (m)	hedgehog	['hedʒhɒg]
liebre (f)	hare	[heə(r)]
conejo (m)	rabbit	['ræbɪt]
tejón (m)	badger	['bædʒə(r)]
mapache (m)	raccoon	[rə'ku:n]
hámster (m)	hamster	['hæmstə(r)]
marmota (f)	marmot	['mɑ:mət]
topo (m)	mole	[məʊl]
ratón (m)	mouse	[maʊs]
rata (f)	rat	[ræt]
murciélago (m)	bat	[bæt]
armiño (m)	ermine	['ɜ:mɪn]
cebellina (f)	sable	['seɪbəl]
marta (f)	marten	['mɑ:tɪn]
comadreja (f)	weasel	['wɪ:zəl]
visón (m)	mink	[mɪŋk]

castor (m)	beaver	['bi:və(r)]
nutria (f)	otter	['ɒtə(r)]
caballo (m)	horse	[hɔ:s]
alce (m)	moose	[mu:s]
ciervo (m)	deer	[dɪə(r)]
camello (m)	camel	['kæməl]
bisonte (m)	bison	['baɪsən]
uro (m)	wisent	['wi:zənt]
búfalo (m)	buffalo	['bʌfələʊ]
cebra (f)	zebra	['zebrə]
antílope (m)	antelope	['æntɪləʊp]
corzo (m)	roe deer	[rəʊ dɪə(r)]
gamo (m)	fallow deer	['fæləʊ dɪə(r)]
gamuza (f)	chamois	['ʃæmwɑ:]
jabalí (m)	wild boar	[waɪld 'bɔ:(r)]
ballena (f)	whale	[weɪl]
foca (f)	seal	[si:l]
morsa (f)	walrus	['wɔ:lrəs]
oso (m) marino	fur seal	[fɜ: si:l]
delfín (m)	dolphin	['dɒlfɪn]
oso (m)	bear	[beə]
oso (m) blanco	polar bear	['pəʊlə beə(r)]
panda (f)	panda	['pændə]
mono (m)	monkey	['mʌŋkɪ]
chimpancé (m)	chimpanzee	[ʧɪmpæn'zi:]
orangután (m)	orangutan	[ɒ'ræŋu:tæn]
gorila (m)	gorilla	[gə'rɪlə]
macaco (m)	macaque	[mə'kɑ:k]
gibón (m)	gibbon	['gɪbən]
elefante (m)	elephant	['elɪfənt]
rinoceronte (m)	rhinoceros	[raɪ'nɒsərəs]
jirafa (f)	giraffe	[ʤɪ'rɑ:f]
hipopótamo (m)	hippopotamus	[hɪpə'pɒtəməs]
canguro (m)	kangaroo	[kæŋgə'ru:]
koala (f)	koala	[kəʊ'ɑ:lə]
mangosta (f)	mongoose	['mɒŋgu:s]
chinchilla (f)	chinchilla	[ʧɪn'ʧɪlə]
mofeta (f)	skunk	[skʌŋk]
espín (m)	porcupine	['pɔ:kjʊpaɪn]

212. Los animales domésticos

gata (f)	cat	[kæt]
gato (m)	tomcat	['tɒmkæt]
perro (m)	dog	[dɒg]

caballo (m)	horse	[hɔ:s]
garañón (m)	stallion	['stælɪən]
yegua (f)	mare	[meə(r)]

vaca (f)	cow	[kaʊ]
toro (m)	bull	[bʊl]
buey (m)	ox	[ɒks]

oveja (f)	sheep	[ʃi:p]
carnero (m)	ram	[ræm]
cabra (f)	goat	[gəʊt]
cabrón (m)	he-goat	['hi: gəʊt]

| asno (m) | donkey | ['dɒŋkɪ] |
| mulo (m) | mule | [mju:l] |

cerdo (m)	pig	[pɪg]
cerdito (m)	piglet	['pɪglɪt]
conejo (m)	rabbit	['ræbɪt]

| gallina (f) | hen | [hen] |
| gallo (m) | cock | [kɒk] |

pato (m)	duck	[dʌk]
ánade (m)	drake	[dreɪk]
ganso (m)	goose	[gu:s]

| pavo (m) | tom turkey, gobbler | [tɒm 'tɜ:kɪ], ['gɒblə(r)] |
| pava (f) | turkey | ['tɜ:kɪ] |

animales (m pl) domésticos	domestic animals	[də'mestɪk 'ænɪməlz]
domesticado (adj)	tame	[teɪm]
domesticar (vt)	to tame (vt)	[tʊ teɪm]
criar (vt)	to breed (vt)	[tʊ bri:d]

granja (f)	farm	[fɑ:m]
aves (f pl) de corral	poultry	['pəʊltrɪ]
ganado (m)	cattle	['kætəl]
rebaño (m)	herd	[hɜ:d]

caballeriza (f)	stable	['steɪbəl]
porqueriza (f)	pigsty	['pɪgstaɪ]
vaquería (f)	cowshed	['kaʊʃed]
conejal (m)	rabbit hutch	['ræbɪt hʌtʃ]
gallinero (m)	hen house	['hen haʊs]

213. Los perros. Las razas de perros

perro (m)	dog	[dɒg]
perro (m) pastor	sheepdog	['ʃi:pdɒg]
pastor (m) alemán	German shepherd	['dʒɜ:mən 'ʃepəd]
caniche (m)	poodle	['pu:dəl]
teckel (m)	dachshund	['dækshʊnd]
bulldog (m)	bulldog	['bʊldɒg]

bóxer (m)	boxer	['bɒksə(r)]
mastín (m) inglés	mastiff	['mæstɪf]
rottweiler (m)	Rottweiler	['rɒtvaɪlə(r)]
doberman (m)	Doberman	['dəʊbəmən]

basset hound (m)	basset	['bæsɪt]
bobtail (m)	bobtail	['bɒbteɪl]
dálmata (m)	Dalmatian	[dæl'meɪʃən]
cocker spaniel (m)	cocker spaniel	['kɒkə 'spænjəl]

terranova (m)	Newfoundland	['nju:fəndlənd]
san bernardo (m)	Saint Bernard	[seɪnt 'bɜ:nəd]

husky (m)	husky	['hʌskɪ]
chow chow (m)	Chow Chow	[ʧaʊ ʧaʊ]
pomerania (m)	spitz	[spɪts]
pug (m), carlino (m)	pug	[pʌg]

214. Los sonidos de los animales

ladrido (m)	barking	['bɑ:kɪŋ]
ladrar (vi)	to bark (vi)	[tʊ bɑ:k]
maullar (vi)	to miaow (vi)	[tʊ mi:'aʊ]
ronronear (vi)	to purr (vi)	[tʊ pɜ:(r)]

mugir (vi)	to moo (vi)	[tʊ mu:]
bramar (toro)	to bellow (vi)	[tʊ 'beləʊ]
rugir (vi)	to growl (vi)	[tʊ graʊl]

aullido (m)	howl	[haʊl]
aullar (vi)	to howl (vi)	[tʊ haʊl]
gañir (vi)	to whine (vi)	[tʊ waɪn]

balar (vi)	to bleat (vi)	[tʊ bli:t]
gruñir (cerdo)	to grunt (vi)	[tʊ grʌnt]
chillar (vi)	to squeal (vi)	[tʊ skwi:l]

croar (vi)	to croak (vi)	[tʊ krəʊk]
zumbar (vi)	to buzz (vi)	[tʊ bʌz]
chirriar (vi)	to chirp (vi)	[tʊ ʧɜ:p]

215. Los animales jóvenes

cría (f)	cub	[kʌb]
gatito (m)	kitten	['kɪtən]
ratoncillo (m)	baby mouse	['beɪbɪ maʊs]
cachorro (m)	puppy	['pʌpɪ]

lebrato (m)	leveret	['levərɪt]
gazapo (m)	baby rabbit	['beɪbɪ 'ræbɪt]
lobato (m)	wolf cub	[wʊlf kʌb]
cachorro (m) de zorro	fox cub	[fɒks kʌb]

osito (m)	bear cub	[beə kʌb]
cachorro (m) de león	lion cub	['laɪən kʌb]
cachorro (m) de tigre	tiger cub	['taɪgə kʌb]
elefante bebé (m)	elephant calf	['elɪfənt kɑːf]
cerdito (m)	piglet	['pɪglɪt]
ternero (m)	calf	[kɑːf]
cabrito (m)	kid	[kɪd]
cordero (m)	lamb	[læm]
cervato (m)	fawn	[fɔːn]
cría (f) de camello	young camel	[jʌŋ 'kæməl]
serpiente (f) joven	baby snake	['beɪbɪ sneɪk]
rana (f) juvenil	baby frog	['beɪbɪ frɒg]
polluelo (m)	baby bird	['beɪbɪ bɜːd]
pollito (m)	chick	[tʃɪk]
patito (m)	duckling	['dʌklɪŋ]

216. Los pájaros

pájaro (m)	bird	[bɜːd]
paloma (f)	pigeon	['pɪdʒɪn]
gorrión (m)	sparrow	['spærəʊ]
carbonero (m)	tit	[tɪt]
urraca (f)	magpie	['mægpaɪ]
cuervo (m)	raven	['reɪvən]
corneja (f)	crow	[krəʊ]
chova (f)	jackdaw	['dʒækdɔː]
grajo (m)	rook	[rʊk]
pato (m)	duck	[dʌk]
ganso (m)	goose	[guːs]
faisán (m)	pheasant	['fezənt]
águila (f)	eagle	['iːgəl]
azor (m)	hawk	[hɔːk]
halcón (m)	falcon	['fɔːlkən]
buitre (m)	vulture	['vʌltʃə]
cóndor (m)	condor	['kɒndɔː(r)]
cisne (m)	swan	[swɒn]
grulla (f)	crane	[kreɪn]
cigüeña (f)	stork	[stɔːk]
loro (m), papagayo (m)	parrot	['pærət]
colibrí (m)	hummingbird	['hʌmɪŋbɜːd]
pavo (m) real	peacock	['piːkɒk]
avestruz (m)	ostrich	['ɒstrɪtʃ]
garza (f)	heron	['herən]
flamenco (m)	flamingo	[flə'mɪŋgəʊ]
pelícano (m)	pelican	['pelɪkən]

ruiseñor (m)	nightingale	['naɪtɪŋgeɪl]
golondrina (f)	swallow	['swɒləʊ]
tordo (m)	thrush	[θrʌʃ]
zorzal (m)	song thrush	[sɒŋ θrʌʃ]
mirlo (m)	blackbird	['blækbɜːd]
vencejo (m)	swift	[swɪft]
alondra (f)	lark	[lɑːk]
codorniz (f)	quail	[kweɪl]
pájaro carpintero (m)	woodpecker	['wʊdpekə(r)]
cuco (m)	cuckoo	['kʊkuː]
lechuza (f)	owl	[aʊl]
búho (m)	eagle owl	['iːgl aʊl]
urogallo (m)	wood grouse	[wʊd graʊs]
gallo lira (m)	black grouse	[blæk graʊs]
perdiz (f)	partridge	['pɑːtrɪdʒ]
estornino (m)	starling	['stɑːlɪŋ]
canario (m)	canary	[kə'neərɪ]
ortega (f)	hazel grouse	['heɪzəl graʊs]
pinzón (m)	chaffinch	['tʃæfɪntʃ]
camachuelo (m)	bullfinch	['bʊlfɪntʃ]
gaviota (f)	seagull	['siːgʌl]
albatros (m)	albatross	['ælbətrɒs]
pingüino (m)	penguin	['peŋgwɪn]

217. Los pájaros. El canto y los sonidos

cantar (vi)	to sing (vi)	[tʊ sɪŋ]
gritar, llamar (vi)	to call (vi)	[tʊ kɔːl]
cantar (el gallo)	to crow (vi)	[tʊ krəʊ]
quiquiriquí (m)	cock-a-doodle-doo	[kɒkəduːdəl'duː]
cloquear (vi)	to cluck (vi)	[tʊ klʌk]
graznar (vi)	to caw (vi)	[tʊ kɔː]
graznar, parpar (vi)	to quack (vi)	[tʊ kwæk]
piar (vi)	to cheep (vi)	[tʊ tʃiːp]
gorjear (vi)	to chirp, to twitter	[tʊ tʃɜːp], [tʊ 'twɪtə(r)]

218. Los peces. Los animales marinos

brema (f)	bream	[briːm]
carpa (f)	carp	[kɑːp]
perca (f)	perch	[pɜːtʃ]
siluro (m)	catfish	['kætfɪʃ]
lucio (m)	pike	[paɪk]
salmón (m)	salmon	['sæmən]
esturión (m)	sturgeon	['stɜːdʒən]

arenque (m)	herring	['herɪŋ]
salmón (m) del Atlántico	Atlantic salmon	[ət'læntɪk 'sæmən]
caballa (f)	mackerel	['mækərəl]
lenguado (m)	flatfish	['flætfɪʃ]

lucioperca (f)	pike perch	[paɪk pɜːtʃ]
bacalao (m)	cod	[kɒd]
atún (m)	tuna	['tjuːnə]
trucha (f)	trout	[traʊt]

anguila (f)	eel	[iːl]
raya (f) eléctrica	electric ray	[ɪ'lektrɪk reɪ]
morena (f)	moray eel	['mɒreɪ iːl]
piraña (f)	piranha	[pɪ'rɑːnə]

tiburón (m)	shark	[ʃɑːk]
delfín (m)	dolphin	['dɒlfɪn]
ballena (f)	whale	[weɪl]

centolla (f)	crab	[kræb]
medusa (f)	jellyfish	['dʒelɪfɪʃ]
pulpo (m)	octopus	['ɒktəpəs]

estrella (f) de mar	starfish	['stɑːfɪʃ]
erizo (m) de mar	sea urchin	[siː: 'ɜːtʃɪn]
caballito (m) de mar	seahorse	['siːhɔːs]

ostra (f)	oyster	['ɔɪstə(r)]
camarón (m)	prawn	[prɔːn]
bogavante (m)	lobster	['lɒbstə(r)]
langosta (f)	spiny lobster	['spaɪnɪ 'lɒbstə(r)]

219. Los anfibios. Los reptiles

| serpiente (f) | snake | [sneɪk] |
| venenoso (adj) | venomous | ['venəməs] |

víbora (f)	viper	['vaɪpə(r)]
cobra (f)	cobra	['kəʊbrə]
pitón (m)	python	['paɪθən]
boa (f)	boa	['bəʊə]

culebra (f)	grass snake	[grɑːs sneɪk]
serpiente (m) de cascabel	rattle snake	['rætəl sneɪk]
anaconda (f)	anaconda	[ænə'kɒndə]

lagarto (m)	lizard	['lɪzəd]
iguana (f)	iguana	[ɪ'gwɑːnə]
varano (m)	monitor lizard	['mɒnɪtə 'lɪzəd]
salamandra (f)	salamander	['sæləmændə(r)]
camaleón (m)	chameleon	[kə'miːlɪən]
escorpión (m)	scorpion	['skɔːpɪən]
tortuga (f)	turtle, tortoise	['tɜːtəl], ['tɔːtəs]
rana (f)	frog	[frɒg]

| sapo (m) | toad | [təʊd] |
| cocodrilo (m) | crocodile | ['krɒkədaɪl] |

220. Los insectos

insecto (m)	insect	['ɪnsekt]
mariposa (f)	butterfly	['bʌtəflaɪ]
hormiga (f)	ant	[ænt]
mosca (f)	fly	[flaɪ]
mosquito (m) (picadura de ~)	mosquito	[məˈski:təʊ]
escarabajo (m)	beetle	['bi:təl]

avispa (f)	wasp	[wɒsp]
abeja (f)	bee	[bi:]
abejorro (m)	bumblebee	['bʌmbəlbi:]
moscardón (m)	gadfly	['gædflaɪ]

| araña (f) | spider | ['spaɪdə(r)] |
| telaraña (f) | spider's web | ['spaɪdəz web] |

libélula (f)	dragonfly	['drægənflaɪ]
saltamontes (m)	grasshopper	['grɑːshɒpə(r)]
mariposa (f) nocturna	moth	[mɒθ]

cucaracha (f)	cockroach	['kɒkrəʊtʃ]
garrapata (f)	tick	[tɪk]
pulga (f)	flea	[fli:]
mosca (f) negra	midge	[mɪdʒ]

langosta (f)	locust	['ləʊkəst]
caracol (m)	snail	[sneɪl]
grillo (m)	cricket	['krɪkɪt]
luciérnaga (f)	firefly	['faɪəflaɪ]
mariquita (f)	ladybird	['leɪdɪbɜːd]
sanjuanero (m)	cockchafer	['kɒktʃeɪfə(r)]

sanguijuela (f)	leech	[li:tʃ]
oruga (f)	caterpillar	['kætəpɪlə(r)]
lombriz (m) de tierra	earthworm	['ɜːθwɜːm]
larva (f)	larva	['lɑːvə]

221. Los animales. Las partes del cuerpo

pico (m)	beak	[bi:k]
alas (f pl)	wings	[wɪŋz]
pata (f)	foot	[fʊt]
plumaje (m)	feathers	['feðəz]
pluma (f)	feather	['feðə(r)]
penacho (m)	crest	[krest]

| branquias (f pl) | gills | [dʒɪls] |
| huevas (f pl) | spawn | [spɔːn] |

larva (f)	larva	['lɑːvə]
aleta (f)	fin	[fɪn]
escamas (f pl)	scales	[skeɪlz]

colmillo (m)	fang	[fæŋ]
garra (f), pata (f)	paw	[pɔː]
hocico (m)	muzzle	['mʌzəl]
boca (f)	maw	[mɔː]
cola (f)	tail	[teɪl]
bigotes (m pl)	whiskers	['wɪskəz]

| casco (m) (pezuña) | hoof | [huːf] |
| cuerno (m) | horn | [hɔːn] |

caparazón (m)	carapace	['kærəpeɪs]
concha (f) (de moluscos)	shell	[ʃel]
cáscara (f) (de huevo)	shell	[ʃel]

| pelo (m) (de perro) | hair | [heə(r)] |
| piel (f) (de vaca, etc.) | pelt | [pelt] |

222. Los animales. Acciones. Conducta.

| volar (vi) | to fly (vi) | [tʊ flaɪ] |
| dar vueltas | to fly in circles | [tʊ flaɪ ɪn 'sɜːkəlz] |

| echar a volar | to fly away | [tʊ flaɪ ə'weɪ] |
| batir las alas | to flap the wings | [tʊ flæp ðə wɪŋz] |

| picotear (vt) | to peck (vi) | [tʊ pek] |
| empollar (vt) | to sit on eggs | [tʊ sɪt ɒn egz] |

| salir del cascarón | to hatch out (vi) | [tʊ hætʃ aʊt] |
| hacer el nido | to build a nest | [tʊ bɪld ə nest] |

reptar (serpiente)	to slither, to crawl (vi)	[tʊ 'slɪðə(r)], [tʊ krɔːl]
picar (vt)	to sting, to bite	[tʊ stɪŋ], [tʊ baɪt]
morder (animal)	to bite (vt)	[tʊ baɪt]

olfatear (vt)	to sniff (vt)	[tʊ snɪf]
ladrar (vi)	to bark (vi)	[tʊ bɑːk]
sisear (culebra)	to hiss (vi)	[tʊ hɪs]

| asustar (vt) | to scare (vt) | [tʊ skeə(r)] |
| atacar (vt) | to attack (vt) | [tʊ ə'tæk] |

roer (vt)	to gnaw (vt)	[tʊ nɔː]
arañar (vt)	to scratch (vt)	[tʊ skrætʃ]
esconderse (vr)	to hide (vi)	[tʊ haɪd]

jugar (gatitos, etc.)	to play (vi)	[tʊ pleɪ]
cazar (vi, vt)	to hunt (vi, vt)	[tʊ hʌnt]
hibernar (vi)	to hibernate (vi)	[tʊ 'haɪbəneɪt]
extinguirse (vr)	to go extinct	[tʊ gəʊ ɪk'stɪŋkt]

223. Los animales. El hábitat

hábitat (m)	habitat	['hæbɪtæt]
migración (f)	migration	[maɪ'greɪʃən]
montaña (f)	mountain	['maʊntɪn]
arrecife (m)	reef	[ri:f]
roca (f)	cliff	[klɪf]
bosque (m)	forest	['fɒrɪst]
jungla (f)	jungle	['dʒʌŋgəl]
sabana (f)	savanna	[sə'vænə]
tundra (f)	tundra	['tʌndrə]
estepa (f)	steppe	[step]
desierto (m)	desert	['dezət]
oasis (m)	oasis	[əʊ'eɪsɪs]
mar (m)	sea	[si:]
lago (m)	lake	[leɪk]
océano (m)	ocean	['əʊʃən]
pantano (m)	swamp	[swɒmp]
de agua dulce (adj)	freshwater	['freʃˌwɔ:tə(r)]
estanque (m)	pond	[pɒnd]
río (m)	river	['rɪvə(r)]
cubil (m)	den	[den]
nido (m)	nest	[nest]
agujero (m)	tree hollow	[tri: 'hɒləʊ]
madriguera (f)	burrow	['bʌrəʊ]
hormiguero (m)	anthill	['ænthɪl]

224. El cuidado de los animales

zoológico (m)	zoo	[zu:]
reserva (f) natural	nature reserve	['neɪtʃə rɪ'zɜ:v]
criadero (m)	breeder	['bri:də(r)]
jaula (f) al aire libre	open-air cage	['əʊpən eə keɪdʒ]
jaula (f)	cage	[keɪdʒ]
perrera (f)	kennel	['kenəl]
palomar (m)	dovecot	['dʌvkɒt]
acuario (m)	fish tank	[fɪʃ tæŋk]
delfinario (m)	dolphinarium	[dɒlfɪ'neərɪəm]
criar (~ animales)	to breed (vt)	[tʊ bri:d]
crías (f pl)	brood, litter	[bru:d], ['lɪtə(r)]
domesticar (vt)	to tame (vt)	[tʊ teɪm]
adiestrar (~ animales)	to train (vt)	[tʊ treɪn]
pienso (m), comida (f)	feed	[fi:d]
dar de comer	to feed (vt)	[tʊ fi:d]

tienda (f) de animales	pet shop	[pet ʃɒp]
bozal (m) de perro	muzzle	['mʌzəl]
collar (m)	collar	['kɒlə(r)]
nombre (m) (de perro, etc.)	name	[neɪm]
pedigrí (m)	pedigree	['pedɪgri:]

225. Los animales. Miscelánea

manada (f) (de lobos)	pack	[pæk]
bandada (f) (de pájaros)	flock	[flɒk]
banco (m) de peces	shoal, school	[ʃəʊl], [sku:l]
caballada (f)	herd	[hɜ:d]
macho (m)	male	[meɪl]
hembra (f)	female	['fi:meɪl]
hambriento (adj)	hungry	['hʌŋgrɪ]
salvaje (adj)	wild	[waɪld]
peligroso (adj)	dangerous	['deɪndʒərəs]

226. Los caballos

caballo (m)	horse	[hɔ:s]
raza (f)	breed	[bri:d]
potro (m)	foal	[fəʊl]
yegua (f)	mare	[meə(r)]
mustang (m)	mustang	['mʌstæŋ]
poni (m)	pony	['pəʊnɪ]
caballo (m) de tiro	draught horse	[drɑ:ft hɔ:s]
crin (f)	mane	[meɪn]
cola (f)	tail	[teɪl]
casco (m) (pezuña)	hoof	[hu:f]
herradura (f)	horseshoe	['hɔ:sʃu:]
herrar (vt)	to shoe (vt)	[tʊ ʃu:]
herrero (m)	blacksmith	['blæksmɪθ]
silla (f)	saddle	['sædəl]
estribo (m)	stirrup	['stɪrəp]
bridón (m)	bridle	['braɪdəl]
riendas (f pl)	reins	[reɪns]
fusta (f)	whip	[wɪp]
jinete (m)	rider	['raɪdə(r)]
ensillar (vt)	to saddle up (vt)	[tʊ 'sædəl ʌp]
montar al caballo	to mount a horse	[tʊ maʊnt ə hɔ:s]
galope (m)	gallop	['gæləp]
ir al galope	to gallop (vi)	[tʊ 'gæləp]

trote (m)	**trot**	[trɒt]
al trote (adv)	**at a trot**	[ət ə trɒt]
ir al trote, trotar (vi)	**to go at a trot**	[tʊ gəʊ ət ə trɒt]
caballo (m) de carreras	**racehorse**	['reɪshɔːs]
carreras (f pl)	**horse racing**	[hɔːs 'reɪsɪŋ]
caballeriza (f)	**stable**	['steɪbəl]
dar de comer	**to feed** (vt)	[tʊ fiːd]
heno (m)	**hay**	[heɪ]
dar de beber	**to water** (vt)	[tʊ 'wɔːtə(r)]
limpiar (el caballo)	**to wash** (vt)	[tʊ wɒʃ]
carro (m)	**horse-drawn cart**	[hɔːs drɔːn kɑːt]
pastar (vi)	**to graze** (vi)	[tʊ greɪz]
relinchar (vi)	**to neigh** (vi)	[tʊ neɪ]
cocear (vi)	**to kick** (vi)	[tʊ kɪk]

La flora

árbol (m)	tree	[triː]
foliáceo (adj)	deciduous	[dɪˈsɪdʒʊəs]
conífero (adj)	coniferous	[kəˈnɪfərəs]
de hoja perenne	evergreen	[ˈevəgriːn]
manzano (m)	apple tree	[ˈæpəl triː]
peral (m)	pear tree	[ˈpeə triː]
cerezo (m)	sweet cherry tree	[swiːt ˈtʃerɪ triː]
guindo (m)	sour cherry tree	[ˈsaʊə ˈtʃerɪ triː]
ciruelo (m)	plum tree	[plʌm triː]
abedul (m)	birch	[bɜːtʃ]
roble (m)	oak	[əʊk]
tilo (m)	linden tree	[ˈlɪndən triː]
pobo (m)	aspen	[ˈæspən]
arce (m)	maple	[ˈmeɪpəl]
pícea (f)	spruce	[spruːs]
pino (m)	pine	[paɪn]
alerce (m)	larch	[lɑːtʃ]
abeto (m)	fir	[fɜː(r)]
cedro (m)	cedar	[ˈsiːdə(r)]
álamo (m)	poplar	[ˈpɒplə(r)]
serbal (m)	rowan	[ˈrəʊən]
sauce (m)	willow	[ˈwɪləʊ]
aliso (m)	alder	[ˈɔːldə(r)]
haya (f)	beech	[biːtʃ]
olmo (m)	elm	[elm]
fresno (m)	ash	[æʃ]
castaño (m)	chestnut	[ˈtʃesnʌt]
magnolia (f)	magnolia	[mægˈnəʊlɪə]
palmera (f)	palm tree	[pɑːm triː]
ciprés (m)	cypress	[ˈsaɪprəs]
mangle (m)	mangrove	[ˈmæŋgrəʊv]
baobab (m)	baobab	[ˈbeɪəʊbæb]
eucalipto (m)	eucalyptus	[juːkəˈlɪptəs]
secoya (f)	sequoia	[sɪˈkwɔɪə]

mata (f)	bush	[bʊʃ]
arbusto (m)	shrub	[ʃrʌb]

| vid (f) | grapevine | ['greɪpvaɪn] |
| viñedo (m) | vineyard | ['vɪnjɑːd] |

frambueso (m)	raspberry bush	['rɑːzbərɪ bʊʃ]
grosellero (m) rojo	redcurrant bush	[red'kʌrənt bʊʃ]
grosellero (m) espinoso	gooseberry bush	['gʊzbərɪ bʊʃ]

acacia (f)	acacia	[ə'keɪʃə]
berberís (m)	barberry	['bɑːbərɪ]
jazmín (m)	jasmine	['dʒæzmɪn]

enebro (m)	juniper	['dʒuːnɪpə(r)]
rosal (m)	rosebush	['rəʊzbʊʃ]
escaramujo (m)	dog rose	[dɒg rəʊz]

229. Los hongos

seta (f)	mushroom	['mʌʃrʊm]
seta (f) comestible	edible mushroom	['edɪbəl 'mʌʃrʊm]
seta (f) venenosa	poisonous mushroom	['pɔɪzənəs 'mʌʃrʊm]
sombrerete (m)	cap	[kæp]
estipe (m)	stipe	[staɪp]

seta calabaza (f)	cep, penny bun	[sep], ['penɪ bʌn]
boleto (m) castaño	orange-cap boletus	['ɒrɪndʒ kæp bə'liːtəs]
boleto (m) áspero	birch bolete	[bɜːtʃ bə'liːtə]
rebozuelo (m)	chanterelle	[ʃɒntə'rel]
rúsula (f)	russula	['rʌsjʊlə]

colmenilla (f)	morel	[mə'rel]
matamoscas (m)	fly agaric	[flaɪ 'ægərɪk]
oronja (f) verde	death cap	[deθ kæp]

230. Las frutas. Las bayas

fruto (m)	fruit	[fruːt]
frutos (m pl)	fruits	[fruːts]
manzana (f)	apple	['æpəl]
pera (f)	pear	[peə(r)]
ciruela (f)	plum	[plʌm]

fresa (f)	strawberry	['strɔːbərɪ]
guinda (f)	sour cherry	['saʊə 'tʃerɪ]
cereza (f)	sweet cherry	[swiːt 'tʃerɪ]
uva (f)	grapes	[greɪps]

frambuesa (f)	raspberry	['rɑːzbərɪ]
grosella (f) negra	blackcurrant	[blæk'kʌrənt]
grosella (f) roja	redcurrant	[red'kʌrənt]
grosella (f) espinosa	gooseberry	['gʊzbərɪ]
arándano (m) agrio	cranberry	['krænbərɪ]
naranja (f)	orange	['ɒrɪndʒ]

mandarina (f)	tangerine	[ˌtændʒəˈriːn]
piña (f)	pineapple	[ˈpaɪnˌæpəl]
banana (f)	banana	[bəˈnɑːnə]
dátil (m)	date	[deɪt]

limón (m)	lemon	[ˈlemən]
albaricoque (m)	apricot	[ˈeɪprɪkɒt]
melocotón (m)	peach	[piːʧ]
kiwi (m)	kiwi	[ˈkiːwiː]
toronja (f)	grapefruit	[ˈgreɪpfruːt]

baya (f)	berry	[ˈberɪ]
bayas (f pl)	berries	[ˈberːz]
arándano (m) rojo	cowberry	[ˈkaʊberɪ]
fresa (f) silvestre	wild strawberry	[ˈwaɪld ˈstrɔːberɪ]
arándano (m)	bilberry	[ˈbɪlberɪ]

231. Las flores. Las plantas

| flor (f) | flower | [ˈflaʊə(r)] |
| ramo (m) de flores | bouquet | [bʊˈkeɪ] |

rosa (f)	rose	[rəʊz]
tulipán (m)	tulip	[ˈtjuːlɪp]
clavel (m)	carnation	[kɑːˈneɪʃən]
gladiolo (m)	gladiolus	[glædɪˈəʊləs]

aciano (m)	cornflower	[ˈkɔːnflaʊə(r)]
campanilla (f)	harebell	[ˈheəbel]
diente (m) de león	dandelion	[ˈdændɪlaɪən]
manzanilla (f)	camomile	[ˈkæməmaɪl]

áloe (m)	aloe	[ˈæləʊ]
cacto (m)	cactus	[ˈkæktəs]
ficus (m)	rubber plant, ficus	[ˈrʌbə plɑːnt], [ˈfaɪkəs]

azucena (f)	lily	[ˈlɪlɪ]
geranio (m)	geranium	[dʒɪˈreɪnɪəm]
jacinto (m)	hyacinth	[ˈhaɪəsɪnθ]

mimosa (f)	mimosa	[mɪˈməʊzə]
narciso (m)	narcissus	[nɑːˈsɪsəs]
capuchina (f)	nasturtium	[nəsˈtɜːʃəm]

orquídea (f)	orchid	[ˈɔːkɪd]
peonía (f)	peony	[ˈpiːənɪ]
violeta (f)	violet	[ˈvaɪələt]

trinitaria (f)	pansy	[ˈpænzɪ]
nomeolvides (f)	forget-me-not	[fəˈget mi nɒt]
margarita (f)	daisy	[ˈdeɪzɪ]

| amapola (f) | poppy | [ˈpɒpɪ] |
| cáñamo (m) | hemp | [hemp] |

menta (f)	mint	[mɪnt]
muguete (m)	lily of the valley	['lɪlɪ əv ðə 'vælɪ]
campanilla (f) de las nieves	snowdrop	['snəʊdrɒp]
ortiga (f)	nettle	['netəl]
acedera (f)	sorrel	['sɒrəl]
nenúfar (m)	water lily	['wɔːtə 'lɪlɪ]
helecho (m)	fern	[fɜːn]
liquen (m)	lichen	['laɪkən]
invernadero (m) tropical	conservatory	[kən'sɜːvətrɪ]
césped (m)	lawn	[lɔːn]
macizo (m) de flores	flowerbed	['flaʊəbed]
planta (f)	plant	[plɑːnt]
hierba (f)	grass	[grɑːs]
hoja (f) de hierba	blade of grass	[bleɪd əv grɑːs]
hoja (f)	leaf	[liːf]
pétalo (m)	petal	['petəl]
tallo (m)	stem	[stem]
tubérculo (m)	tuber	['tjuːbə(r)]
retoño (m)	young plant	[jʌŋ plɑːnt]
espina (f)	thorn	[θɔːn]
florecer (vi)	to blossom (vi)	[tʊ 'blɒsəm]
marchitarse (vr)	to fade (vi)	[tʊ feɪd]
olor (m)	smell	[smel]
cortar (vt)	to cut (vt)	[tʊ kʌt]
coger (una flor)	to pick (vt)	[tʊ pɪk]

232. Los cereales, los granos

grano (m)	grain	[greɪn]
cereales (m pl) (plantas)	cereal crops	['sɪərɪəl krɒps]
espiga (f)	ear	[ɪə(r)]
trigo (m)	wheat	[wiːt]
centeno (m)	rye	[raɪ]
avena (f)	oats	['əʊts]
mijo (m)	millet	['mɪlɪt]
cebada (f)	barley	['bɑːlɪ]
maíz (m)	maize	[meɪz]
arroz (m)	rice	[raɪs]
alforfón (m)	buckwheat	['bʌkwiːt]
guisante (m)	pea	[piː]
fréjol (m)	kidney beans	['kɪdnɪ biːnz]
soya (f)	soya	['sɔɪə]
lenteja (f)	lentil	['lentɪl]
habas (f pl)	beans	[biːnz]

233. Los vegetales. Las verduras

| legumbres (f pl) | vegetables | ['vedʒtəbəlz] |
| verduras (f pl) | greens | [griːnz] |

tomate (m)	tomato	[tə'mɑːtəʊ]
pepino (m)	cucumber	['kjuːkʌmbə(r)]
zanahoria (f)	carrot	['kærət]
patata (f)	potato	[pə'teɪtəʊ]
cebolla (f)	onion	['ʌnjən]
ajo (m)	garlic	['gɑːlɪk]

col (f)	cabbage	['kæbɪdʒ]
coliflor (f)	cauliflower	['kɒlɪflaʊə(r)]
col (f) de Bruselas	Brussels sprouts	['brʌsəlz 'spraʊts]
brócoli (m)	broccoli	['brɒkəlɪ]

remolacha (f)	beetroot	['biːtruːt]
berenjena (f)	aubergine	['əʊbəʒiːn]
calabacín (m)	marrow	['mærəʊ]
calabaza (f)	pumpkin	['pʌmpkɪn]
nabo (m)	turnip	['tɜːnɪp]

perejil (m)	parsley	['pɑːslɪ]
eneldo (m)	dill	[dɪl]
lechuga (f)	lettuce	['letɪs]
apio (m)	celery	['selərɪ]
espárrago (m)	asparagus	[ə'spærəgəs]
espinaca (f)	spinach	['spɪnɪdʒ]

guisante (m)	pea	[piː]
habas (f pl)	beans	[biːnz]
maíz (m)	maize	[meɪz]
fréjol (m)	kidney beans	['kɪdnɪ biːnz]

pimentón (m)	pepper	['pepə(r)]
rábano (m)	radish	['rædɪʃ]
alcachofa (f)	artichoke	['ɑːtɪʃəʊk]

GEOGRAFÍA REGIONAL

234. Europa occidental

Europa (f)	**Europe**	['jʊərəp]
Unión (f) Europea	**European Union**	[jʊərə'pi:ən 'ju:nɪən]
europeo (m)	**European**	[jʊərə'pi:ən]
europeo (adj)	**European**	[jʊərə'pi:ən]

Austria (f)	**Austria**	['ɒstrɪə]
austriaco (m)	**Austrian**	['ɒstrɪən]
austriaca (f)	**Austrian**	['ɒstrɪən]
austriaco (adj)	**Austrian**	['ɒstrɪən]

Gran Bretaña (f)	**Great Britain**	[greɪt 'brɪtən]
Inglaterra (f)	**England**	['ɪŋglənd]
inglés (m)	**British**	['brɪtɪʃ]
inglesa (f)	**British**	['brɪtɪʃ]
inglés (adj)	**English, British**	['ɪŋglɪʃ], ['brɪtɪʃ]

Bélgica (f)	**Belgium**	['beldʒəm]
belga (m)	**Belgian**	['beldʒən]
belga (f)	**Belgian**	['beldʒən]
belga (adj)	**Belgian**	['beldʒən]

Alemania (f)	**Germany**	['dʒɜ:mənɪ]
alemán (m)	**German**	['dʒɜ:mən]
alemana (f)	**German**	['dʒɜ:mən]
alemán (adj)	**German**	['dʒɜ:mən]

Países Bajos (m pl)	**Netherlands**	['neðələndz]
Holanda (f)	**Holland**	['hɒlənd]
holandés (m)	**Dutch**	[dʌtʃ]
holandesa (f)	**Dutch**	[dʌtʃ]
holandés (adj)	**Dutch**	[dʌtʃ]

Grecia (f)	**Greece**	[gri:s]
griego (m)	**Greek**	[gri:k]
griega (f)	**Greek**	[gri:k]
griego (adj)	**Greek**	[gri:k]

Dinamarca (f)	**Denmark**	['denmɑ:k]
danés (m)	**Dane**	[deɪn]
danesa (f)	**Dane**	[deɪn]
danés (adj)	**Danish**	['deɪnɪʃ]

Irlanda (f)	**Ireland**	['aɪələnd]
irlandés (m)	**Irish**	['aɪrɪʃ]
irlandesa (f)	**Irish**	['aɪrɪʃ]
irlandés (adj)	**Irish**	['aɪrɪʃ]

Islandia (f)	Iceland	['aɪslənd]
islandés (m)	Icelander	['aɪsləndə(r)]
islandesa (f)	Icelander	['aɪsləndə(r)]
islandés (adj)	Icelandic	[aɪs'lændɪk]

España (f)	Spain	[speɪn]
español (m)	Spaniard	['spænjəd]
española (f)	Spaniard	['spænjəd]
español (adj)	Spanish	['spænɪʃ]

Italia (f)	Italy	['ɪtəlɪ]
italiano (m)	Italian	[ɪ'tæljən]
italiana (f)	Italian	[ɪ'tæljən]
italiano (adj)	Italian	[ɪ'tæljən]

Chipre (m)	Cyprus	['saɪprəs]
chipriota (m)	Cypriot	['sɪprɪət]
chipriota (f)	Cypriot	['sɪprɪət]
chipriota (adj)	Cypriot	['sɪprɪət]

Malta (f)	Malta	['mɔːltə]
maltés (m)	Maltese	[mɔːl'tiːz]
maltesa (f)	Maltese	[mɔːl'tiːz]
maltés (adj)	Maltese	[mɔːl'tiːz]

Noruega (f)	Norway	['nɔːweɪ]
noruego (m)	Norwegian	[nɔː'wiːdʒən]
noruega (f)	Norwegian	[nɔː'wiːdʒən]
noruego (adj)	Norwegian	[nɔː'wiːdʒən]

Portugal (m)	Portugal	['pɔːtʃʊgəl]
portugués (m)	Portuguese	[pɔːtʃʊ'giːz]
portuguesa (f)	Portuguese	[pɔːtʃʊ'giːz]
portugués (adj)	Portuguese	[pɔːtʃʊ'giːz]

Finlandia (f)	Finland	['fɪnlənd]
finlandés (m)	Finn	[fɪn]
finlandesa (f)	Finn	[fɪn]
finlandés (adj)	Finnish	['fɪnɪʃ]

Francia (f)	France	[frɑːns]
francés (m)	French	[frenʧ]
francesa (f)	French	[frenʧ]
francés (adj)	French	[frenʧ]

Suecia (f)	Sweden	['swiːdən]
sueco (m)	Swede	[swiːd]
sueca (f)	Swede	[swiːd]
sueco (adj)	Swedish	['swiːdɪʃ]

Suiza (f)	Switzerland	['swɪtsələnd]
suizo (m)	Swiss	[swɪs]
suiza (f)	Swiss	[swɪs]
suizo (adj)	Swiss	[swɪs]
Escocia (f)	Scotland	['skɒtlənd]
escocés (m)	Scottish	['skɒtɪʃ]

| escocesa (f) | Scottish | ['skɒtɪʃ] |
| escocés (adj) | Scottish | ['skɒtɪʃ] |

Vaticano (m)	Vatican City	['vætɪkən 'sɪtɪ]
Liechtenstein (m)	Liechtenstein	['lɪktənstaɪn]
Luxemburgo (m)	Luxembourg	['lʌksəmbɜːg]
Mónaco (m)	Monaco	['mɒnəkəʊ]

235. Europa central y oriental

Albania (f)	Albania	[æl'beɪnɪə]
albanés (m)	Albanian	[æl'beɪnɪən]
albanesa (f)	Albanian	[æl'beɪnɪən]
albanés (adj)	Albanian	[æl'beɪnɪən]

Bulgaria (f)	Bulgaria	[bʌl'geərɪə]
búlgaro (m)	Bulgarian	[bʌl'geərɪən]
búlgara (f)	Bulgarian	[bʌl'geərɪən]
búlgaro (adj)	Bulgarian	[bʌl'geərɪən]

Hungría (f)	Hungary	['hʌŋgərɪ]
húngaro (m)	Hungarian	[hʌŋ'geərɪən]
húngara (f)	Hungarian	[hʌŋ'geərɪən]
húngaro (adj)	Hungarian	[hʌŋ'geərɪən]

Letonia (f)	Latvia	['lætvɪə]
letón (m)	Latvian	['lætvɪən]
letona (f)	Latvian	['lætvɪən]
letón (adj)	Latvian	['lætvɪən]

Lituania (f)	Lithuania	[ˌlɪθjʊ'eɪnjə]
lituano (m)	Lithuanian	[ˌlɪθjʊ'eɪnjən]
lituana (f)	Lithuanian	[ˌlɪθjʊ'eɪnjən]
lituano (adj)	Lithuanian	[ˌlɪθjʊ'eɪnjən]

Polonia (f)	Poland	['pəʊlənd]
polaco (m)	Pole	[pəʊl]
polaca (f)	Pole	[pəʊl]
polaco (adj)	Polish	['pəʊlɪʃ]

Rumania (f)	Romania	[ruː'meɪnɪə]
rumano (m)	Romanian	[ruː'meɪnɪən]
rumana (f)	Romanian	[ruː'meɪnɪən]
rumano (adj)	Romanian	[ruː'meɪnɪən]

Serbia (f)	Serbia	['sɜːbɪə]
serbio (m)	Serbian	['sɜːbɪən]
serbia (f)	Serbian	['sɜːbɪən]
serbio (adj)	Serbian	['sɜːbɪən]

Eslovaquia (f)	Slovakia	[slə'vækɪə]
eslovaco (m)	Slovak	['sləʊvæk]
eslovaca (f)	Slovak	['sləʊvæk]
eslovaco (adj)	Slovak	['sləʊvæk]

Croacia (f)	Croatia	[krəʊˈeɪʃə]
croata (m)	Croatian	[krəʊˈeɪʃən]
croata (f)	Croatian	[krəʊˈeɪʃən]
croata (adj)	Croatian	[krəʊˈeɪʃən]

Chequia (f)	Czech Republic	[ʧek rɪˈpʌblɪk]
checo (m)	Czech	[ʧek]
checa (f)	Czech	[ʧek]
checo (adj)	Czech	[ʧek]

Estonia (f)	Estonia	[eˈstəʊnjə]
estonio (m)	Estonian	[eˈstəʊnjən]
estonia (f)	Estonian	[eˈstəʊnjən]
estonio (adj)	Estonian	[eˈstəʊnjən]

Bosnia y Herzegovina	Bosnia and Herzegovina	[ˈbɒznɪə ənd hɜːtsəgəˈviːnə]
Macedonia	North Macedonia	[nɔːθ ˌmæsɪˈdəʊnɪə]
Eslovenia	Slovenia	[sləˈviːnɪə]
Montenegro (m)	Montenegro	[mɒntɪˈniːgrəʊ]

236. Los países de la antes Unión Soviética

Azerbaiyán (m)	Azerbaijan	[ˌæzəbaɪˈʤɑːn]
azerbaiyano (m)	Azerbaijani	[ˌæzəbaɪˈʤɑːnɪ]
azerbaiyana (f)	Azerbaijani	[ˌæzəbaɪˈʤɑːnɪ]
azerbaiyano (adj)	Azerbaijani, Azeri	[ˌæzəbaɪˈʤɑːnɪ], [əˈzerɪ]

Armenia (f)	Armenia	[ɑːˈmiːnɪə]
armenio (m)	Armenian	[ɑːˈmiːnɪən]
armenia (f)	Armenian	[ɑːˈmiːnɪən]
armenio (adj)	Armenian	[ɑːˈmiːnɪən]

Bielorrusia (f)	Belarus	[beləˈruːs]
bielorruso (m)	Belarusian	[beləˈrʌʃən]
bielorrusa (f)	Belarusian	[beləˈrʌʃən]
bielorruso (adj)	Belarusian	[beləˈrʌʃən]

Georgia (f)	Georgia	[ˈʤɔːʤə]
georgiano (m)	Georgian	[ˈʤɔːʤən]
georgiana (f)	Georgian	[ˈʤɔːʤən]
georgiano (adj)	Georgian	[ˈʤɔːʤən]

Kazajstán (m)	Kazakhstan	[ˌkæzækˈstɑːn]
kazajo (m)	Kazakh	[ˈkæzæk]
kazaja (f)	Kazakh	[ˈkæzæk]
kazajo (adj)	Kazakh	[ˈkæzæk]

Kirguizistán (m)	Kirghizia	[kɜːˈgɪzɪə]
kirguís (m)	Kirghiz	[kɜːˈgɪz]
kirguisa (f)	Kirghiz	[kɜːˈgɪz]
kirguís (adj)	Kirghiz	[kɜːˈgɪz]

| Moldavia (f) | Moldavia | [mɒlˈdeɪvɪə] |
| moldavo (m) | Moldavian | [mɒlˈdeɪvɪən] |

| moldava (f) | Moldavian | [mɒlˈdeɪvɪən] |
| moldavo (adj) | Moldavian | [mɒlˈdeɪvɪən] |

Rusia (f)	Russia	[ˈrʌʃə]
ruso (m)	Russian	[ˈrʌʃən]
rusa (f)	Russian	[ˈrʌʃən]
ruso (adj)	Russian	[ˈrʌʃən]

Tayikistán (m)	Tajikistan	[tɑːdʒɪkɪˈstɑːn]
tayiko (m)	Tajik	[tɑːˈdʒɪːk]
tayika (f)	Tajik	[tɑːˈdʒɪːk]
tayiko (adj)	Tajik	[tɑːˈdʒɪːk]

Turkmenistán (m)	Turkmenistan	[tɜːkmenɪˈstɑːn]
turkmeno (m)	Turkmen	[ˈtɜːkmən]
turkmena (f)	Turkmen	[ˈtɜːkmən]
turkmeno (adj)	Turkmenian	[tɜːkˈmenɪən]

Uzbekistán (m)	Uzbekistan	[ʊzbekɪˈstɑːn]
uzbeko (m)	Uzbek	[ˈʊzbek]
uzbeka (f)	Uzbek	[ˈʊzbek]
uzbeko (adj)	Uzbek	[ˈʊzbek]

Ucrania (f)	Ukraine	[juːˈkreɪn]
ucraniano (m)	Ukrainian	[juːˈkreɪnɪən]
ucraniana (f)	Ukrainian	[juːˈkreɪnɪən]
ucraniano (adj)	Ukrainian	[juːˈkreɪnɪən]

237. Asia

| Asia (f) | Asia | [ˈeɪʒə] |
| asiático (adj) | Asian | [ˈeɪʒən] |

Vietnam (m)	Vietnam	[vjetˈnæm]
vietnamita (m)	Vietnamese	[vjetnəˈmiːz]
vietnamita (f)	Vietnamese	[vjetnəˈmiːz]
vietnamita (adj)	Vietnamese	[vjetnəˈmiːz]

India (f)	India	[ˈɪndɪə]
indio (m)	Indian	[ˈɪndɪən]
india (f)	Indian	[ˈɪndɪən]
indio (adj)	Indian	[ˈɪndɪən]

Israel (m)	Israel	[ˈɪzreɪəl]
israelí (m)	Israeli	[ɪzˈreɪlɪ]
israelí (f)	Israeli	[ɪzˈreɪlɪ]
israelí (adj)	Israeli	[ɪzˈreɪlɪ]

hebreo (m)	Jew	[dʒuː]
hebrea (f)	Jewess	[ˈdʒuːɪs]
hebreo (adj)	Jewish	[ˈdʒuːɪʃ]

| China (f) | China | [ˈtʃaɪnə] |
| chino (m) | Chinese | [tʃaɪˈniːz] |

| china (f) | Chinese | [ʧaɪ'niːz] |
| chino (adj) | Chinese | [ʧaɪ'niːz] |

Corea (f) del Sur	South Korea	[sauθ kə'rɪə]
Corea (f) del Norte	North Korea	[nɔːθ kə'rɪə]
coreano (m)	Korean	[kə'rɪən]
coreana (f)	Korean	[kə'rɪən]
coreano (adj)	Korean	[kə'rɪən]

Líbano (m)	Lebanon	['lebənən]
libanés (m)	Lebanese	[ˌlebə'niːz]
libanesa (f)	Lebanese	[ˌlebə'niːz]
libanés (adj)	Lebanese	[ˌlebə'niːz]

Mongolia (f)	Mongolia	[mɒŋ'gəʊlɪə]
mongol (m)	Mongolian	[mɒŋ'gəʊlɪən]
mongola (f)	Mongolian	[mɒŋ'gəʊlɪən]
mongol (adj)	Mongolian	[mɒŋ'gəʊlɪən]

Malasia (f)	Malaysia	[mə'leɪzɪə]
malayo (m)	Malaysian	[mə'leɪzɪən]
malaya (f)	Malaysian	[mə'leɪzɪən]
malayo (adj)	Malaysian	[mə'leɪzɪən]

Pakistán (m)	Pakistan	[pɑːkɪ'stɑːn]
pakistaní (m)	Pakistani	[pɑːkɪ'stɑːnɪ]
pakistaní (f)	Pakistani	[pɑːkɪ'stɑːnɪ]
pakistaní (adj)	Pakistani	[pɑːkɪ'stɑːnɪ]

Arabia (f) Saudita	Saudi Arabia	['saʊdɪ ə'reɪbɪə]
árabe (m)	Arab	['ærəb]
árabe (f)	Arab	['ærəb]
árabe (adj)	Arab, Arabic, Arabian	['ærəb], ['ærəbɪk], [ə'reɪbɪən]

Tailandia (f)	Thailand	['taɪlænd]
tailandés (m)	Thai	[taɪ]
tailandesa (f)	Thai	[taɪ]
tailandés (adj)	Thai	[taɪ]

Taiwán (m)	Taiwan	[ˌtaɪ'wɑːn]
taiwanés (m)	Taiwanese	[ˌtaɪwə'niːz]
taiwanesa (f)	Taiwanese	[ˌtaɪwə'niːz]
taiwanés (adj)	Taiwanese	[ˌtaɪwə'niːz]

Turquía (f)	Turkey	['tɜːkɪ]
turco (m)	Turk	[tɜːk]
turca (f)	Turk	[tɜːk]
turco (adj)	Turkish	['tɜːkɪʃ]

Japón (m)	Japan	[dʒə'pæn]
japonés (m)	Japanese	[dʒæpə'niːz]
japonesa (f)	Japanese	[dʒæpə'niːz]
japonés (adj)	Japanese	[dʒæpə'niːz]

| Afganistán (m) | Afghanistan | [æf'gænɪstæn] |
| Bangladesh (m) | Bangladesh | [ˌbæŋglə'deʃ] |

| Indonesia (f) | Indonesia | [ɪndə'niːzɪə] |
| Jordania (f) | Jordan | ['dʒɔːdən] |

Irak (m)	Iraq	[ɪ'rɑːk]
Irán (m)	Iran	[ɪ'rɑːn]
Camboya (f)	Cambodia	[kæm'bəʊdɪə]
Kuwait (m)	Kuwait	[kʊ'weɪt]

Laos (m)	Laos	[laʊs]
Myanmar (m)	Myanmar	[mjæn'mɑː(r)]
Nepal (m)	Nepal	[nɪ'pɔːl]
Emiratos (m pl) Árabes Unidos	United Arab Emirates	[juː'naɪtɪd 'ærəb 'emərəts]

| Siria (f) | Syria | ['sɪrɪə] |
| Palestina (f) | Palestine | ['pæləstaɪn] |

238. América del Norte

Estados Unidos de América (m pl)	United States of America	[juː'naɪtɪd steɪts əv ə'merɪkə]
americano (m)	American	[ə'merɪkən]
americana (f)	American	[ə'merɪkən]
americano (adj)	American	[ə'merɪkən]

Canadá (f)	Canada	['kænədə]
canadiense (m)	Canadian	[kə'neɪdɪən]
canadiense (f)	Canadian	[kə'neɪdɪən]
canadiense (adj)	Canadian	[kə'neɪdɪən]

Méjico (m)	Mexico	['meksɪkəʊ]
mejicano (m)	Mexican	['meksɪkən]
mejicana (f)	Mexican	['meksɪkən]
mejicano (adj)	Mexican	['meksɪkən]

239. Centroamérica y Sudamérica

Argentina (f)	Argentina	[ɑːdʒən'tiːnə]
argentino (m)	Argentinian	[ɑːdʒən'tɪnɪən]
argentina (f)	Argentinian	[ɑːdʒən'tɪnɪən]
argentino (adj)	Argentinian	[ɑːdʒən'tɪnɪən]

Brasil (m)	Brazil	[brə'zɪl]
brasileño (m)	Brazilian	[brə'zɪlɪən]
brasileña (f)	Brazilian	[brə'zɪlɪən]
brasileño (adj)	Brazilian	[brə'zɪlɪən]

Colombia (f)	Colombia	[kə'lʌmbɪə]
colombiano (m)	Colombian	[kə'lʌmbɪən]
colombiana (f)	Colombian	[kə'lʌmbɪən]
colombiano (adj)	Colombian	[kə'lʌmbɪən]
Cuba (f)	Cuba	['kjuːbə]
cubano (m)	Cuban	['kjuːbən]

| cubana (f) | Cuban | ['kju:bən] |
| cubano (adj) | Cuban | ['kju:bən] |

Chile (m)	Chile	['ʧɪlɪ]
chileno (m)	Chilean	['ʧɪlɪən]
chilena (f)	Chilean	['ʧɪlɪən]
chileno (adj)	Chilean	['ʧɪlɪən]

Bolivia (f)	Bolivia	[bə'lɪvɪə]
Venezuela (f)	Venezuela	[venɪ'zweɪlə]
Paraguay (m)	Paraguay	['pærəgwaɪ]
Perú (m)	Peru	[pə'ru:]

Surinam (m)	Suriname	[suərɪ'næm]
Uruguay (m)	Uruguay	['juərəgwaɪ]
Ecuador (m)	Ecuador	['ekwədɔ:(r)]

Islas (f pl) Bahamas	The Bahamas	[ðə bə'hɑ:məz]
Haití (m)	Haiti	['heɪtɪ]
República (f) Dominicana	Dominican Republic	[də'mɪnɪkən rɪ'pʌblɪk]
Panamá (f)	Panama	['pænəmɑ:]
Jamaica (f)	Jamaica	[dʒə'meɪkə]

240. África

Egipto (m)	Egypt	['i:dʒɪpt]
egipcio (m)	Egyptian	[ɪ'dʒɪpʃən]
egipcia (f)	Egyptian	[ɪ'dʒɪpʃən]
egipcio (adj)	Egyptian	[ɪ'dʒɪpʃən]

Marruecos (m)	Morocco	[mə'rɒkəʊ]
marroquí (m)	Moroccan	[mə'rɒkən]
marroquí (f)	Moroccan	[mə'rɒkən]
marroquí (adj)	Moroccan	[mə'rɒkən]

Túnez (m)	Tunisia	[tju:'nɪzɪə]
tunecino (m)	Tunisian	[tju:'nɪzɪən]
tunecina (f)	Tunisian	[tju:'nɪzɪən]
tunecino (adj)	Tunisian	[tju:'nɪzɪən]

Ghana (f)	Ghana	['gɑ:nə]
Zanzíbar (m)	Zanzibar	[zænzɪ'bɑ:(r)]
Kenia (f)	Kenya	['kenjə]
Libia (f)	Libya	['lɪbɪə]
Madagascar (m)	Madagascar	[mædə'gæskə(r)]

Namibia (f)	Namibia	[nə'mɪbɪə]
Senegal (m)	Senegal	[senɪ'gɔ:l]
Tanzania (f)	Tanzania	[tænzə'nɪə]
República (f) Sudafricana	South Africa	[sauθ 'æfrɪkə]

africano (m)	African	['æfrɪkən]
africana (f)	African	['æfrɪkən]
africano (adj)	African	['æfrɪkən]

241. Australia. Oceanía

Australia (f)	Australia	[ɒ'streɪljə]
australiano (m)	Australian	[ɒ'streɪlɪən]
australiana (f)	Australian	[ɒ'streɪlɪən]
australiano (adj)	Australian	[ɒ'streɪlɪən]
Nueva Zelanda (f)	New Zealand	[nju: 'zi:lənd]
neocelandés (m)	New Zealander	[nju: 'zi:ləndə]
neocelandesa (f)	New Zealander	[nju: 'zi:ləndə]
neocelandés (adj)	New Zealand	[nju: 'zi:lənd]
Tasmania (f)	Tasmania	[tæz'meɪnɪə]
Polinesia (f) Francesa	French Polynesia	[frentʃ pɒlɪ'ni:zɪə]

242. Las ciudades

Ámsterdam	Amsterdam	[ˌæmstə'dæm]
Ankara	Ankara	['æŋkərə]
Atenas	Athens	['æθɪnz]
Bagdad	Baghdad	[bæg'dæd]
Bangkok	Bangkok	[bæŋ'kɒk]
Barcelona	Barcelona	[bɑ:sɪ'ləʊnə]
Beirut	Beirut	[beɪ'ru:t]
Berlín	Berlin	[bɜ:'lɪn]
Mumbai	Mumbai	[mʊm'bai]
Bonn	Bonn	[bɒn]
Bratislava	Bratislava	[bratɪ'slɑ:və]
Bruselas	Brussels	['brʌsəlz]
Bucarest	Bucharest	[bu:kə'rest]
Budapest	Budapest	[bu:də'pest]
Burdeos	Bordeaux	[bɔ:'dəʊ]
El Cairo	Cairo	['kaɪərəʊ]
Calcuta	Kolkata	[koʊl'kɑ:tɑ:]
Chicago	Chicago	[ʃɪ'kɑ:gəʊ]
Copenhague	Copenhagen	[ˌkəʊpən'heɪgən]
Dar-es-Salam	Dar-es-Salaam	[ˌdɑ:ressə'lɑ:m]
Delhi	Delhi	['delɪ]
Dubai	Dubai	[du:'baɪ]
Dublín	Dublin	['dʌblɪn]
Dusseldorf	Düsseldorf	[du:səl'dɔ:f]
Estambul	Istanbul	[ˌɪstæn'bʊl]
Estocolmo	Stockholm	['stɒkhəʊm]
Florencia	Florence	['flɒrəns]
Fráncfort del Meno	Frankfurt	['fræŋkfət]
Ginebra	Geneva	[dʒɪ'ni:və]
La Habana	Havana	[hə'vænə]
Hamburgo	Hamburg	['hæmbɜ:g]

Hanói	Hanoi	[hæ'nɔɪ]
La Haya	The Hague	[ðə heɪg]
Helsinki	Helsinki	['helsɪŋkɪ]
Hiroshima	Hiroshima	[hɪ'rɒʃɪmə]
Hong Kong	Hong Kong	[ˌhɒŋ'kɒŋ]

Jerusalén	Jerusalem	[dʒə'ru:sələm]
Kiev	Kyiv	['ki:ev]
Kuala Lumpur	Kuala Lumpur	['kuɑ:lə 'lʊmpʊə]

Lisboa	Lisbon	['lɪzbən]
Londres	London	['lʌndən]
Los Ángeles	Los Angeles	[lɒs 'ændʒɪli:z]
Lyon	Lyon	[li:'ɒŋ]

Madrid	Madrid	[mə'drɪd]
Marsella	Marseille	[mɑ:'seɪ]
Ciudad de México	Mexico City	['meksɪkəʊ 'sɪtɪ]
Miami	Miami	[maɪ'amɪ]
Montreal	Montreal	[ˌmɒntrɪ'ɔ:l]
Moscú	Moscow	['mɒskəʊ]
Múnich	Munich	['mju:nɪk]

Nairobi	Nairobi	[naɪ'rəʊbɪ]
Nápoles	Naples	['neɪpəlz]
Niza	Nice	[ni:s]
Nueva York	New York	[nju: 'jɔ:k]

Oslo	Oslo	['ɒzləʊ]
Ottawa	Ottawa	['ɒtəwə]
París	Paris	['pærɪs]
Pekín	Beijing	[beɪ'dʒɪŋ]
Praga	Prague	[prɑ:g]

Río de Janeiro	Rio de Janeiro	['ri:əʊ də dʒə'nɪərəʊ]
Roma	Rome	[rəʊm]
San Petersburgo	Saint Petersburg	[sənt 'pi:təzbɜ:g]
Seúl	Seoul	['səʊl]
Shanghái	Shanghai	[ʃæŋ'haɪ]
Singapur	Singapore	[ˌsɪŋə'pɔ:(r)]
Sydney	Sydney	['sɪdnɪ]

Taipei	Taipei	[taɪ'peɪ]
Tokio	Tokyo	['təʊkɪəʊ]
Toronto	Toronto	[tə'rɒntəʊ]
Varsovia	Warsaw	['wɔ:sɔ:]
Venecia	Venice	['venɪs]
Viena	Vienna	[vɪ'enə]
Washington	Washington	['wɒʃɪŋtən]

243. La política. El gobierno. Unidad 1

| política (f) | politics | ['pɒlɪtɪks] |
| político (adj) | political | [pə'lɪtɪkəl] |

político (m)	politician	[pɒlɪ'tɪʃən]
estado (m)	state	[steɪt]
ciudadano (m)	citizen	['sɪtɪzən]
ciudadanía (f)	citizenship	['sɪtɪzənʃɪp]

| escudo (m) nacional | national emblem | ['næʃənəl 'embləm] |
| himno (m) nacional | national anthem | ['næʃənəl 'ænθəm] |

gobierno (m)	government	['gʌvənmənt]
jefe (m) de estado	head of state	[hed əv steɪt]
parlamento (m)	parliament	['pɑːləmənt]
partido (m)	party	['pɑːtɪ]

| capitalismo (m) | capitalism | ['kæpɪtəlɪzəm] |
| capitalista (adj) | capitalist | ['kæpɪtəlɪst] |

| socialismo (m) | socialism | ['səʊʃəlɪzəm] |
| socialista (adj) | socialist | ['səʊʃəlɪst] |

comunismo (m)	communism	['kɒmjʊnɪzəm]
comunista (adj)	communist	['kɒmjʊnɪst]
comunista (m)	communist	['kɒmjʊnɪst]

democracia (f)	democracy	[dɪ'mɒkrəsɪ]
demócrata (m)	democrat	['deməkræt]
democrático (adj)	democratic	[demə'krætɪk]
Partido (m) Democrático	Democratic party	[demə'krætɪk 'pɑːtɪ]

| liberal (m) | liberal | ['lɪbərəl] |
| liberal (adj) | liberal | ['lɪbərəl] |

| conservador (m) | conservative | [kən'sɜːvətɪv] |
| conservador (adj) | conservative | [kən'sɜːvətɪv] |

república (f)	republic	[rɪ'pʌblɪk]
republicano (m)	republican	[rɪ'pʌblɪkən]
Partido (m) Republicano	Republican party	[rɪ'pʌblɪkən 'pɑːtɪ]

elecciones (f pl)	elections	[ɪ'lekʃənz]
elegir (vi)	to elect (vt)	[tʊ ɪ'lekt]
elector (m)	elector, voter	[ɪ'lektə(r)], ['vəʊtə(r)]
campaña (f) electoral	election campaign	[ɪ'lekʃən kæm'peɪn]

votación (f)	voting	['vəʊtɪŋ]
votar (vi)	to vote (vi)	[tʊ vəʊt]
derecho (m) a voto	right to vote	['raɪt tə vəʊt]

candidato (m)	candidate	['kændɪdət]
presentarse como candidato	to run for ...	[tʊ rʌn fɔː ...]
campaña (f)	campaign	[kæm'peɪn]

| de oposición (adj) | opposition | [ˌɒpə'zɪʃən] |
| oposición (f) | opposition | [ˌɒpə'zɪʃən] |

| visita (f) | visit | ['vɪzɪt] |
| visita (f) oficial | official visit | [ə'fɪʃəl 'vɪzɪt] |

internacional (adj)	**international**	[ˌɪntə'næʃənəl]
negociaciones (f pl)	**negotiations**	[nɪgəʊʃɪ'eɪʃənz]
negociar (vi)	**to negotiate** (vi)	[tʊ nɪ'gəʊʃɪeɪt]

244. La política. El gobierno. Unidad 2

sociedad (f)	**society**	[sə'saɪətɪ]
constitución (f)	**constitution**	[kɒnstɪ'tjuːʃən]
poder (m)	**power**	['paʊə(r)]
corrupción (f)	**corruption**	[kə'rʌpʃən]
ley (f)	**law**	[lɔː]
legal (adj)	**legal**	['liːgəl]
justicia (f)	**justice**	['dʒʌstɪs]
justo (adj)	**just, fair**	[dʒʌst], [feə(r)]
comité (m)	**committee**	[kə'mɪtɪ]
proyecto (m) de ley	**bill**	[bɪl]
presupuesto (m)	**budget**	['bʌdʒɪt]
política (f)	**policy**	['pɒləsɪ]
reforma (f)	**reform**	[rɪ'fɔːm]
radical (adj)	**radical**	['rædɪkəl]
potencia (f) (~ militar, etc.)	**power**	['paʊə(r)]
poderoso (adj)	**powerful**	['paʊəfʊl]
partidario (m)	**supporter**	[sə'pɔːtə(r)]
influencia (f)	**influence**	['ɪnflʊəns]
régimen (m)	**regime**	[reɪ'ʒiːm]
conflicto (m)	**conflict**	['kɒnflɪkt]
complot (m)	**conspiracy**	[kən'spɪrəsɪ]
provocación (f)	**provocation**	[prɒvə'keɪʃən]
derrocar (al régimen)	**to overthrow** (vt)	[tʊ əʊvə'θrəʊ]
derrocamiento (m)	**overthrow**	['əʊvəθrəʊ]
revolución (f)	**revolution**	[revə'luːʃən]
golpe (m) de estado	**coup d'état**	[kuː deɪ'taː]
golpe (m) militar	**military coup**	['mɪlɪtərɪ kuː]
crisis (f)	**crisis**	['kraɪsɪs]
recesión (f) económica	**economic recession**	[iːkə'nɒmɪk rɪ'seʃən]
manifestante (m)	**demonstrator**	['demənstreɪtə(r)]
manifestación (f)	**demonstration**	[demən'streɪʃən]
ley (f) marcial	**martial law**	['maːʃəl lɔː]
base (f) militar	**military base**	['mɪlɪtərɪ beɪs]
estabilidad (f)	**stability**	[stə'bɪlətɪ]
estable (adj)	**stable**	['steɪbəl]
explotación (f)	**exploitation**	[eksplɔɪ'teɪʃən]
explotar (vt)	**to exploit** (vt)	[tʊ ɪk'splɔɪt]
racismo (m)	**racism**	['reɪsɪzəm]

racista (m)	racist	['reɪsɪst]
fascismo (m)	fascism	['fæʃɪzəm]
fascista (m)	fascist	['fæʃɪst]

245. Los países. Miscelánea

extranjero (m)	foreigner	['fɒrənə(r)]
extranjero (adj)	foreign	['fɒrən]
en el extranjero	abroad	[ə'brɔːd]

emigrante (m)	emigrant	['emɪgrənt]
emigración (f)	emigration	[emɪ'greɪʃən]
emigrar (vi)	to emigrate (vi)	[tʊ 'emɪgreɪt]

Oeste (m)	the West	[ðə west]
Oriente (m)	the East	[ði iːst]
Extremo Oriente (m)	the Far East	[ðə fɑːr iːst]
civilización (f)	civilisation	[sɪvɪlaɪ'zeɪʃən]
humanidad (f)	humanity	[hjuː'mænətɪ]
mundo (m)	the world	[ðə wɜːld]
paz (f)	peace	[piːs]
mundial (adj)	worldwide	['wɜːldwaɪd]

patria (f)	homeland	['həʊmlænd]
pueblo (m)	people	['piːpəl]
población (f)	population	[pɒpjʊ'leɪʃən]
gente (f)	people	['piːpəl]
nación (f)	nation	['neɪʃən]
generación (f)	generation	[dʒenə'reɪʃən]
territorio (m)	territory	['terɪtərɪ]
región (f)	region	['riːdʒən]
estado (m) (parte de un país)	state	[steɪt]

tradición (f)	tradition	[trə'dɪʃən]
costumbre (f)	custom	['kʌstəm]
ecología (f)	ecology	[ɪ'kɒlədʒɪ]

indio (m)	Indian	['ɪndɪən]
gitano (m)	Gypsy	['dʒɪpsɪ]
gitana (f)	Gypsy	['dʒɪpsɪ]
gitano (adj)	Gypsy	['dʒɪpsɪ]

imperio (m)	empire	['empaɪə(r)]
colonia (f)	colony	['kɒlənɪ]
esclavitud (f)	slavery	['sleɪvərɪ]
invasión (f)	invasion	[ɪn'veɪʒən]
hambruna (f)	famine	['fæmɪn]

246. Grupos religiosos principales. Las confesiones

| religión (f) | religion | [rɪ'lɪdʒən] |
| religioso (adj) | religious | [rɪ'lɪdʒəs] |

creencia (f)	belief	[bɪ'li:f]
creer (en Dios)	to believe (vi)	[tʊ bɪ'li:v]
creyente (m)	believer	[bɪ'li:və(r)]
ateísmo (m)	atheism	['eɪθɪɪzəm]
ateo (m)	atheist	['eɪθɪɪst]
cristianismo (m)	Christianity	[krɪstɪ'ænətɪ]
cristiano (m)	Christian	['krɪstʃən]
cristiano (adj)	Christian	['krɪstʃən]
catolicismo (m)	Catholicism	[kə'θɒlɪsɪzəm]
católico (m)	Catholic	['kæθlɪk]
católico (adj)	Catholic	['kæθlɪk]
protestantismo (m)	Protestantism	['prɒtɪstəntɪzəm]
Iglesia (f) protestante	Sunnite	['sunaɪt]
protestante (m)	Protestant	['prɒtɪstənt]
ortodoxia (f)	Orthodoxy	['ɔ:θədɒksɪ]
Iglesia (f) ortodoxa	Orthodox Church	['ɔ:θədɒks ʧɜ:ʧ]
ortodoxo (m)	Orthodox	['ɔ:θədɒks]
presbiterianismo (m)	Presbyterianism	[ˌprezbɪ'tɪərɪənɪzəm]
Iglesia (f) presbiteriana	Presbyterian Church	[ˌprezbɪ'tɪərɪən ʧɜ:ʧ]
presbiteriano (m)	Presbyterian	[ˌprezbɪ'tɪərɪən]
Iglesia (f) luterana	Lutheranism	['lu:θərənɪzəm]
luterano (m)	Lutheran	['lu:θərən]
Iglesia (f) bautista	Baptist Church	['bæptɪst ʧɜ:ʧ]
bautista (m)	Baptist	['bæptɪst]
Iglesia (f) anglicana	Anglican Church	['æŋglɪkən ʧɜ:ʧ]
anglicano (m)	Anglican	['æŋglɪkən]
mormonismo (m)	Mormonism	['mɔ:mənɪzəm]
mormón (m)	Mormon	['mɔ:mən]
judaísmo (m)	Judaism	['dʒu:deɪˌɪzəm]
judío (m)	Jew	[dʒu:]
budismo (m)	Buddhism	['bʊdɪzəm]
budista (m)	Buddhist	['bʊdɪst]
hinduismo (m)	Hinduism	['hɪndu:ɪzəm]
hinduista (m)	Hindu	['hɪndu:]
Islam (m)	Islam	['ɪzlɑ:m]
musulmán (m)	Muslim	['mʊzlɪm]
musulmán (adj)	Muslim	['mʊzlɪm]
chiísmo (m)	Shiah Islam	['ʃi:ə 'ɪzlɑ:m]
chiíta (m)	Shiite	['ʃi:aɪt]
sunismo (m)	Sunni Islam	['sʌnɪ 'ɪzlɑ:m]
suní (m, f)	Sunnite	['sʌnaɪt]

247. Las religiones. Los sacerdotes

sacerdote (m)	priest	[pri:st]
Papa (m)	the Pope	[ðə pəʊp]
monje (m)	monk, friar	[mʌŋk], ['fraɪə(r)]
monja (f)	nun	[nʌn]
pastor (m)	pastor	['pɑ:stə(r)]
abad (m)	abbot	['æbət]
vicario (m)	vicar	['vɪkə(r)]
obispo (m)	bishop	['bɪʃəp]
cardenal (m)	cardinal	['kɑ:dɪnəl]
predicador (m)	preacher	['pri:tʃə(r)]
prédica (f)	preaching	['pri:tʃɪŋ]
parroquianos (pl)	parishioners	[pə'rɪʃənəz]
creyente (m)	believer	[bɪ'li:və(r)]
ateo (m)	atheist	['eɪθɪɪst]

248. La fe. El cristianismo. El islamismo

Adán	Adam	['ædəm]
Eva	Eve	[i:v]
Dios (m)	God	[gɒd]
Señor (m)	the Lord	[ðə lɔ:d]
el Todopoderoso	the Almighty	[ði ɔ:l'maɪtɪ]
pecado (m)	sin	[sɪn]
pecar (vi)	to sin (vi)	[tʊ sɪn]
pecador (m)	sinner	['sɪnə(r)]
pecadora (f)	sinner	['sɪnə(r)]
infierno (m)	hell	[hel]
paraíso (m)	paradise	['pærədaɪs]
Jesús	Jesus	['dʒi:zəs]
Jesucristo (m)	Jesus Christ	['dʒi:zəs kraɪst]
el Espíritu Santo	the Holy Spirit	[ðə 'həʊlɪ 'spɪrɪt]
el Salvador	the Saviour	[ðə 'seɪvjə(r)]
la Virgen María	the Virgin Mary	[ðə 'vɜ:dʒɪn 'meərɪ]
el Diablo	the Devil	[ðə 'devəl]
diabólico (adj)	devil's	['devəlz]
Satán (m)	Satan	['seɪtən]
satánico (adj)	satanic	[sə'tænɪk]
ángel (m)	angel	['eɪndʒəl]
ángel (m) custodio	guardian angel	['gɑ:djən 'eɪndʒəl]
angelical (adj)	angelic	[æn'dʒelɪk]

apóstol (m)	apostle	[əˈpɒsəl]
arcángel (m)	archangel	[ˈɑːkeɪndʒəl]
anticristo (m)	the Antichrist	[ði ˈæntɪkraɪst]

Iglesia (f)	Church	[ʧɜːʧ]
Biblia (f)	Bible	[ˈbaɪbəl]
bíblico (adj)	biblical	[ˈbɪblɪkəl]

Antiguo Testamento (m)	Old Testament	[əʊld ˈtestəmənt]
Nuevo Testamento (m)	New Testament	[njuː ˈtestəmənt]
Evangelio (m)	Gospel	[ˈgɒspəl]
Sagrada Escritura (f)	Holy Scripture	[ˈhəʊlɪ ˈskrɪpʧə(r)]
cielo (m)	Heaven	[ˈhevən]

mandamiento (m)	commandment	[kəˈmɑːndmənt]
profeta (m)	prophet	[ˈprɒfɪt]
profecía (f)	prophecy	[ˈprɒfɪsɪ]

Alá	Allah	[ˈælə]
Mahoma	Mohammed	[mɒˈhæməd]
Corán, Korán (m)	the Koran, Quran	[ðə kəˈrɑːn]

mezquita (f)	mosque	[mɒsk]
mulá (m), mullah (m)	mullah	[ˈmʌlə]
oración (f)	prayer	[preə(r)]
orar, rezar (vi)	to pray (vi, vt)	[tʊ preɪ]

peregrinación (f)	pilgrimage	[ˈpɪlgrɪmɪdʒ]
peregrino (m)	pilgrim	[ˈpɪlgrɪm]
La Meca	Mecca	[ˈmekə]

iglesia (f)	church	[ʧɜːʧ]
templo (m)	temple	[ˈtempəl]
catedral (f)	cathedral	[kəˈθiːdrəl]
gótico (adj)	gothic	[ˈgɒθɪk]
sinagoga (f)	synagogue	[ˈsɪnəgɒg]
mezquita (f)	mosque	[mɒsk]

capilla (f)	chapel	[ˈʧæpəl]
abadía (f)	abbey	[ˈæbɪ]
convento (m)	convent	[ˈkɒnvənt]
monasterio (m)	monastery	[ˈmɒnəstərɪ]

campana (f)	bell	[bel]
campanario (m)	bell tower	[bel ˈtaʊə(r)]
sonar (vi)	to ring (vi)	[tʊ rɪŋ]

cruz (f)	cross	[krɒs]
cúpula (f)	cupola	[ˈkjuːpələ]
icono (m)	icon	[ˈaɪkɒn]

alma (f)	soul	[səʊl]
destino (m)	fate	[feɪt]
maldad (f)	evil	[ˈiːvəl]
bien (m)	good	[gʊd]
vampiro (m)	vampire	[ˈvæmpaɪə(r)]

bruja (f)	witch	[wɪtʃ]
demonio (m)	demon	['di:mən]
espíritu (m)	spirit	['spɪrɪt]
redención (f)	redemption	[rɪ'dempʃən]
redimir (vt)	to redeem (vt)	[tʊ rɪ'di:m]
culto (m), misa (f)	church service, mass	[tʃɜ:tʃ 'sɜ:vɪs], [mæs]
decir misa	to say mass	[tʊ seɪ mæs]
confesión (f)	confession	[kən'feʃən]
confesarse (vr)	to confess (vi)	[tʊ kən'fes]
santo (m)	saint	[seɪnt]
sagrado (adj)	sacred	['seɪkrɪd]
agua (f) santa	holy water	['həʊlɪ 'wɔ:tə(r)]
rito (m)	ritual	['rɪtʃʊəl]
ritual (adj)	ritual	['rɪtʃʊəl]
sacrificio (m)	sacrifice	['sækrɪfaɪs]
superstición (f)	superstition	[su:pə'stɪʃən]
supersticioso (adj)	superstitious	[su:pə'stɪʃəs]
vida (f) de ultratumba	afterlife	['ɑ:ftəlaɪf]
vida (f) eterna	eternal life	[ɪ'tɜ:nəl laɪf]

MISCELÁNEA

249. Varias palabras útiles

alto (m) (parada temporal)	**stop, pause**	[stɒp], [pɔ:z]
ayuda (f)	**help**	[help]
balance (m)	**balance**	['bæləns]
barrera (f)	**barrier**	['bærɪə(r)]
base (f) (~ científica)	**base**	[beɪs]
categoría (f)	**category**	['kætəgərɪ]
causa (f)	**cause**	[kɔ:z]
coincidencia (f)	**coincidence**	[kəʊ'ɪnsɪdəns]
comienzo (m) (principio)	**beginning**	[bɪ'gɪnɪŋ]
comparación (f)	**comparison**	[kəm'pærɪsən]
compensación (f)	**compensation**	[kɒmpen'seɪʃən]
confortable (adj)	**comfortable**	['kʌmfətəbəl]
cosa (f) (objeto)	**thing**	[θɪŋ]
crecimiento (m)	**growth**	[grəʊθ]
desarrollo (m)	**development**	[dɪ'veləpmənt]
diferencia (f)	**difference**	['dɪfrəns]
efecto (m)	**effect**	[ɪ'fekt]
ejemplo (m)	**example**	[ɪg'zɑ:mpəl]
variedad (f) (selección)	**choice**	[ʧɔɪs]
elemento (m)	**element**	['elɪmənt]
error (m)	**mistake**	[mɪ'steɪk]
esfuerzo (m)	**effort**	['efət]
estándar (adj)	**standard**	['stændəd]
estándar (m)	**standard**	['stændəd]
estilo (m)	**style**	[staɪl]
fin (m)	**end**	[end]
fondo (m) (color de ~)	**background**	['bækgraʊnd]
forma (f) (contorno)	**shape**	[ʃeɪp]
frecuente (adj)	**frequent**	['fri:kwənt]
grado (m) (en mayor ~)	**degree**	[dɪ'gri:]
hecho (m)	**fact**	[fækt]
ideal (m)	**ideal**	[aɪ'dɪəl]
laberinto (m)	**labyrinth**	['læbərɪnθ]
modo (m) (de otro ~)	**way**	[weɪ]
momento (m)	**moment**	['məʊmənt]
objeto (m)	**object**	['ɒbʤɪkt]
obstáculo (m)	**obstacle**	['ɒbstəkəl]
original (m)	**original**	[ɒ'rɪʤɪnəl]
parte (f)	**part**	[pɑ:t]

partícula (f)	particle	['pɑːtɪkəl]
pausa (f)	pause	[pɔːz]
posición (f)	position	[pə'zɪʃən]
principio (m) (tener por ~)	principle	['prɪnsɪpəl]
problema (m)	problem	['prɒbləm]
proceso (m)	process	['prəʊses]
progreso (m)	progress	['prəʊgres]
propiedad (f) (cualidad)	property, quality	['prɒpəti], ['kwɒlɪti]
reacción (f)	reaction	[rɪ'ækʃən]
riesgo (m)	risk	[rɪsk]
secreto (m)	secret	['siːkrɪt]
serie (f)	series	['sɪəriːz]
sistema (m)	system	['sɪstəm]
situación (f)	situation	[sɪtjʊ'eɪʃən]
solución (f)	solution	[sə'luːʃən]
tabla (f) (~ de multiplicar)	table, chart	['teɪbəl], [ʧɑːt]
tempo (m) (ritmo)	tempo, rate	['tempəʊ], [reɪt]
término (m)	term	[tɜːm]
tipo (m) (p.ej. ~ de deportes)	kind	[kaɪnd]
tipo (m) (no es mi ~)	type	[taɪp]
turno (m) (esperar su ~)	turn	[tɜːn]
urgente (adj)	urgent	['ɜːdʒənt]
urgentemente	urgently	['ɜːdʒəntlɪ]
utilidad (f)	utility	[juː'tɪlɪti]
variante (f)	variant	['veərɪənt]
verdad (f)	truth	[truːθ]
zona (f)	zone	[zəʊn]

250. Los adjetivos. Unidad 1

abierto (adj)	open	['əʊpən]
adicional (adj)	additional	[ə'dɪʃənəl]
agradable (~ voz)	pleasant	['plezənt]
agradecido (adj)	grateful	['greɪtfʊl]
agrio (sabor ~)	sour	['saʊə(r)]
agudo (adj)	sharp	[ʃɑːp]
alegre (adj)	cheerful	['ʧɪəfʊl]
amargo (adj)	bitter	['bɪtə(r)]
amplio (~a habitación)	spacious	['speɪʃəs]
ancho (camino ~)	wide	[waɪd]
antiguo (adj)	ancient	['eɪnʃənt]
apretado (falda ~a)	tight	[taɪt]
arriesgado (adj)	risky	['rɪskɪ]
artificial (adj)	artificial	[ɑːtɪ'fɪʃəl]
azucarado, dulce (adj)	sweet	[swiːt]
bajo (voz ~a)	low	[ləʊ]

barato (adj)	cheap	[tʃiːp]
bello (hermoso)	beautiful	['bjuːtɪfʊl]
blando (adj)	soft	[sɒft]
bronceado (adj)	tanned	[tænd]
bueno (de buen corazón)	good	[gʊd]
bueno (un libro, etc.)	good	[gʊd]
caliente (adj)	hot	[hɒt]
calmo, tranquilo	calm, quiet	[kɑːm], ['kwaɪət]
cansado (adj)	tired	['taɪəd]
cariñoso (un padre ~)	caring	['keərɪŋ]
caro (adj)	expensive	[ɪk'spensɪv]
central (adj)	central	['sentrəl]
cerrado (adj)	closed	[kləʊzd]
ciego (adj)	blind	[blaɪnd]
civil (derecho ~)	civil	['sɪvəl]
clandestino (adj)	clandestine	[klæn'destɪn]
claro (color)	light	[laɪt]
claro (explicación, etc.)	clear	[klɪə(r)]
compatible (adj)	compatible	[kəm'pætəbəl]
congelado (pescado ~)	frozen	['frəʊzən]
conjunto (decisión ~a)	joint	[dʒɔɪnt]
considerable (adj)	significant	[sɪg'nɪfɪkənt]
contento (adj)	contented	[kən'tentɪd]
continuo (adj)	prolonged	[prə'lɒŋd]
continuo (incesante)	continuous	[kən'tɪnjʊəs]
correcto (adj)	right, correct	[raɪt], [kə'rekt]
cortés (adj)	polite	[pə'laɪt]
corto (adj)	short	[ʃɔːt]
crudo (huevos ~s)	raw	[rɔː]
de atrás (adj)	back, rear	[bæk], [rɪə(r)]
de corta duración (adj)	short	[ʃɔːt]
de segunda mano	second hand	['sekənd hænd]
delgado (adj)	thin	[θɪn]
flaco, delgado (adj)	skinny	['skɪnɪ]
denso (~a niebla)	dense	[dens]
derecho (adj)	right	[raɪt]
difícil (decisión)	difficult	['dɪfɪkəlt]
difícil (problema ~)	difficult	['dɪfɪkəlt]
distante (adj)	far	[fɑː(r)]
dulce (agua ~)	fresh	[freʃ]
duro (material, etc.)	hard	[hɑːd]
el más alto	the highest	[ðə 'haɪəst]
el más importante	the most important	[ðə məʊst ɪm'pɔːtənt]
el más próximo	the nearest	[ðə 'nɪərəst]
enfermo (adj)	ill, sick	[ɪl], [sɪk]
enorme (adj)	huge	[hjuːdʒ]
entero (adj)	whole	[həʊl]

especial (adj)	special	['speʃəl]
espeso (niebla ~a)	thick	[θɪk]
estrecho (calle, etc.)	narrow	['nærəʊ]
exacto (adj)	exact	[ɪg'zækt]
excelente (adj)	excellent	['eksələnt]
excesivo (adj)	excessive	[ɪk'sesɪv]
exterior (adj)	exterior	[ɪk'stɪərɪə(r)]
extranjero (adj)	foreign	['fɒrən]
fácil (adj)	easy	['i:zɪ]
fatigoso (adj)	tiring	['taɪərɪŋ]
feliz (adj)	happy	['hæpɪ]
fértil (la tierra ~)	fertile	['fɜ:taɪl]
frágil (florero, etc.)	fragile	['frædʒaɪl]
fresco (está ~ hoy)	cool	[ku:l]
fresco (pan, etc.)	fresh	[freʃ]
frío (bebida ~a, etc.)	cold	[kəʊld]
fuerte (~ voz)	loud	[laʊd]
fuerte (adj)	strong	[strɒŋ]
grande (en dimensiones)	big	[bɪg]
graso (alimento ~)	fatty	['fætɪ]
gratis (adj)	free	[fri:]
grueso (muro, etc.)	thick	[θɪk]
hambriento (adj)	hungry	['hʌŋgrɪ]
hermoso (~ palacio)	beautiful	['bju:tɪfʊl]
hostil (adj)	hostile	['hɒstaɪl]
húmedo (adj)	humid	['hju:mɪd]
igual, idéntico (adj)	the same, equal	[ðə seɪm], ['i:kwəl]
importante (adj)	important	[ɪm'pɔ:tənt]
imposible (adj)	impossible	[ɪm'pɒsəbəl]
imprescindible (adj)	indispensable	[ɪndɪ'spensəbəl]
indescifrable (adj)	incomprehensible	[ɪnkɒmprɪ'hensəbəl]
infantil (adj)	children's	['tʃɪldrənz]
inmóvil (adj)	immobile	[ɪ'məʊbaɪl]
insignificante (adj)	insignificant	[ɪnsɪg'nɪfɪkənt]
inteligente (adj)	clever	['klevə(r)]
interior (adj)	interior	[ɪn'tɪərɪə(r)]
izquierdo (adj)	left	[left]
joven (adj)	young	[jʌŋ]

251. Los adjetivos. Unidad 2

largo (camino)	long	[lɒŋ]
legal (adj)	legal	['li:gəl]
lejano (adj)	distant	['dɪstənt]
libre (acceso ~)	free	[fri:]
ligero (un metal ~)	light	[laɪt]

limitado (adj)	limited	['lɪmɪtɪd]
limpio (camisa ~)	clean	[kli:n]
líquido (adj)	liquid	['lɪkwɪd]
liso (piel, pelo, etc.)	smooth	[smu:ð]
lleno (adj)	full	[fʊl]

maduro (fruto, etc.)	ripe	[raɪp]
malo (adj)	bad	[bæd]
mas próximo	nearby	[ˌnɪə'baɪ]
mate (sin brillo)	matt, matte	[mæt]
meticuloso (adj)	meticulous	[mɪ'tɪkjʊləs]

miope (adj)	short-sighted	[ʃɔ:t 'saɪtɪd]
misterioso (adj)	mysterious	[mɪ'stɪərɪəs]
mojado (adj)	wet	[wet]
moreno (adj)	swarthy	['swɔ:ðɪ]
muerto (adj)	dead	[ded]

natal (país ~)	native	['neɪtɪv]
necesario (adj)	needed	[ni:dəd]
negativo (adj)	negative	['negətɪv]
negligente (adj)	careless	['keəlɪs]
nervioso (adj)	nervous	['nɜ:vəs]

no difícil (adj)	not difficult	[nɒt 'dɪfɪkəlt]
no muy grande (adj)	not big	[nɒt bɪg]
normal (adj)	normal	['nɔ:məl]
nuevo (adj)	new	[nju:]
obligatorio (adj)	obligatory	[ə'blɪgətrɪ]

opuesto (adj)	opposite	['ɒpəzɪt]
ordinario (adj)	ordinary	['ɔ:dənrɪ]
original (inusual)	original	[ɒ'rɪdʒɪnəl]
oscuro (cuarto ~)	dark	[dɑ:k]
pasado (tiempo ~)	past	[pɑ:st]

peligroso (adj)	dangerous	['deɪndʒərəs]
pequeño (adj)	small	[smɔ:l]
perfecto (adj)	superb	[su:'pɜ:b]
permanente (adj)	permanent	['pɜ:mənənt]
personal (adj)	personal	['pɜ:sənəl]

pesado (adj)	heavy	['hevɪ]
plano (pantalla ~a)	flat	[flæt]
plano (superficie ~a)	even	['i:vən]
pobre (adj)	poor	[pʊə(r)]
indigente (adj)	destitute	['destɪtju:t]

poco claro (adj)	unclear	[ʌn'klɪə(r)]
poco profundo (adj)	shallow	['ʃæləʊ]
posible (adj)	possible	['pɒsəbəl]
precedente (adj)	previous	['pri:vɪəs]
presente (momento ~)	present	['prezənt]

| principal (~ idea) | principal | ['prɪnsɪpəl] |
| principal (la entrada ~) | main, principal | [meɪn], ['prɪnsɪpəl] |

privado (avión ~)	private	['praɪvɪt]
probable (adj)	probable	['prɒbəbəl]
próximo (cercano)	close	[kləʊs]

público (adj)	public	['pʌblɪk]
puntual (adj)	punctual	['pʌŋktʃʊəl]
rápido (adj)	fast, quick	[fɑːst], [kwɪk]
raro (adj)	rare	[reə(r)]
recto (línea ~a)	straight	[streɪt]

sabroso (adj)	tasty	['teɪstɪ]
salado (adj)	salty	['sɔːltɪ]
satisfecho (cliente)	satisfied	['sætɪsfaɪd]
seco (adj)	dry	[draɪ]
seguro (no peligroso)	safe	[seɪf]

siguiente (avión, etc.)	next	[nekst]
similar (adj)	similar	['sɪmɪlə(r)]
simpático, amable (adj)	nice	[naɪs]
simple (adj)	simple, easy	['sɪmpəl], ['iːzɪ]
sin experiencia (adj)	inexperienced	[ɪnɪk'spɪərɪənst]

sin nubes (adj)	cloudless	['klaʊdlɪs]
soleado (un día ~)	sunny	['sʌnɪ]
sólido (~a pared)	solid	['sɒlɪd]
sombrío (adj)	gloomy	['gluːmɪ]
sucio (no limpio)	dirty	['dɜːtɪ]

templado (adj)	warm	[wɔːm]
tenue (una ~ luz)	dim, faint	[dɪm], [feɪnt]
tierno (afectuoso)	tender	['tendə(r)]
tonto (adj)	stupid	['stjuːpɪd]
tranquilo (adj)	quiet	['kwaɪət]

transparente (adj)	transparent	[træns'pærənt]
triste (adj)	sad	[sæd]
triste (mirada ~)	sad	[sæd]
último (~a oportunidad)	last, final	[lɑːst], ['faɪnəl]
último (~a vez)	last	[lɑːst]

único (excepcional)	unique	[juːˈniːk]
vacío (vaso medio ~)	empty	['emptɪ]
vecino (casa ~a)	neighbouring	['neɪbərɪŋ]
viejo (casa ~a)	old	[əʊld]

LOS 500 VERBOS PRINCIPALES

252. Los verbos A-C

abandonar (vt)	to leave, to abandon	[tʊ liːv], [tʊ əˈbændən]
abrazar (vt)	to hug (vt)	[tʊ hʌg]
abrir (vt)	to open (vt)	[tʊ ˈəʊpən]
aburrirse (vr)	to be bored	[tʊ bi bɔːd]
acariciar (~ el cabello)	to stroke (vt)	[tʊ strəʊk]
acercarse (vr)	to approach (vt)	[tʊ əˈprəʊtʃ]
acompañar (vt)	to accompany (vt)	[tʊ əˈkʌmpənɪ]
aconsejar (vt)	to advise (vt)	[tʊ ədˈvaɪz]
actuar (vi)	to act (vi)	[tʊ ækt]
acusar (vt)	to accuse (vt)	[tʊ əˈkjuːz]
adiestrar (~ animales)	to train (vt)	[tʊ treɪn]
adivinar (vt)	to guess (vt)	[tʊ ges]
admirar (vt)	to admire (vi)	[tʊ ədˈmaɪə(r)]
adular (vt)	to flatter (vt)	[tʊ ˈflætə(r)]
advertir (avisar)	to warn (vt)	[tʊ wɔːn]
afeitarse (vr)	to shave (vi)	[tʊ ʃeɪv]
afirmar (vt)	to affirm (vt)	[tʊ əˈfɜːm]
agitar la mano	to wave (vt)	[tʊ weɪv]
agradecer (vt)	to thank (vt)	[tʊ θæŋk]
ahogarse (vr)	to drown (vi)	[tʊ draʊn]
aislar (al enfermo, etc.)	to isolate (vt)	[tʊ ˈaɪsəleɪt]
alabarse (vr)	to boast (vi)	[tʊ bəʊst]
alimentar (vt)	to feed (vt)	[tʊ fiːd]
almorzar (vi)	to have lunch	[tʊ hæv lʌntʃ]
alquilar (~ una casa)	to rent, to let (vt)	[tʊ rent], [tʊ let]
alquilar (barco, etc.)	to hire (vt)	[tʊ ˈhaɪə(r)]
aludir (vi)	to insinuate (vt)	[tʊ ɪnˈsɪnjʊeɪt]
alumbrar (vt)	to light up	[tʊ laɪt ʌp]
amarrar (vt)	to berth, to moor	[tʊ bɜːθ], [tʊ mɔː(r)]
amenazar (vt)	to threaten (vt)	[tʊ ˈθretən]
amputar (vt)	to amputate (vt)	[tʊ ˈæmpjʊteɪt]
añadir (vt)	to add (vt)	[tʊ æd]
anotar (vt)	to note (vt)	[tʊ nəʊt]
anular (vt)	to cancel (vt)	[tʊ ˈkænsəl]
apagar (~ la luz)	to turn off (vt)	[tʊ tɜːn ɒf]
aparecer (vi)	to appear (vi)	[tʊ əˈpɪə(r)]
aplastar (insecto, etc.)	to crush, to squash (vt)	[tʊ krʌʃ], [tʊ skwɒʃ]
aplaudir (vi, vt)	to applaud (vi, vt)	[tʊ əˈplɔːd]

apoyar (la decisión)	to support (vt)	[tʊ səˈpɔːt]
apresurar (vt)	to rush (vt)	[tʊ rʌʃ]
apuntar a …	to aim (vt)	[tʊ eɪm]
arañar (vt)	to scratch (vt)	[tʊ skrætʃ]
arrancar (vt)	to tear off, to rip off (vt)	[tʊ teər ɒf], [tʊ rɪp ɒf]
arrepentirse (vr)	to regret (vi)	[tʊ rɪˈgret]
arriesgar (vt)	to take a risk	[tʊ teɪk ə rɪsk]
asistir (vt)	to assist (vt)	[tʊ əˈsɪst]
aspirar (~ a algo)	to aspire (vi)	[tʊ əˈspaɪə(r)]
atacar (mil.)	to attack (vt)	[tʊ əˈtæk]
atar (cautivo)	to tie up (vt)	[tʊ taɪ ʌp]
atar a …	to tie to …	[tʊ taɪ tʊ …]
aumentar (vt)	to increase (vt)	[tʊ ɪnˈkriːs]
aumentarse (vr)	to increase (vi)	[tʊ ɪnˈkriːs]
autorizar (vt)	to permit (vt)	[tʊ pəˈmɪt]
avanzarse (vr)	to progress (vi)	[tʊ prəˈgres]
avistar (vt)	to glimpse (vt)	[tʊ glɪmps]
ayudar (vt)	to help (vt)	[tʊ help]
bajar (vt)	to lower (vt)	[tʊ ˈləʊə(r)]
bañar (~ al bebé)	to give a bath	[tʊ gɪv ə bɑːθ]
bañarse (vr)	to go for a swim	[tʊ gəʊ forə swɪm]
beber (vi, vt)	to drink (vi, vt)	[tʊ drɪŋk]
borrar (vt)	to rub out (vt)	[tʊ rʌb aʊt]
brillar (vi)	to shine (vi)	[tʊ ʃaɪn]
bromear (vi)	to joke, to be kidding	[tʊ dʒəʊk], [tʊ bi ˈkɪdɪŋ]
bucear (vi)	to dive (vi)	[tʊ daɪv]
burlarse (vr)	to mock (vi, vt)	[tʊ mɒk]
buscar (vt)	to look for …	[tʊ lʊk fɔː(r) …]
calentar (vt)	to heat (vt)	[tʊ hiːt]
callarse (no decir nada)	to keep silent	[tʊ kiːp ˈsaɪlənt]
calmar (vt)	to calm down (vt)	[tʊ kɑːm daʊn]
cambiar (de opinión)	to change (vt)	[tʊ tʃeɪndʒ]
cambiar (vt)	to change (vt)	[tʊ tʃeɪndʒ]
cansar (vt)	to tire (vt)	[tʊ ˈtaɪə(r)]
cargar (camión, etc.)	to load (vt)	[tʊ ləʊd]
cargar (pistola)	to load (vt)	[tʊ ləʊd]
casarse (con una mujer)	to get married	[tʊ get ˈmærɪd]
castigar (vt)	to punish (vt)	[tʊ ˈpʌnɪʃ]
cavar (fosa, etc.)	to dig (vt)	[tʊ dɪg]
cazar (vi, vt)	to hunt (vi, vt)	[tʊ hʌnt]
ceder (vi, vt)	to give in	[tʊ gɪv ɪn]
cegar (deslumbrar)	to blind (vt)	[tʊ blaɪnd]
cenar (vi)	to have dinner	[tʊ hæv ˈdɪnə(r)]
cerrar (vt)	to close (vt)	[tʊ kləʊz]
cesar (vt)	to stop (vt)	[tʊ stop]
citar (vt)	to quote (vt)	[tʊ kwəʊt]
coger (flores, etc.)	to pick (vt)	[tʊ pɪk]

coger (pelota, etc.)	to catch (vt)	[tʊ kætʃ]
colaborar (vi)	to cooperate (vi)	[tʊ kəʊˈɒpəreɪt]
colgar (vt)	to hang (vt)	[tʊ hæŋ]

colocar (poner)	to place (vt)	[tʊ pleɪs]
combatir (vi)	to battle (vi)	[tʊ ˈbætəl]
comenzar (vt)	to start (vi)	[tʊ stɑːt]
comer (vi, vt)	to eat (vi, vt)	[tʊ iːt]
comparar (vt)	to compare (vt)	[tʊ kəmˈpeə(r)]

compensar (vt)	to compensate (vt)	[tʊ ˈkɒmpenseɪt]
competir (vi)	to compete (vi)	[tʊ kəmˈpiːt]
compilar (~ una lista)	to compile (vt)	[tʊ kəmˈpaɪl]
complicar (vt)	to complicate (vt)	[tʊ ˈkɒmplɪkeɪt]

componer (música)	to compose (vt)	[tʊ kəmˈpəʊz]
comportarse (vr)	to behave (vi)	[tʊ bɪˈheɪv]
comprar (vt)	to buy (vt)	[tʊ baɪ]
comprender (vt)	to understand (vt)	[tʊ ʌndəˈstænd]

comprometer (vt)	to compromise (vt)	[tʊ ˈkɒmprəmaɪz]
informar (~ a la policía)	to inform (vt)	[tʊ ɪnˈfɔːm]
concentrarse (vr)	to concentrate (vi)	[tʊ ˈkɒnsəntreɪt]
condecorar (vt)	to award (vt)	[tʊ əˈwɔːd]

conducir el coche	to drive a car	[tʊ draɪv ə kɑː]
confesar (un crimen)	to confess (vi)	[tʊ kənˈfes]
confiar (vt)	to trust (vt)	[tʊ trʌst]
confundir (vt)	to confuse (vt)	[tʊ kənˈfjuːz]

conocer (~ a alguien)	to know (vt)	[tʊ nəʊ]
consultar (a un médico)	to consult with ...	[tʊ kənˈsʌlt wɪð ...]
contagiar (vt)	to infect (vt)	[tʊ ɪnˈfekt]
contagiarse (de ...)	to get infected with ...	[tʊ get ɪnˈfektɪd wɪð ...]

contar (dinero, etc.)	to count (vt)	[tʊ kaʊnt]
contar (una historia)	to tell (vt)	[tʊ tel]
contar con ...	to count on ...	[tʊ kaʊnt ɒn ...]
continuar (vt)	to continue (vt)	[tʊ kənˈtɪnjuː]

contratar (~ a un abogado)	to hire (vt)	[tʊ ˈhaɪə(r)]
controlar (vt)	to control (vt)	[tʊ kənˈtrəʊl]
convencer (vt)	to convince (vt)	[tʊ kənˈvɪns]
convencerse (vr)	to be convinced	[tʊ bi kənˈvɪnst]

| coordinar (vt) | to coordinate (vt) | [tʊ kəʊˈɔːdɪneɪt] |
| corregir (un error) | to correct (vt) | [tʊ kəˈrekt] |

| correr (vi) | to run (vi) | [tʊ rʌn] |
| cortar (un dedo, etc.) | to cut off | [tʊ kʌt ɒf] |

costar (vt)	to cost (vt)	[tʊ kɒst]
crear (vt)	to create (vt)	[tʊ kriːˈeɪt]
creer (vt)	to believe (vt)	[tʊ bɪˈliːv]
cultivar (plantas)	to grow (vt)	[tʊ grəʊ]
curar (vt)	to treat (vt)	[tʊ triːt]

253. Los verbos D-E

darse prisa	to hurry (vi)	[tʊ 'hʌrɪ]
darse un baño	to have a bath	[tʊ hæv ə bɑ:θ]
datar de ...	to date from ...	[tʊ deɪt frəm ...]
deber (v aux)	must (v aux)	[mʌst]
decidir (vt)	to decide (vt)	[tʊ dɪ'saɪd]
decir (vt)	to say (vt)	[tʊ seɪ]
decorar (para la fiesta)	to decorate (vt)	[tʊ 'dekəreɪt]
dedicar (vt)	to dedicate (vt)	[tʊ 'dedɪkeɪt]
defender (vt)	to defend (vt)	[tʊ dɪ'fend]
defenderse (vr)	to defend oneself	[tʊ dɪ'fend wʌn'self]
dejar caer	to drop (vt)	[tʊ drɒp]
dejar de hablar	to stop talking	[tʊ stɒp 'tɔ:kɪŋ]
denunciar (vt)	to denounce (vt)	[tʊ dɪ'naʊns]
depender de ...	to depend on ...	[tʊ dɪ'pend ɒn ...]
derramar (líquido)	to spill (vt)	[tʊ spɪl]
desamarrar (vt)	to cast off	[tʊ kɑ:st ɒf]
desaparecer (vi)	to disappear (vi)	[tʊ dɪsə'pɪə(r)]
desatar (vt)	to untie (vt)	[tʊ ʌn'taɪ]
desayunar (vi)	to have breakfast	[tʊ hæv 'brekfəst]
descansar (vi)	to take a rest	[tʊ teɪk ə rest]
descender (vi)	to come down	[tʊ kʌm daʊn]
descubrir (tierras nuevas)	to discover (vt)	[tʊ dɪ'skʌvə(r)]
desear (vt)	to desire (vt)	[tʊ dɪ'zaɪə(r)]
desparramarse (azúcar)	to spill out (vi)	[tʊ spɪl aʊt]
emitir (~ un olor)	to emit (vt)	[tʊ ɪ'mɪt]
despegar (el avión)	to take off (vi)	[tʊ teɪk ɒf]
despertar (vt)	to wake sb	[tʊ weɪk]
despreciar (vt)	to despise (vt)	[tʊ dɪ'spaɪz]
destruir (~ las pruebas)	to destroy (vt)	[tʊ dɪ'strɔɪ]
devolver (paquete, etc.)	to send back (vt)	[tʊ send bæk]
diferenciarse (vr)	to differ (vi)	[tʊ 'dɪfə(r)]
distribuir (~ folletos)	to distribute (vt)	[tʊ dɪ'strɪbju:t]
dirigir (administrar)	to manage (vt)	[tʊ 'mænɪdʒ]
dirigirse (~ al jurado)	to address (vt)	[tʊ ə'dres]
disculpar (vt)	to excuse (vt)	[tʊ ɪk'skju:z]
disculparse (vr)	to apologize (vi)	[tʊ ə'pɒlədʒaɪz]
discutir (vt)	to discuss (vt)	[tʊ dɪs'kʌs]
disminuir (vt)	to reduce (vt)	[tʊ rɪ'dju:s]
distribuir (comida, agua)	to hand out	[tʊ hænd aʊt]
divertirse (vr)	to enjoy oneself	[tʊ ɪn'dʒɔɪ wʌn'self]
dividir (~ 7 entre 5)	to divide (vt)	[tʊ dɪ'vaɪd]
doblar (p.ej. capital)	to double (vt)	[tʊ 'dʌbəl]
dudar (vt)	to doubt (vi)	[tʊ daʊt]

elevarse (alzarse)	to tower (vi)	[tʊ ˈtaʊə(r)]
eliminar (obstáculo)	to remove (vt)	[tʊ rɪˈmuːv]
emerger (submarino)	to surface (vi)	[tʊ ˈsɜːfɪs]
empaquetar (vt)	to wrap (vt)	[tʊ ræp]
emplear (utilizar)	to use (vt)	[tʊ juːz]

emprender (~ acciones)	to undertake (vt)	[tʊ ʌndəˈteɪk]
empujar (vt)	to push (vt)	[tʊ pʊʃ]
enamorarse (de ...)	to fall in love	[tʊ fɔːl ɪn lʌv]
encabezar (vt)	to head (vt)	[tʊ hed]

encaminar (vt)	to direct (vt)	[tʊ dɪˈrekt]
encender (hoguera)	to light (vt)	[tʊ laɪt]
encender (radio, etc.)	to switch on (vt)	[tʊ swɪʧ ɒn]
encontrar (hallar)	to find (vt)	[tʊ faɪnd]

enfadar (vt)	to make angry	[tʊ meɪk ˈæŋgrɪ]
enfadarse (con ...)	to be angry with ...	[tʊ bi ˈæŋgrɪ wɪð ...]
engañar (vi, vt)	to deceive (vi, vt)	[tʊ dɪˈsiːv]
enrojecer (vi)	to blush (vi)	[tʊ blʌʃ]

enseñar (vi, vt)	to teach (vt)	[tʊ tiːʧ]
ensuciarse (vr)	to get dirty (vi)	[tʊ get ˈdɜːtɪ]
entrar (vi)	to enter (vt)	[tʊ ˈentə(r)]
entrenar (vt)	to train (vt)	[tʊ treɪn]

entrenarse (vr)	to train (vi)	[tʊ treɪn]
entretener (vt)	to entertain (vt)	[tʊ entəˈteɪn]
enviar (carta, etc.)	to send (vt)	[tʊ send]
envidiar (vt)	to be envious	[tʊ bi ˈenvɪəs]

equipar (vt)	to equip (vt)	[tʊ ɪˈkwɪp]
equivocarse (vr)	to make a mistake	[tʊ meɪk ə mɪˈsteɪk]
escoger (vt)	to choose (vt)	[tʊ ʧuːz]
esconder (vt)	to hide (vt)	[tʊ haɪd]
escribir (vt)	to write (vt)	[tʊ raɪt]

escuchar (vt)	to listen (vi)	[tʊ ˈlɪsən]
escuchar a hurtadillas	to eavesdrop (vi)	[tʊ ˈiːvzdrɒp]
escupir (vi)	to spit (vi)	[tʊ spɪt]
esperar (aguardar)	to wait (vt)	[tʊ weɪt]

esperar (anticipar)	to expect (vt)	[tʊ ɪkˈspekt]
esperar (tener esperanza)	to hope (vi, vt)	[tʊ həʊp]
estar (~ sobre la mesa)	to be lying	[tʊ bi ˈlaɪɪŋ]

estar acostado	to lie (vi)	[tʊ laɪ]
estar basado (en ...)	to be based	[tʊ bi ˈbeɪst]
estar cansado	to get tired	[tʊ get ˈtaɪəd]
estar conservado	to be preserved	[tʊ bi prɪˈzɜːvd]
estar de acuerdo	to agree (vi)	[tʊ əˈgriː]

estar en guerra	to be at war	[tʊ bi ət wɔː]
estar perplejo	to be perplexed	[tʊ bi pəˈplekst]
estar sentado	to sit (vi)	[tʊ sɪt]
estremecerse (vr)	to shudder (vi)	[tʊ ˈʃʌdə(r)]

estudiar (vt)	to study (vt)	[tʊ 'stʌdɪ]
evitar (peligro, etc.)	to avoid (vt)	[tʊ ə'vɔɪd]
examinar (propuesta)	to examine (vt)	[tʊ ɪg'zæmɪn]
excluir (vt)	to expel (vt)	[tʊ ɪk'spel]
exigir (vt)	to demand (vt)	[tʊ dɪ'mɑ:nd]

existir (vi)	to exist (vi)	[tʊ ɪg'zɪst]
explicar (vt)	to explain (vt)	[tʊ ɪk'spleɪn]
expresar (vt)	to express (vt)	[tʊ ɪk'spres]
expulsar (ahuyentar)	to drive sb away	[tʊ draɪv ... ə'weɪ]

254. Los verbos F-M

facilitar (vt)	to make easier	[tʊ meɪk 'i:zɪə]
faltar (a las clases)	to miss (vt)	[tʊ mɪs]
fascinar (vt)	to charm (vt)	[tʊ ʧɑ:m]
felicitar (vt)	to congratulate (vt)	[tʊ kən'grætjʊleɪt]

firmar (~ el contrato)	to sign (vt)	[tʊ saɪn]
formar (vt)	to form (vt)	[tʊ fɔ:m]
fortalecer (vt)	to reinforce (vt)	[tʊ ri:ɪn'fɔ:s]
forzar (obligar)	to force (vt)	[tʊ fɔ:s]

fotografiar (vt)	to take pictures	[tʊ teɪk 'pɪkʧəz]
garantizar (vt)	to guarantee (vt)	[tʊ gærən'ti:]
girar (~ a la izquierda)	to turn (vi)	[tʊ tɜ:n]
golpear (la puerta)	to knock (vi)	[tʊ nɒk]

gritar (vi)	to shout (vi)	[tʊ ʃaʊt]
guardar (cartas, etc.)	to keep (vt)	[tʊ ki:p]
gustar (el tenis, etc.)	to love (vt)	[tʊ lʌv]
gustar (vi)	to fancy (vt)	[tʊ 'fænsɪ]
habitar (vi, vt)	to live (vi)	[tʊ lɪv]

hablar con ...	to talk to ...	[tʊ tɔ:k tʊ ...]
hacer (vt)	to do (vt)	[tʊ du:]
hacer conocimiento	to make the acquaintance	[tʊ meɪk ði ə'kweɪntəns]
hacer copias	to make copies	[tʊ meɪk 'kɑ:pɪs]

hacer la limpieza	to clean up	[tʊ kli:n ʌp]
hacer una conclusión	to draw a conclusion	[tʊ drɔ: ə kən'klu:ʒən]
hacerse (vr)	to become, to get	[tʊ bɪ'kʌm], [tʊ get]
hachear (vt)	to chop off	[tʊ ʧɒp ɒf]
heredar (vt)	to inherit (vt)	[tʊ ɪn'herɪt]

imaginarse (vr)	to imagine (vt)	[tʊ ɪ'mædʒɪn]
imitar (vt)	to imitate (vt)	[tʊ 'ɪmɪteɪt]
importar (vt)	to import (vt)	[tʊ ɪm'pɔ:t]
indignarse (vr)	to be indignant	[tʊ bi ɪn'dɪgnənt]

influir (vt)	to influence (vt)	[tʊ 'ɪnflʊəns]
informar (vt)	to inform (vt)	[tʊ ɪn'fɔ:m]
informarse (vr)	to inquire (vt)	[tʊ ɪn'kwaɪə(r)]
inquietar (vt)	to worry (vt)	[tʊ 'wʌrɪ]

inquietarse (vr)	to be worried	[tʊ bi 'wʌrɪd]
inscribir (en la lista)	to enter (vt)	[tʊ 'entə(r)]
insertar (~ la llave)	to insert (vt)	[tʊ ɪn'sɜ:t]
insistir (vi)	to insist (vi, vt)	[tʊ ɪn'sɪst]
inspirar (vt)	to inspire (vt)	[tʊ ɪn'spaɪə(r)]
instruir (enseñar)	to instruct (vt)	[tʊ ɪn'strʌkt]
insultar (vt)	to insult (vt)	[tʊ ɪn'sʌlt]
intentar (vt)	to have a try	[tʊ hæv ə traɪ]
intercambiar (vt)	to exchange sth	[tʊ ɪks'tʃeɪndʒ]
interesar (vt)	to interest (vt)	[tʊ 'ɪntrəst]
interesarse (vr)	to be interested in ...	[tʊ bi 'ɪntrestɪd ɪn ...]
interpretar (actuar)	to play (vi, vt)	[tʊ pleɪ]
intervenir (vi)	to intervene (vi)	[tʊ ɪntə'vi:n]
inventar (máquina, etc.)	to invent (vt)	[tʊ ɪn'vent]
invitar (vt)	to invite (vt)	[tʊ ɪn'vaɪt]
ir (~ en taxi)	to go (vi)	[tʊ gəʊ]
ir (a pie)	to go (vi)	[tʊ gəʊ]
irritar (vt)	to irritate (vt)	[tʊ 'ɪrɪteɪt]
irritarse (vr)	to get irritated	[tʊ get 'ɪrɪteɪtɪd]
irse a la cama	to go to bed	[tʊ gəʊ tʊ bed]
jugar (divertirse)	to play (vi)	[tʊ pleɪ]
lanzar (comenzar)	to launch (vt)	[tʊ lɔ:ntʃ]
lavar (vt)	to wash (vt)	[tʊ wɒʃ]
lavar la ropa	to do the laundry	[tʊ du ðə 'lɔ:ndrɪ]
leer (vi, vt)	to read (vi, vt)	[tʊ ri:d]
levantarse (de la cama)	to get up	[tʊ get ʌp]
liberar (ciudad, etc.)	to liberate (vt)	[tʊ 'lɪbəreɪt]
librarse de ...	to get rid of ...	[tʊ get rɪd əv ...]
limitar (vt)	to limit (vt)	[tʊ 'lɪmɪt]
limpiar (~ el horno)	to clean (vt)	[tʊ kli:n]
limpiar (zapatos, etc.)	to clean (vt)	[tʊ kli:n]
llamar (le llamamos ...)	to name, to call (vt)	[tʊ neɪm], [tʊ kɔ:l]
llamar (por ayuda)	to call (vt)	[tʊ kɔ:l]
llamar (vt)	to call (vt)	[tʊ kɔ:l]
llegar (~ al Polo Norte)	to reach (vt)	[tʊ ri:tʃ]
llegar (tren)	to arrive (vi)	[tʊ ə'raɪv]
llenar (p.ej. botella)	to fill (vt)	[tʊ fɪl]
retirar (~ los platos)	to take away	[tʊ teɪk ə'weɪ]
llorar (vi)	to cry (vi)	[tʊ kraɪ]
lograr (un objetivo)	to attain (vt)	[tʊ ə'teɪn]
luchar (combatir)	to fight (vi)	[tʊ faɪt]
luchar (sport)	to wrestle (vt)	[tʊ 'resəl]
mantener (la paz)	to preserve (vt)	[tʊ prɪ'zɜ:v]
marcar (en el mapa, etc.)	to mark (vt)	[tʊ mɑ:k]
matar (vt)	to kill (vt)	[tʊ kɪl]
memorizar (vt)	to memorize (vt)	[tʊ 'meməraɪz]
mencionar (vt)	to mention (vt)	[tʊ 'menʃən]

mentir (vi)	to lie (vi)	[tʊ laɪ]
merecer (vt)	to deserve (vt)	[tʊ dɪ'zɜːv]
mezclar (vt)	to mix (vt)	[tʊ mɪks]
mirar (vi, vt)	to look (vi)	[tʊ lʊk]
mirar a hurtadillas	to peep, to spy on	[tʊ piːp], [[tʊ spaɪ ɒn]
molestar (vt)	to disturb (vt)	[tʊ dɪ'stɜːb]
mostrar (~ el camino)	to point (vt)	[tʊ pɔɪnt]
mostrar (demostrar)	to show (vt)	[tʊ ʃəʊ]
mover (el sofá, etc.)	to move (vt)	[tʊ muːv]
multiplicar (mat)	to multiply (vt)	[tʊ 'mʌltɪplaɪ]

255. Los verbos N-R

nadar (vi)	to swim (vi)	[tʊ swɪm]
negar (rechazar)	to refuse (vt)	[tʊ rɪ'fjuːz]
negar (vt)	to deny (vt)	[tʊ dɪ'naɪ]
negociar (vi)	to negotiate (vi)	[tʊ nɪ'gəʊʃɪeɪt]
nombrar (designar)	to appoint (vt)	[tʊ ə'pɔɪnt]
notar (divisar)	to notice (vt)	[tʊ 'nəʊtɪs]
obedecer (vi, vt)	to obey (vi, vt)	[tʊ ə'beɪ]
objetar (vt)	to object (vi, vt)	[tʊ əb'dʒekt]
observar (vt)	to observe (vt)	[tʊ əb'zɜːv]
ofender (vt)	to offend (vt)	[tʊ ə'fend]
oír (vt)	to hear (vt)	[tʊ hɪə(r)]
oler (despedir olores)	to smell (vi)	[tʊ smel]
oler (percibir olores)	to smell (vt)	[tʊ smel]
olvidar (dejar)	to leave (vt)	[tʊ liːv]
olvidar (vt)	to forget (vi, vt)	[tʊ fə'get]
omitir (vt)	to omit (vt)	[tʊ ə'mɪt]
orar (vi)	to pray (vi, vt)	[tʊ preɪ]
ordenar (mil.)	to order (vt)	[tʊ 'ɔːdə(r)]
organizar (concierto, etc.)	to organize (vt)	[tʊ 'ɔːgənaɪz]
osar (vi)	to dare (vi)	[tʊ deə(r)]
pagar (vi, vt)	to pay (vi, vt)	[tʊ peɪ]
pararse (vr)	to stop (vt)	[tʊ stɒp]
parecerse (vr)	to look like	[tʊ lʊk laɪk]
participar (vi)	to participate (vi)	[tʊ pɑː'tɪsɪpeɪt]
partir (~ a Londres)	to leave (vi)	[tʊ liːv]
pasar (~ el pueblo)	to pass through	[tʊ pɑːs θruː]
pecar (vi)	to sin (vi)	[tʊ sɪn]
pedir (ayuda, etc.)	to ask (vt)	[tʊ ɑːsk]
pedir (restaurante)	to order (vi, vt)	[tʊ 'ɔːdə(r)]
pegar (golpear)	to beat (vt)	[tʊ biːt]
peinarse (vr)	to comb one's hair	[tʊ kəʊm wʌns heə]
pelear (vi)	to fight (vi)	[tʊ faɪt]
penetrar (vt)	to penetrate (vt)	[tʊ 'penɪtreɪt]

pensar (creer)	to think (vi, vt)	[tʊ θɪŋk]
pensar (vi, vt)	to think (vi, vt)	[tʊ θɪŋk]
perder (paraguas, etc.)	to lose (vt)	[tʊ lu:z]
perdonar (vt)	to forgive (vt)	[tʊ fə'gɪv]
permitir (vt)	to allow, to permit	[tʊ ə'laʊ], [tʊ pə'mɪt]
pertenecer a ...	to belong to ...	[tʊ bɪ'lɒŋ tʊ ...]
pesar (tener peso)	to weigh (vt)	[tʊ weɪ]
pescar (vi)	to fish (vi)	[tʊ fɪʃ]
planchar (vi, vt)	to iron (vt)	[tʊ 'aɪən]
planear (vt)	to plan (vt)	[tʊ plæn]
poder (v aux)	can (v aux)	[kæn]
poner (colocar)	to put (vt)	[tʊ pʊt]
poner en orden	to put in order	[tʊ pʊt ɪn 'ɔ:də(r)]
poseer (vt)	to own (vt)	[tʊ əʊn]
preferir (vt)	to prefer (vt)	[tʊ prɪ'fɜ:(r)]
preocuparse (vr)	to worry (vi)	[tʊ 'wʌrɪ]
preparar (la cena)	to make, to cook	[tʊ meɪk], [tʊ kʊk]
preparar (vt)	to prepare (vt)	[tʊ prɪ'peə(r)]
presentar (~ a sus padres)	to introduce (vt)	[tʊ ˌɪntrə'dju:s]
presentar (vt) (persona)	to present (vt)	[tʊ prɪ'zent]
presentar un informe	to report (vt)	[tʊ rɪ'pɔ:t]
prestar (vt)	to borrow (vt)	[tʊ 'bɒrəʊ]
prever (vt)	to expect (vt)	[tʊ ɪk'spekt]
privar (vt)	to deprive (vt)	[tʊ dɪ'praɪv]
probar (una teoría, etc.)	to prove (vt)	[tʊ pru:v]
prohibir (vt)	to forbid (vt)	[tʊ fə'bɪd]
prometer (vt)	to promise (vt)	[tʊ 'prɒmɪs]
pronunciar (vt)	to pronounce (vt)	[tʊ prə'naʊns]
proponer (vt)	to propose (vt)	[tʊ prə'pəʊz]
proteger (la naturaleza)	to protect (vt)	[tʊ prə'tekt]
protestar (vi, vt)	to protest (vi)	[tʊ 'prəʊtest]
provocar (vt)	to provoke (vt)	[tʊ prə'vəʊk]
proyectar (~ un edificio)	to design (vt)	[tʊ dɪ'zaɪn]
publicitar (vt)	to advertise (vt)	[tʊ 'ædvətaɪz]
quedar (una ropa, etc.)	to fit (vt)	[tʊ fɪt]
quejarse (vr)	to complain (vi, vt)	[tʊ kəm'pleɪn]
quemar (vt)	to burn (vt)	[tʊ bɜ:n]
querer (amar)	to love (vt)	[tʊ lʌv]
querer (desear)	to want (vt)	[tʊ wɒnt]
quitar (~ una mancha)	to remove (vt)	[tʊ rɪ'mu:v]
quitar (cuadro de la pared)	to take off (vt)	[tʊ teɪk ɒf]
guardar (~ en su sitio)	to put away (vt)	[tʊ pʊt ə'weɪ]
rajarse (vr)	to crack (vi)	[tʊ kræk]
realizar (vt)	to realize (vt)	[tʊ 'rɪəlaɪz]
recomendar (vt)	to recommend (vt)	[tʊ rekə'mend]
reconocer (admitir)	to acknowledge (vt)	[tʊ ək'nɒlɪdʒ]

reconocer (una voz, etc.)	to recognize (vt)	[tʊ 'rekəgnaɪz]
recordar (tener en mente)	to remember (vt)	[tʊ rɪ'membə(r)]
recordar algo a algn	to remind (vt)	[tʊ rɪ'maɪnd]
recordarse (vr)	to remember (vt)	[tʊ rɪ'membə(r)]
recuperarse (vr)	to recover (vi)	[tʊ rɪ'kʌvə(r)]
reflexionar (vi)	to be lost in thought	[tʊ bi lɒst ɪn θɔ:t]
regañar (vt)	to scold (vt)	[tʊ skəʊld]
regar (plantas)	to water (vt)	[tʊ 'wɔ:tə(r)]
regresar (~ a la ciudad)	to return (vi)	[tʊ rɪ'tɜ:n]
rehacer (vt)	to redo (vt)	[tʊ ˌri:'du:]
reírse (vr)	to laugh (vi)	[tʊ lɑ:f]
reparar (arreglar)	to repair (vt)	[tʊ rɪ'peə(r)]
repetir (vt)	to repeat (vt)	[tʊ rɪ'pi:t]
reprochar (vt)	to reproach (vt)	[tʊ rɪ'prəʊtʃ]
reservar (~ una mesa)	to reserve, to book	[tʊ rɪ'zɜ:v], [tʊ bʊk]
resolver (~ el problema)	to solve (vt)	[tʊ sɒlv]
resolver (~ la discusión)	to settle (vt)	[tʊ 'setəl]
respirar (vi)	to breathe (vi)	[tʊ bri:ð]
responder (vi, vt)	to answer (vi, vt)	[tʊ 'ɑ:nsə(r)]
retener (impedir)	to restrain (vt)	[tʊ rɪ'streɪn]
robar (vt)	to steal (vt)	[tʊ sti:l]
romper (mueble, etc.)	to break (vt)	[tʊ breɪk]
romperse (la cuerda)	to snap (vi)	[tʊ snæp]

256. Los verbos S-V

saber (~ algo mas)	to know (vt)	[tʊ nəʊ]
sacudir (agitar)	to shake (vt)	[tʊ ʃeɪk]
salir (libro)	to come out	[tʊ kʌm aʊt]
salir (vi)	to go out	[tʊ gəʊ aʊt]
saludar (vt)	to greet (vt)	[tʊ gri:t]
salvar (vt)	to save (vt)	[tʊ seɪv]
satisfacer (vt)	to satisfy (vt)	[tʊ 'sætɪsfaɪ]
secar (ropa, pelo)	to dry (vt)	[tʊ draɪ]
seguir ...	to follow ...	[tʊ 'fɒləʊ ...]
seleccionar (vt)	to select (vt)	[tʊ sɪ'lekt]
sembrar (semillas)	to sow (vi, vt)	[tʊ səʊ]
sentarse (vr)	to sit down (vi)	[tʊ sɪt daʊn]
sentenciar (vt)	to sentence (vt)	[tʊ 'sentəns]
sentir (peligro, etc.)	to sense (vt)	[tʊ sens]
ser causa de ...	to be a cause of ...	[tʊ bi ə kɔ:z ɒv ...]
ser indispensable	to be required	[tʊ bi rɪ'kwaɪəd]
ser necesario	to be needed	[tʊ bi 'ni:dɪd]
ser suficiente	to be enough	[tʊ bi ɪ'nʌf]
ser, estar (vi)	to be (vi)	[tʊ bi:]

servir (~ a los clientes)	to serve (vt)	[tʊ sɜːv]
significar (querer decir)	to signify, to mean	[tʊ 'sɪgnɪfaɪ], [tʊ miːn]
significar (vt)	to mean (vt)	[tʊ miːn]
simplificar (vt)	to simplify (vt)	[tʊ 'sɪmplɪfaɪ]
sobreestimar (vt)	to overestimate (vt)	[tʊ əʊvər'estɪmeɪt]
sofocar (un incendio)	to extinguish (vt)	[tʊ ɪk'stɪŋgwɪʃ]
soñar (durmiendo)	to dream (vi)	[tʊ driːm]
soñar (fantasear)	to dream (vi)	[tʊ driːm]
sonreír (vi)	to smile (vi)	[tʊ smaɪl]
soplar (viento)	to blow (vi)	[tʊ bləʊ]
soportar (~ el dolor)	to stand (vt)	[tʊ stænd]
sorprender (vt)	to surprise (vt)	[tʊ sə'praɪz]
sorprenderse (vr)	to be surprised	[tʊ bi sə'praɪzd]
sospechar (vt)	to suspect (vt)	[tʊ sə'spekt]
subestimar (vt)	to underestimate (vt)	[tʊ ʌndə'restɪmeɪt]
subrayar (vt)	to underline (vt)	[tʊ ʌndə'laɪn]
sufrir (dolores, etc.)	to suffer (vi)	[tʊ 'sʌfə(r)]
suplicar (vt)	to implore (vt)	[tʊ ɪm'plɔː(r)]
suponer (vt)	to suppose (vt)	[tʊ sə'pəʊz]
suspirar (vi)	to sigh (vi)	[tʊ saɪ]
temblar (de frío)	to shiver (vi)	[tʊ 'ʃɪvə(r)]
tener (vt)	to have (vt)	[tʊ hæv]
tener miedo	to be afraid	[tʊ bi ə'freɪd]
terminar (vt)	to finish (vt)	[tʊ 'fɪnɪʃ]
tirar (cuerda)	to pull (vt)	[tʊ pʊl]
tirar (disparar)	to shoot (vi)	[tʊ ʃuːt]
tirar (piedras, etc.)	to throw (vt)	[tʊ θrəʊ]
tocar (con la mano)	to touch (vt)	[tʊ tʌtʃ]
tomar (vt)	to take (vt)	[tʊ teɪk]
tomar nota	to write down	[tʊ raɪt daʊn]
trabajar (vi)	to work (vi)	[tʊ wɜːk]
traducir (vt)	to translate (vt)	[tʊ træns'leɪt]
traer (un recuerdo, etc.)	to bring sth	[tʊ brɪŋ]
transformar (vt)	to transform (vt)	[tʊ træns'fɔːm]
tratar (de hacer algo)	to try (vt)	[tʊ traɪ]
unir (vt)	to unite (vt)	[tʊ ju:'naɪt]
unirse (~ al grupo)	to join (vt)	[tʊ dʒɔɪn]
usar (la cuchara, etc.)	to make use of ...	[tʊ meɪk ju:s əv ...]
vacunar (vt)	to vaccinate (vt)	[tʊ 'væksɪneɪt]
vender (vt)	to sell (vt)	[tʊ sel]
vengar (vt)	to avenge (vt)	[tʊ ə'vendʒ]
verter (agua, vino)	to pour (vt)	[tʊ pɔː(r)]
vivir (vi)	to live (vi)	[tʊ lɪv]
volar (pájaro, avión)	to fly (vi)	[tʊ flaɪ]
volver (~ fondo arriba)	to turn over (vt)	[tʊ tɜːn 'əʊvə(r)]

volverse de espaldas	**to turn away** (vi)	[tʊ tɜːn əˈweɪ]
votar (vi)	**to vote** (vi)	[tʊ vəʊt]

Printed in the USA
CPSIA information can be obtained
at www.ICGtesting.com
LVHW010801100624
782767LV00004B/301

9 781780 713786